Le clan des Millepertuis

Bernard Grégoire
www.bujinkanquebec.com
© 2011
ISBN 978-2-9813137-2-0

Préface 7

Chapitre 1   **Chez le directeur** 9

Chapitre 2   **Une balade en voiture** 13

Chapitre 3   **La première soirée** 17

Chapitre 4   **De nouveaux amis** 21

Chapitre 5   **Le guerrier** 26

Chapitre 6   **Les tyrans** 29

Chapitre 7   **Kato** 35

Chapitre 8   **L'exploration de St-Jude** 40

Chapitre 9   **Le premier triangle** 45

Chapitre 10   **Une photo de sa mère** 52

Chapitre 11   **Un vendredi soir à flâner** 58

Chapitre 12   **La prise de décision** 62

Chapitre 13   **Un sport d'équipe** 66

Chapitre 14   **Des rats de bibliothèque** 71

Chapitre 15   **Un bugeï** 74

Chapitre 16   **Être piégé** 78

Chapitre 17   **Perdant ou gagnant** 82

Chapitre 18   **L'ouverture de la saison** 86

Chapitre 19   **De bonnes qualités** 90

Chapitre 20   **Un entraînement au sabre** 96

Chapitre 21   **Une panne de courant** 101

Chapitre 22   **L'art furtif** 103

Chapitre 23   **Les mandalas tibétains** 109

Chapitre 24   **Bartholomew** 114

Chapitre 25   **Relation humaine** 119

Chapitre 26   **La peur** 123

Chapitre 27   **L'enquête** 126

Chapitre 28   **Du budominton à son meilleur** 129

Chapitre 29   **Le rêve** 133

Chapitre 30   **Un entraînement mollo** 136

Chapitre 31   **Labyrinthique**. 140

Chapitre 32   **Une cible à atteindre**. 145

Chapitre 33   **Une ballade avec M. Smith** 149

Chapitre 34   **Second triangle**. 155

Chapitre 35   **L'ami d'Émilie**. 161

Chapitre 36   **Gun** 165

Chapitre 37   **Apprivoiser la bête**. 170

Chapitre 38   **Maître de sa destinée** 175

Chapitre 39   **Questionnement sur le voyage** 180

Chapitre 40   **Jusqu'à Kashiwa** 183

Chapitre 41   **Une journée libre**. 188

Chapitre 42   **Une première journée de cours** 192

Chapitre 43   **L'attentat**. .197

Chapitre 44   **Visite à Atago** 201

Chapitre 45   **Les arts martiaux et la vie** 205

Chapitre 46   **Akihabara** .211

Chapitre 47   **Rencontre de son ami** 215

Chapitre 48   **Un match serré** 219

Chapitre 49   **Illusion**. 224

Chapitre 50   **Le retour à St-Jude** 228

Chapitre 51   **Un relevé de la situation** 232

Chapitre 52   **Visite chez M. Whitterdale** 235

Chapitre 53   **Un congé bien mérité** 239

Chapitre 54   **Boule de neige** 242

Chapitre 55   **Le maître de thé** 246

Chapitre 56   **L'art d'attendre** 250

Chapitre 57   **La nouvelle année** 254

Chapitre 58   **Un triste début** 258

Chapitre 59   **Les retrouvailles** 262

Remerciements 266

Préface

Le clan des Millepertuis est la continuité naturelle de nombreux ateliers d'arts martiaux que j'ai tenus pour des groupes de jeunes de 9 à 15 ans. Imaginez le contexte où un professeur aux cheveux longs se tient debout devant eux. Au lieu d'être en kimono et d'impressionner avec sa ceinture noire truffée de degrés, il se tient là en simple t-shirt et en jeans. Ils s'attendent à débuter rapidement avec des coups de poing et des coups de pieds. Mais au lieu de ça, le professeur regarde les jeunes et se présente : « *Bonjour tout le monde, mon nom est Bernard Grégoire. Mon travail à moi est simple, je forme des guerriers.* »

Immédiatement, la confusion s'installe dans l'esprit des jeunes. Les yeux s'écarquillent, les oreilles deviennent attentives, le silence est généralement total. L'intérêt est palpable, on pourrait entendre une mouche voler. L'effet n'est pas surprenant, car l'image du guerrier est constamment véhiculée par le cinéma tant hollywoodien qu'asiatique. La seconde phrase est tout aussi simple : « *Est-ce que vous savez ce qu'est un guerrier ?* »

Tous les bras gesticulent, chacun voulant le privilège d'exposer son point de vue. À ce stade de la rencontre, je fais la distinction entre le soldat qui obéit aux ordres sans se poser la moindre question et le guerrier. La définition du guerrier est simple : **le guerrier est celui qui protège sa famille, son village, son pays**. En associant la notion du guerrier à celle du protecteur, vous obtenez un symbole puissant dans l'esprit des jeunes. Celui qui tyrannise un autre jeune ou qui bat tous les autres n'est pas un guerrier, il en est l'opposé.

J'insiste également pour dire qu'un guerrier n'est pas nécessairement une personne qui se bat avec des armes. La mère de famille qui peine à joindre les deux bouts, le journaliste soucieux de la vérité, le professeur passionné sont, à leur façon, tous des guerriers. Il est important qu'ils comprennent que le guerrier est une personne qui va au bout de ce qu'elle entreprend.

Après avoir discuté de la psychologie et de la philosophie du guerrier débutent les techniques martiales physiques. Il m'est arrivé plusieurs fois de donner ce genre d'ateliers à des groupes d'enfants et d'adolescents ayant des problèmes comportementaux. La plupart du temps, ces jeunes ont changé d'attitudes et de camps, devenant des protecteurs plutôt que des intimidateurs. Certains jeunes se mirent à défendre leur école contre les vandales et les graffitis. J'ai reçu à quelques occasions des remerciements de psychologues de quelques-unes de ces écoles où l'on m'avait invité pour donner ces ateliers.

Ce livre se veut simplement un instrument de réflexion pour les jeunes, et peut-être aussi pour les moins jeunes, sur ce que l'on peut accomplir lorsqu'on se fixe un objectif, lorsqu'on se prend en main. Avec un peu de chance, il permettra peut-être de faire réaliser aux jeunes que les obstacles qu'ils rencontrent au quotidien ne sont probablement pas si insurmontables que ça, s'ils prennent la peine de les affronter. Les héros de ce livre n'ont aucune baguette magique, aucun don des dieux, aucun allié extraterrestre et aucun pouvoir spécial pour affronter les embûches de la vie quotidienne. Ils doivent se débrouiller avec ce qu'ils ont sous la main, ils doivent improviser. La réalité de la vie se compose de ces suites d'improvisations.

Vous remarquerez que les chapitres sont courts; c'est voulu. Je me suis inspiré des mangas, ces bandes dessinées japonaises pour ce qui concerne la longueur des chapitres. Un chapitre de manga doit se lire entre deux stations de train. Les chapitres courts permettront aux plus jeunes de mieux digérer l'histoire et aux plus vieux de prendre le temps de lire entre les lignes et, souvent, de référer à leurs expériences passées.

En prime, comme tout livre qui se respecte, le lent défilement des mots possède ce mystérieux pouvoir de déjouer les humeurs du temps qui passe. Il permet de se réconcilier avec ce temps s'écoulant trop rapidement et que l'on n'apprécie pas toujours à sa juste valeur.

Si ce livre peut aider ne serait-ce qu'une seule personne à mieux traverser les difficultés de la vie, alors il n'aura pas été écrit en vain.

Chapitre 1
Chez le directeur

– Mais qu'est-ce qu'on va pouvoir faire de toi ?

Nathan pencha la tête vers l'avant, histoire de limiter le nombre de postillons qu'il recevait au visage. Le directeur se tenait à seulement un mètre, mais plus l'homme est grand, plus les gouttelettes de salive se rendent loin. Depuis toujours, Nathan détestait les lundis matins. Ce n'était certainement pas aujourd'hui que ça allait changer. Nathan regarda quelques gouttes aqueuses atterrir sur le papier stipulant le renvoi de son école. Imbibant celui-ci, les généreux postillons laissaient de petits cercles humides. Nathan ébaucha un sourire en regardant l'entête du papier à lettres. Une des éclaboussures envahissait le « O » de Morray Hill, nom du collège. « En plein dans la cible », pensa Nathan en fixant intensément le « O ».

Nathan fut ramené à la réalité par de longs doigts nerveux relevant sa tête vers l'avant. Il sentit le coin d'un ongle ébréché chauffer écorcher le dessous de son menton.

– Regarde-moi lorsque je te parle !

Dans cet angle, il pouvait voir l'œil gauche de Nathan, qui commençait à enfler. Au-dessus du nez, une coupure, du sang à peine séché, des indices qui ne laissaient aucun doute sur une confrontation récente.

– Je vais déposer une plainte à ton responsable, un petit séjour en maison de correction ne pourra que te faire du bien.

La menace du grand homme ne dérangeait nullement Nathan. Son esprit focalisait plutôt sur un petit morceau verdâtre, que l'homme arborait entre deux dents de devant. Certes Morray Hill sonnait harmonieusement comme nom d'école, mais le nom était la seule chose que cette école possédait de bien. Une école pour caser les plus démunis avec une philosophie bien établie : ce qui est à Morray Hill ne traîne pas dans les rues. Le regard de Nathan se fixa sur les paupières fatiguées de l'homme.

– Garde ton regard arrogant pour toi-même !

Visiblement, l'homme se sentait inconfortable lorsque Nathan le fixait dans les yeux. Le hasard est quelque chose qui a toujours fasciné Nathan. On pouvait entendre de plus en plus distinctement une voiture qui partageait sa musique avec tout le quartier. Par la fenêtre entrouverte, la chaîne stéréo de la voiture, *boostée* aux watts, jouait une chanson de Lady Gaga : *Poker face*.

– C'est vous qui m'avez demandé de vous regarder, Monsieur, répliqua Nathan d'un ton très calme.

– Tu t'imagines que parce que tu as battu deux gars plus grands et plus gros que toi, tu me fais peur ?

L'homme, visiblement énervé, termina sa phrase d'un léger râlement de bronches.

– Ce n'est pas moi qui ai commencé, mais ces deux imbéciles qui ne sont même pas de l'école.

Si Nathan avait été branché à un polygraphe en lançant cette affirmation, aucune des aiguilles n'aurait bougée. Le grand homme sembla sensible à tant de conviction. Il laissa échapper un soupir, occupant ainsi l'espace laissé vacant par un long silence. Du moins, c'est l'impression que Nathan avait, que le temps s'était provisoirement arrêté. Nathan avait de nouveau baissé la tête, le regard dirigé vers un pantalon qui n'avait pas croisé le fer depuis longtemps. La secrétaire entra dans la pièce. Nathan crut remarquer que sa robe était devenue un peu trop grande pour elle au fil des semaines.

– Monsieur le directeur, il y a un certain M. Smith qui désire vous voir... Immédiatement.

C'était la première fois que sa secrétaire lui disait quelque chose qui pouvait ressembler à un ordre. Le grand homme comprit que ça devait être important.

– Toi, tu m'attends ici. Je n'en ai pas terminé avec toi.

– Désolé de vous interrompre, dit l'homme qui venait de s'inviter dans la pièce. Mais vous en avez terminé avec Nathan.

Cette phrase fut prononcée avec la confiance d'un homme qui n'avait pas l'habitude que l'on discute ses ordres. Nathan pensa immédiatement que l'homme ne pouvait s'appeler autrement que M. Smith, quelqu'un qui, d'un coup d'œil rapide, pourrait être n'importe qui. Tout en parlant, M. Smith jeta un dossier sur le bureau du directeur.

– Pour qui vous prenez-vous pour me donner des ordres ainsi ? s'écria le directeur.

Nathan sourit à l'idée qu'un autre que lui allait se faire postillonner.

– M. le directeur, M. Smith est l'un de nos plus généreux donateurs, le plus généreux de nos donateurs...

Nathan avait l'impression que le rouge des lèvres de la secrétaire devenait de plus en plus pâle sous ce stress intense.

– Sauf erreur, un peu plus de 50 % de vos dons proviennent de nos coffres. Alors, pouvez-vous fonctionner sans cet argent ?

En disant ces mots tranchants, M. Smith ne prit même pas la peine de regarder le directeur. Ses yeux semblaient regarder Nathan au plus profond de son âme.

– Vous trouverez sur votre bureau tous les papiers nécessaires au transfert de Nathan, tout est en règle. Au cas où vous auriez des questions, vous trouverez la carte professionnelle de l'un de nos avocats dans ce dossier. Viens, Nathan, suis-moi.

Une personne s'y connaissant en vêtements de marque aurait tout de suite compris que l'homme n'avait rien d'un monsieur Smith. Même si Nathan ne s'y connaissait pas réellement en vêtements luxueux, il avait cependant compris qu'un M. Smith ne pouvait pas se déplacer avec autant d'aisance. Chacun de ses pas semblait pouvoir propulser tout son corps avec une telle légèreté. S'il existait des virtuoses de la marche, cet homme devait en être un. Durant quelques instants, Nathan imaginait une panthère marchant à côté de M. Smith. Il visualisait la synchronisation des mouvements de l'animal et de l'homme.

Nathan suivit l'homme sans se poser davantage de questions. Ce n'était pas la première fois qu'une personne inconnue venait le chercher pour le changer de famille d'accueil. Vers l'âge de 9 ans, Nathan avait dû déménager trois fois dans la même semaine. Il avait dû quitter sa famille d'accueil pour une raison dont il ne se souvenait plus. Deux jours après son arrivée dans sa nouvelle famille, les policiers débarquèrent à son nouveau domicile, car l'homme de la maison avait agressé l'une des pensionnaires sous sa garde. Le nouveau déménagement de Nathan le conduisit à habiter une maison très peu salubre. Les professeurs voyant Nathan se gratter constamment firent une plainte contre les propriétaires. Le sommeil de Nathan était en effet troublé par une infestation de puces de lit. Comme le transfert de Nathan n'était pas prévu au programme, les services sociaux durent improviser.

Depuis ce temps, Nathan ne se posait plus de questions lorsque venait le temps de déménager. M. Smith possédait des papiers en règle, le directeur ne s'opposait pas à ce que Nathan l'accompagne, alors que pouvait-il faire d'autres que suivre M. Smith ? Il le suivit dans le long corridor qui menait à l'escalier près de la sortie principale.

L'agent de sécurité chargé de l'arche de détection à l'entrée hocha la tête en direction de M. Smith. Nathan n'avait jamais remarqué auparavant le calme qui se dégageait de cet homme. Il faut dire que Nathan n'appréciait pas tellement les uniformes.

À la sortie de l'école, les deux types que Nathan avait amochés se tenaient au coin de la rue. Deux adultes dans la trentaine les accompagnaient. Leurs nombreux tatouages sur les bras trahissaient leur appartenance à un gang de rue. Le trop-plein d'eau de Cologne de l'un des hommes dégageait une forte odeur épicée, désagréable pour un nez sensible. Les deux hommes se dirigèrent vers Nathan.

– Toi, le jeune, tu viens avec nous.

Nathan vit le bout du canon du pistolet de l'homme le plus tatoué, celui-ci ne cherchait même pas à dissimuler son arme.

– Beau tatouage, dit M. Smith.

– C'est quoi, ces symboles bizarres, j'aime maman ?

« C'est quoi, cette histoire, il cherche à se suicider ?, pensa Nathan. Qu'est-ce qu'il a à la place du cerveau, un pois chiche ? » Nathan angoissait en sentant que la situation allait rapidement dégénérer.

– Toi, si tu tiens à la vie, dégage. Ça ne te regarde pas ! lança l'homme parfumé.

Il pointa l'arme vers le visage de M. Smith qui ne semblait pas du tout s'en soucier.

– Ne bougez pas, ils ne souhaitent que vous impressionner. C'est moi qu'ils veulent.

Nathan pensa qu'il devait prendre le contrôle de la situation. Après tout, c'est lui qui était un habitué des rues dangereuses de cette ville, pas un bourgeois bien costumé comme M. Smith. En une fraction de seconde, la main gauche de M. Smith saisit le poignet de l'agresseur et, de sa main droite, il dirigea le canon vers la cuisse de celui-ci. Une sourde détonation suivie d'un perçant cri de douleur éclata quelques secondes avant que ne sonnent les cloches de l'angélus de l'église voisine. M. Smith, qui avait aisément pris contrôle de l'arme, orienta le canon vers la figure du second attaquant.

– On continue ou on arrête ?

Une voix froide et sans émotion, une voix où chaque syllabe semblait désorienter le second attaquant. Une voix qui ne pouvait en rien ressembler à une voix d'un M. Smith venait de prononcer ces mots.

Le second agresseur comprit rapidement tous les avantages d'un repli stratégique. Abandonner son complice aux mains de M. Smith devait être acceptable à ses yeux. Il trébucha sur une poubelle au coin de la rue, avant de rapidement disparaître dans une ruelle ornée de graffitis.

– Ta blessure à la cuisse n'est pas grave, la balle l'a simplement éraflée. Si je te revois dans le quartier, ça ne sera pas ta cuisse qui sera éraflée, est-ce que tu m'as bien compris ?

Sous les tremblements de l'homme, chaque tatouage semblait animé d'une vie propre. « En plus de sa désagréable odeur d'épice, il sent maintenant la peur à plein nez », pensa Nathan. L'homme se leva et quitta péniblement les lieux. M. Smith démonta rapidement le pistolet, en jeta les différentes composantes dans plusieurs poubelles et mit la culasse et les balles dans sa poche. Le dernier son de l'angélus venait de se faire entendre.

Chapitre 2
Une balade en voiture

En cette période de l'année, le soleil, dont les rayons se couchaient déjà peu à peu, réfléchissait sur le macadam refroidi le peu de lumière qui lui restait. Une odeur d'huile brûlée supplantait l'effluve floral de la campagne environnante. Nathan remonta rapidement la vitre de l'auto pour ne pas respirer la fumée opaque de la vieille Honda qui les dépassait. Mis à part la couleur, la voiture de M. Smith convenait très bien à un M. Smith. La petite Ford Fiesta d'un vert lime fluorescent se faisait dépasser par tous les véhicules sur l'autoroute. Seul le bruit des voitures fragilisait l'interminable silence de l'habitacle. M. Smith et Nathan devaient tous les deux apprécier ces longs silences, car aucune parole ne s'était échangée. C'est Nathan qui brisa la glace.

– Pourquoi roulez-vous si lentement ? Ils ont limité votre voiture à deux vitesses, lente et très lente ?

M. Smith haussa un peu la lèvre.

– Je croyais qu'il n'y avait que les militaires qui se dépêchaient pour attendre.

Nathan sembla surpris de cette réponse. Ces mots, « se dépêcher pour attendre », l'avaient secoué. Il se mit à penser qu'à presque toutes les fois qu'on le transférait de résidence, chaque déplacement qui semblait urgent se terminait toujours par une attente interminable. D'ailleurs, cette phrase résumait bien une partie de sa vie, *se dépêcher pour attendre*.

– Nathan, peux-tu m'expliquer pourquoi tu t'es battu avec les deux ados devant l'école ?

– Ils voulaient forcer un jeune à prendre du crack. Il était complètement paniqué.

M. Smith tourna la tête quelques instants en direction de Nathan. Son attention revint rapidement à la route. Après plusieurs kilomètres de silence, Nathan sortit de son mutisme.

– Pourquoi une Ford Fiesta ? demanda Nathan, en regardant fixement M. Smith.

Pour la première fois, Nathan se sentait inconfortable dans ce silence qu'il ne contrôlait pas.

– Pourquoi pas ? C'est une voiture économique, et dans cette classe, c'est la seule qui offre la stabilisation électronique. Ça peut être très pratique dans certains cas. De plus, ça attire moins l'attention qu'une Ferrari.

– Pour la discrétion, côté couleur, c'est manqué.

Nathan détourna son regard blasé pour continuer à regarder l'agencement de mauve et de jaune des fleurs sauvages qui bordaient l'autoroute. M. Smith enchaîna.

– Tu ne penses pas qu'il y a des questions plus importantes que la marque de ma voiture ?

Généralement lorsqu'on transférait Nathan d'une famille d'accueil à une autre, les réponses à toutes ses questions étaient les mêmes : « c'est pour ton bien », « tu seras mieux », « on n'a pas le choix, c'est comme ça que ça fonctionne » et toutes sortes de réponses aussi assommantes les unes que les autres, des réponses assaisonnées à l'ADN de fonctionnaire. Nathan poussa un profond soupir et posa la même question qu'il posait aux gens qui venaient le transférer.

– Pourquoi m'emmenez-vous ?

Ce qui sous-entendait généralement : « Pourquoi me changez-vous de famille d'accueil ? » Il faut dire qu'à la loterie des familles d'accueil, Nathan n'avait jamais gagné le gros lot. Dans la plupart des cas, ces gens étaient là pour toucher l'argent de l'état et non par amour des enfants. Plusieurs avaient eu des démêlés avec la justice, des problèmes de drogue, des problèmes de jeu, et bien d'autres encore. La seconde famille qui avait hébergé Nathan fut formidable. Seule ombre au tableau, la femme, qui l'aimait comme s'il avait été son enfant, fut atteinte d'une maladie dégénérative. Sa chance s'était arrêtée à cette famille. M. Smith répondit à sa question.

– Parce que j'ai fait une promesse à ta mère il y a des années de cela.

Nathan paru troublé, ce n'était sûrement pas la réponse qu'il attendait. Son père était décédé d'un cancer alors qu'il n'avait que trois ans. Un an plus tard, presque jour pour jour, sa mère mourrait dans un accident de voiture. Il n'avait que très peu de souvenirs familiaux.

– Vous avez connu ma mère ? demanda Nathan avec un certain enthousiasme.

– Tu ne m'as pas reconnu ? J'étais sur la photo avec ta mère. Je t'ai envoyé cette photo il y a quatre ans, en même temps que je t'ai fait parvenir la PlayStation.

– La PlayStation ? Il y a quatre ans, j'habitais chez Max. Il a dû vendre la console pour s'acheter de la bière et il a probablement jeté la photo. Je ne l'ai jamais eu.

Le visage de M. Smith se crispa. Même lorsqu'il s'était battu avec les deux racailles, il ne paraissait pas aussi en colère. Ses traits ne retinrent pas longtemps cette expression.

– Ta mère et moi étions très proches. Elle m'a même déjà sauvé la vie.

Nathan savait que sa mère était officier de police. À l'époque, peu de femmes pouvaient s'enorgueillir de travailler dans une unité spéciale. Comme elle-même et le père de Nathan n'avaient plus de famille, il n'y eut aucun grand-parent ou qui que ce soit de la parenté pour s'occuper de lui. L'état s'en était chargé. Pour ce qui est de ses parents, Nathan s'en était toujours pas mal foutu. Un sentiment d'abandon le tourmentait depuis longtemps.

– Quel effet ça fait d'être pris avec moi maintenant ?

M. Smith mit une main à son nœud de cravate qui sembla soudainement trop serrer son cou. Une magnifique cravate en soie italienne, d'allure sobre, mais élégante. Visiblement, M. Smith s'attendait à ce que Nathan pose des questions sur sa mère et non sur le lien qui le liait à lui.

– Pourquoi pris avec toi ? Te considères-tu comme un fardeau ?

– Ça dépend jusqu'où s'étend votre promesse.

M. Smith sourit. Nathan possédait ce même sens de la répartie qu'il appréciait tant chez sa mère.

– Si tu penses me manipuler par le lien qui m'unissait à ta mère, oublie ça. Tout va dépendre de toi. Je n'ai pas du tout l'intention de jouer les baby-sitters. Je peux t'offrir les outils pour prendre ta vie en main, mais c'est toi qui devras faire tout le travail. As-tu déjà sérieusement réfléchi à ce que tu voudrais faire de ta vie ?

Nathan tripotait une petite pochette en tissus suspendue au miroir de la voiture. Ce que Nathan désirait le plus depuis longtemps, c'était son autonomie. Pouvoir contrôler lui-même sa vie. Mais tant qu'il n'aura pas l'âge légal pour diriger sa destinée, il se savait condamné à faire ce qu'on lui dictait. Il risqua tout de même une réponse.

– Ce que je désire le plus, c'est mon indépendance.

– Ça peut se faire, mais l'indépendance, ça ne s'achète pas, il faut la mériter. Qu'en feras-tu de ton indépendance ?

Nathan ne prit pas la peine de répondre à cette question.

– Comment avez-vous connu ma mère ?

– Nous avons fréquenté le même collège durant quelques années. C'est avec elle que j'ai fait mes plus mauvais coups.

En disant cela, M. Smith semblait être complètement ailleurs. Pour la première fois depuis leur rencontre, il donnait l'impression de ne pas être ici et maintenant. Son front se dérida, ses paupières s'agrandirent. On pouvait même remarquer de petites pattes-d'oie qui apparaissaient à l'angle de ses yeux.

Nathan délaissa la petite pochette verte du miroir. Suspendue à un fil par le rétroviseur, la voiture ne possédait pas le traditionnel sapin odorant qui aurait bien convenu à une voiture de M. Smith, mais accroché au miroir, un *omamori*, une amulette de protection dans un petit étui en tissus, recouvert de caractères japonais. Le talisman s'inclina légèrement vers la gauche. M. Smith avait ralenti afin de s'engager dans la sortie de l'autoroute. Au beau milieu de nulle part, la route frayait son chemin à travers des arbres centenaires. M. Smith arrêta la voiture pour laisser traverser une mère chevreuil et son petit. Nathan regardait le spectacle avec intérêt.

– Que vouliez-vous dire par vos plus mauvais coups avec ma mère ?

– Je t'expliquerai le temps venu. Ne t'inquiète pas, nous aurons le temps de discuter de tout ça.

Nathan s'était habitué à ne pas poser de questions lorsque ce n'était pas le temps. Un de ses tuteurs, Max, lui avait appris que garder le silence pouvait le mettre à l'abri des coups. Après quelques routes secondaires plus perdues les unes que les autres, ils prirent un chemin de terre. Une pancarte indiquait un cul-de-sac. Nathan remarqua que, sur plusieurs centaines de mètres, un haut mur de béton bordait la route. Ils arrivèrent à une grille fermée.

– Où sommes-nous ? demanda Nathan.

– À un endroit très spécial. Ici, tu pourras changer le cours de ta vie, si tu en as la volonté et le cœur.

La grille s'ouvrit et la voiture s'engouffra sous une arche en fer forgé entourée de plante grimpante. Une seule inscription au centre de l'arche : « St-Jude ». Durant ce temps, la chaîne audio de la Fiesta jouait un CD d'Elvis Presley. La chanson qui jouait était un vieux succès de 1962, « Return to Sender ». Nathan tourna la tête pour voir la grille se refermer derrière eux. Il eut la désagréable impression qu'une porte de prison se refermait sur lui.

Chapitre 3
La première soirée

M. Smith gara la voiture sur le côté nord de l'ancienne chapelle, la principale du monastère. Une dizaine de véhicules occupaient la moitié des places disponibles. De magnifiques arbres dont les branches donnant l'impression d'une cascade encadraient le stationnement à l'exception du coin est. Dans cet espace à ciel ouvert, protégé des attaques d'oiseaux, seule une voiture rouge se démarquait des autres, une Ferrari.

Sur le sentier gazonné qui séparait le stationnement du bâtiment, Nathan eu juste le temps de s'écarter rapidement pour éviter une pomme bien mûre qui, une fois au sol, s'éloigna de lui en roulant entre deux pas japonais. Des oiseaux au plumage bleu jouant à saute-mouton sur les branches d'un pommier étaient responsables de cette attaque. Cette esquive, qui avait permis à Nathan d'échapper aux lois de la gravité, sembla plaire à M. Smith qui sourit à la manœuvre de Nathan. À l'intérieur des murs d'enceinte de l'ancien monastère de St-Jude, Nathan eut l'impression d'avoir remonté le temps de deux-cents ans. À l'époque, pour les moines qui y vivaient, les murs en béton représentaient une protection contre les tentations du monde extérieur. Ces murs possédaient la faculté d'arrêter le temps. Pour Nathan, même les odeurs semblaient tout droit sorties d'un autre univers.

Nathan aperçut d'autres jeunes de son âge se promenant dans un jardin. Ornementé de fleurs toutes plus orgueilleuses les unes que les autres, le jardin accueillait les gens à la sortie de la petite église. Un peu plus loin, dans les lueurs du jour agonisantes, un champ cultivé juxtaposait cet îlot de couleur. Le domaine occupé par le monastère paraissait immense. En apercevant une grange au loin, Nathan supposa qu'une bonne partie du monastère devait être consacrée à l'agriculture. Les derniers rayons du soleil s'inclinaient devant le vieux clocher, faisant de lui le maître des lieux. Ce vieux clocher exerçait une certaine fascination chez Nathan. En regardant entre deux arbres, Nathan vit que derrière la chapelle se trouvait un gros bâtiment en pierres. Ils se dirigèrent vers une petite porte adjacente à la vieille chapelle. Un escalier donnait accès au sous-sol. Une caméra de surveillance, défiant l'austérité du monastère, pivota pour suivre le déplacement de Nathan et de M. Smith.

– On nous surveille, dit Nathan.

– Ce n'est rien, ce n'est que Lucy qui est un peu curieuse.

– Lucy est l'une de vos collègues ?

– Lucy est un peu notre ange gardien.

À un mètre de la porte, une voix féminine salua M. Smith.

– Bonjour, M. Smith, vous pouvez me présenter votre jeune ami ?

– Lucy, je te présente Nathan. Il sera avec nous pour un certain temps et peut-être bien, si nous sommes chanceux, pour quelques années.

– Bien, ses données biométriques sont enregistrées.

– Merci, Lucy.

La porte s'ouvrit automatiquement, cédant le passage à M. Smith et à Nathan.

– C'est quoi, cette histoire de données biométriques ? demanda.

– Ne peut venir à St-Jude qui veut. On ne s'y présente que sous invitation. Lucy a la responsabilité de filtrer les gens qui entrent.

– Est-ce que ça ne serait pas plus poli que j'aille la rencontrer tout de suite ?

– Ne t'en fais pas pour ça, Lucy ne sera pas frustrée si tu ne la rencontres pas immédiatement.

– Elle a l'air de quoi, Lucy ?

– Elle est pleine de boutons...

Nathan serait bien en peine de revenir à l'entrée après tous les détours que M. Smith lui avait fait prendre. Au premier abord pourtant, le bâtiment ne lui avait pas paru si grand. Ils arrivèrent dans une pièce qui semblait être la cuisine. Une aire de travail qui ferait l'envie de bien des restaurateurs. Mais à travers ces fours, ces réfrigérateurs et ces tables où on prépare la nourriture, sans le personnel qui y travaille, ces endroits sont froids, presque inhumains.

M. Smith ouvrit la porte en inox d'un grand réfrigérateur et en sortit deux sacs identifiés à son nom. Il mit le contenu des sacs dans un des fours micro-ondes.

– Je ne sais pas pour toi, mais je commence à avoir drôlement faim, dit M. Smith.

– Généralement, ce n'est pas moi qui décide de l'heure où je mange. Alors, je suis habitué de rester sur ma faim.

Si M. Smith avait écrasé un chien avec sa voiture, son regard n'aurait pas été différent. Mais il se reprit rapidement.

– Ça m'est arrivé à plusieurs reprises de ne pouvoir manger durant quelques jours.

– Pourquoi ? On nous oblige à jeûner ici ?

M. Smith ne put s'empêcher de sourire.

– Ne t'inquiète pas, tu ne manqueras pas de nourriture ici. Par contre, tu ne pourras pas souvent t'empiffrer de hot-dog, de hamburger et de frites.

Le four micro-ondes indiqua la fin de son cycle de cuisson. M. Smith en sortit les deux plats.

– J'espère que tu aimes les *bentos*. Prends un jus à ton goût dans le réfrigérateur.

– C'est japonais, un *bento* ?

– Oui et c'est délicieux. Tu sais manger avec des baguettes ?

– Oui, j'ai eu un voisin vietnamien durant quelques mois.

Les baguettes de Nathan devaient être magiques, car elles firent rapidement disparaître les morceaux de poulet et le riz.

– C'est délicieux ! dit Nathan avec enthousiasme.

– Ça fait plaisir de voir quelqu'un apprécier de la bonne cuisine. Je les ai préparés moi-même.

Nathan regarda l'homme appuyé sur le cadre de porte. Depuis combien de temps était-il là ? Nathan ne pourrait le dire. Dans la soixantaine avancée, l'homme aux traits asiatiques portait un *yukata* bleu foncé, décoré d'idéogrammes kanji blancs.

– Bonjour, Sam. Délicieux, tes *bentos*. Il faudra que tu m'enseignes la cuisine un jour.

– Désolé, j'ai de la patience, mais il ne faut tout de même pas exagérer.

Des rires chaleureux tempérèrent la froideur de la cuisine. Nathan remarqua que l'homme portait d'étranges chaussures bleues en tissus. Le gros orteil était séparé des autres. Nathan trouva Sam un peu excentrique.

– Qui est ton jeune padawan ? Lança Sam en riant.

« Tiens, en voilà un qui se prend pour un Jedi », pensa Nathan. Il remarqua que très peu de cheveux noirs avaient survécu à la vague de gris qui ornait la tête de Sam.

– Sam, je te présente Nathan.

Sam tendit la main à Nathan. Une poignée de main ferme serra fortement la main de Nathan sans cependant chercher à l'écraser. Même s'il n'était pas dans les habitudes de Nathan de procéder à de tels échanges de politesse, il savait que beaucoup de gens cherchaient à impressionner par une poignée de main vigoureuse. Ce n'était pas ce qu'il avait ressenti avec Sam.

– Bonjour, Nathan, enchanté de te connaître. J'espère que tu vas aimer ton séjour parmi nous.

– Enchanté de vous connaître.

Sam et M. Smith continuèrent de discuter de la nouvelle promotion qui débutait le lendemain matin. Nathan apprit qu'il ne serait pas le seul nouvel invité à St-Jude. Dans ce nouveau contingent, près de cent cinquante jeunes partageaient son destin.

– Je vous laisse, il est déjà tard. *Gambatte* Nathan.

– Bonsoir Monsieur.

Sam avait disparu aussi silencieusement qu'il était apparu.

– Que veut dire *gambatte* ?

– On peut traduire *gambatte* par quelque chose comme ne lâche pas, persévère et même par bon courage.

– Pourquoi ? Je vais avoir besoin de courage dans les prochains jours ?

Après avoir avalé une boule de yogourt glacé aux cerises noires, M. Smith conduisit Nathan à sa chambre, qui ressemblait étrangement à une cellule. Le corridor menant à celle-ci n'avait rien à voir avec un hôtel cinq étoiles. Les fluorescents attachés à la voûte en pierres n'offraient que peu d'esthétisme. Les murs de pierres semblaient indestructibles, faits pour empêcher quiconque d'entrer... ou de sortir. Le plancher de céramique produisait un étrange écho à chacun des pas. M. Smith, quant à lui, devait être boudé par l'écho, car aucun de ses pas ne résonnait dans ce sanctuaire. À certains endroits, les joints entre les pierres laissaient suinter des traces d'humidité.

– 41, nous y sommes. Je crois que c'est ta chambre.

Une vieille porte de bois arborait deux chiffres en fer forgé. Les planches formant la porte étaient reliées par des ferrures. Un petit carré protégé par un panneau coulissant occupait le haut de la porte, vestige d'une époque où les pensionnaires des cellules devaient être surveillés. Visiblement, les mêmes portes protégeaient l'accès aux pièces depuis les deux derniers siècles. Pour plusieurs personnes, elles offraient un cachet bien particulier. Pour Nathan, elles donnaient l'impression de s'enfoncer davantage dans un piège inextricable.

Chapitre 4
De nouveaux amis

Nathan se tenait sur une scène, devant une salle comble. Trois coups retentirent afin d'attirer l'attention du public. Le bâton qui frappe le plancher s'appelle un brigadier. Comment Nathan savait-il cela? Il ne pourrait le dire. Terrorisé devant la foule impatiente, il sentit ses jambes se ramollir. C'était à lui d'amorcer le spectacle. Il ouvrit la bouche, mais rien n'en sortit. L'éclairage suffisait pour voir la foule qui devenait de plus en plus fébrile. Trois nouveaux coups. Dans une nouvelle tentative, il essaya de parler, mais il ne se souvenait plus de ses répliques, pire même, il ne savait pas du tout ce qu'il faisait là. De nouveaux coups se firent entendre à répétition, cette fois-ci. Quelqu'un marmonna quelque chose, mais les paroles semblaient confuses. Nathan eut une sensation de chute, le théâtre disparut. Nathan ouvrit les yeux, soulagé que ce ne soit qu'un rêve, lui qui déteste être mis à l'avant-scène. «C'est impossible, la nuit ne peut pas déjà être passée», se dit-il.

– Debout là-dedans! dit une voix masculine de l'autre côté de la porte.

À un peu moins de deux mètres du sol, par une minuscule fenêtre encastrée dans le mur de pierre, Nathan perçut la réticence du soleil à projeter ses rayons matinaux. Il regarda par la fenêtre sans rideau et constata que le ciel était encore sombre. Même les oiseaux refusaient de se lever dans cette pénombre.

– J'arrive, il n'y a pas le feu.

– Déjeuner au réfectoire dans 25 minutes, ne soyez pas en retard.

L'impatience de l'interlocuteur transpirait malgré l'épaisseur de la vieille porte de bois qui étouffait partiellement les sons. Cependant, l'homme n'ouvrit pas la petite trappe coulissante respectant ainsi l'intimité de Nathan. Toute sa vie, Nathan avait côtoyé des gens qui désiraient le diriger. Le même scénario semblait vouloir se reproduire ici. Nathan eut d'abord l'intention de flâner un peu, histoire de montrer qu'on ne pourrait l'impressionner. Après quelques réflexions, il soupira et pensa que ce n'était peut-être pas le bon moment pour débuter une rébellion.

Le vieux monastère avait récemment été rénové. Le plafond de la cellule de Nathan était légèrement arqué. Au dernier tiers de la pièce, un mur divisait la cellule en deux parties. Cette disposition avait permis l'ajout d'une petite salle de bains. Un lavabo blanc cassé surmontait une petite armoire.

À l'intérieur des portes en mélamine grise, il y avait tous les produits nécessaires pour garder la salle de bains propre. Tout était immaculé, on ne pouvait rien trouver à y redire. Pas de bain, seulement une cabine de douche un peu austère occupait un coin de la petite pièce. Séparée de la douche par un muret, la toilette se faisait discrète dans l'autre coin de la pièce. Après une douche bien chaude, Nathan jeta sa serviette dans un coin de la salle de bains.

M. Smith lui avait dit que ses objets personnels suivraient bientôt. Nathan fouilla dans les tiroirs de la vieille commode en bois, à gauche de son lit. Il n'y trouva rien de familier. Cependant, il y avait des t-shirts, tous de couleur violette, des sous-vêtements et, dans le tiroir du bas, il trouva plusieurs pantalons cargo noir de style militaire. Il enfila les sous-vêtements, un pantalon et un t-shirt. Tout était à sa taille. Une fleur jaune à cinq pétales était brodée sur le t-shirt. Une fleur à 5 pétales. En dessous, un seul mot : Millepertuis.

Aussitôt qu'il mit le pied dans le corridor, son voisin de chambre le dévisagea. Un peu plus petit que Nathan, ses cheveux châtains et ses joues un peu rondelettes lui donnaient une allure joviale.

– Beau t-shirt.

Nathan réalisa qu'il était vêtu comme lui, d'un pantalon noir et d'un gilet violet.

– À cette heure-là, on dit bonne nuit ou bonjour ?

Son voisin de chambre rit de bon cœur.

– C'est un bon moyen d'arracher de l'information aux gens. On les prive de sommeil et après on les questionne. Il faut se méfier.

Nathan eut un regard suspicieux pour cet énergumène. « C'est qui ce gars-là ? » pensa Nathan.

– Viens, la cafétéria est par-là. Je meurs de faim.

Nathan suivit son voisin qui semblait savoir où il allait. Après plusieurs détours tortueux, ils arrivèrent finalement à une porte au-dessus de laquelle le mot « réfectoire » était sculpté dans le mur de pierre. Nathan apprit que son nouvel ami était arrivé il y a deux jours. Qu'il était temps que des gens rappliquent, car il commençait à s'ennuyer drôlement !

Réfectoire est un nom masculin venant du latin ecclésiastique *refectio* ayant lui-même une base latine, *refectorius* signifiant « qui restaure ». C'est dans cette salle voûtée que les moines se réunissaient pour manger en silence. De longues tables étaient disposées de chaque côté de la salle. La plupart étaient déjà occupées. Nathan et son nouveau compagnon trouvèrent deux places de libres, l'une en face de l'autre.

– Au fait, je me nomme Nathan, et toi, comment t'appelles-tu ?

– Appelle-moi Buns.

– Buns, ce n'est pas un nom ça.

– Je suis d'accord avec toi; moi, c'est Joanna.

Nathan regarda vers sa droite pour voir qui s'était immiscé dans la conversation. Une jeune fille aux cheveux blonds, exhibant le même t-shirt qu'eux, présenta une insistante poignée de main.

– À ce que je peux voir, vous avez vous aussi du goût pour les vêtements, dit Joanna.

Les trois jeunes se mirent à rire. Or, si tous arboraient comme motif la petite fleur jaune, les couleurs des t-shirts variaient énormément. Nathan en compta six. Les trois amis sympathisèrent immédiatement. Dans certaines situations comme des accidents, des cataclysmes ou même des guerres, beaucoup de gens ont tendance à se regrouper afin d'être plus forts. Peut-être était-ce simplement cet instinct de survie qui unit si rapidement Nathan, Buns et Joanna. Le grondement des voix s'amplifiait avec le nombre croissant de jeunes. La disposition des tables de chaque côté de la salle, laissant le centre du réfectoire libre. Au bout de la salle, du côté est, une très grande table inoccupée, occupant presque toute la largeur du réfectoire, devait être la table d'honneur. Sous la nappe blanche que Joanna souleva, le bois faisait honneur. Le meuble massif en bois devait être là depuis le tout début du monastère. Aucun graffiti ni inscription, aucune encoche ni dessin au crayon ne souillait l'antique table. L'examen de Joanna fut troublé par la voix de Buns.

– Ils arrivent.

Avançant d'un pas rapide, un groupe d'une douzaine de personnes traversa la salle en direction de la table d'honneur. M. Smith se tenait au centre du groupe, suivi de Sam. À la tête du groupe, un homme chauve ouvrait la marche. Une carrure qui, dans la fleur de l'âge, avait dû se révéler imposante. Une partie des muscles de cet homme s'était transformée en cellules adipeuses avec les années. Dans sa main droite trônait une canne marbrée surmontée d'un pommeau qui ressemblait à une tête de dragon. Plus esthétique qu'utile, cette canne donnait cependant un certain cachet de noblesse, adoucissant ainsi l'aspect autoritaire du visage de l'homme. La présence des jeunes dans la salle ne parut guère l'impressionner. Lorsqu'il s'approcha de lui, Nathan constata que le pommeau de sa canne était bien orné d'un dragon, mais qu'une face de tigre agrémentait également l'autre côté du pommeau. En croisant ses yeux, Nathan fut troublé. Il eut l'impression que cet homme pouvait soutenir n'importe quel regard, comme s'il était déconnecté de sa propre conscience. Son complet ressemblait à celui de M. Smith. Une épinglette en forme de fleur reflétait des rayons dorés sur le collet gauche.

– Tu penses qu'il est le patron ?

Joanna s'apprêta à répondre à Nathan lorsqu'une voix surgie de nulle part leur dit de se lever. Tous, sans hésitation, se levèrent. Dès que tous les invités de la table d'honneur furent assis, la même voix dicta aux gens présents de se rasseoir. Tous semblèrent obéir sans se poser de question.

L'homme chauve qui occupait le centre de la table se leva.

– Bienvenue dans votre nouvelle vie.

Une courte phrase accrocheuse qui fit cesser tout mouvement dans la salle, des mots qui attirèrent l'attention de tous. Apparemment, Nathan n'était pas le seul à souhaiter un changement dans sa vie. L'homme fit une pause, signe d'un bon orateur. Il présenta les personnes assises à la table d'honneur, en indiquant le rôle de chacune au sein de St-Jude. Il souligna que plusieurs manquaient pour le moment, mais qu'ils auraient tout le temps voulu pour les rencontrer dans les semaines à venir.

– Comme l'estomac et les oreilles sont intimement reliés, je propose que nous déjeunions et je pourrai ensuite vous expliquer la raison de votre présence ici. Bon appétit !

Le maître des lieux venait à peine de terminer sa phrase qu'aussitôt des gens entrèrent dans la salle avec des chariots surmontés d'énormes plats. Sous plusieurs d'entre eux brûlaient des réchauds. D'autres chariots transportaient assiettes et ustensiles. Sans que personne ne dicte une conduite, les jeunes se mirent en ligne avec discipline, sans se bousculer. La file avançait lentement. Buns, visiblement affamé, fut le premier à saisir une assiette.

– Du poisson pour déjeuner...

Heureusement pour lui, un peu plus loin, œufs, bacon et patates hachées brunes figuraient au menu. Nathan et Joanna, plus aventureux, optèrent pour le riz et le poisson. L'ami vietnamien de Nathan lui avait enseigné comment utiliser les feuilles d'algues vertes pour faire de petites boulettes avec le riz. Le poisson qui avait déjà été cuit était servi froid. Buns, qui mangeait son bacon avec grand appétit, observait Joanna et Nathan d'un air condescendant.

– Des valeurs sûres, on ne se trompe pas de cette façon.

Le personnel attitré aux cuisines apporta de nouveaux chariots pour desservir les tables. Un cartable noir fut distribué à chacun des jeunes. Il arborait la fleur jaune et en dessous on pouvait lire : Millepertuis. Chaque cartable contenait deux crayons et une tablette de papier vierge. Seule la dernière page contenait de l'information. Buns regarda cette dernière page.

– C'est quoi, ce délire ?

Millepertuis : *Les millepertuis sont des plantes herbacées, annuelles ou vivaces. Ce sont aussi parfois des arbustes ou même des petits arbres* (hypericum lanceolatum) *pouvant atteindre une dizaine de mètres de hauteur. Les feuilles sont simples, opposées, de forme ovale à lancéolée. Les fleurs, d'un jaune plus ou moins vif, possèdent cinq pétales (rarement quatre) et de nombreuses étamines. Les fruits sont généralement des capsules sèches qui éclatent à maturité en libérant un grand nombre de très petites graines, mais il existe des espèces à fruits charnus. Les extraits et préparations phytothérapiques connus et commercialisés sous le nom de «millepertuis», utilisés dans le traitement de dépressions légères à modérées et de troubles de l'humeur, sont tirés exclusivement de l'espèce* Hypericum perforatum. *Quelques autres représentants du genre* Hypericum *peuvent localement être employés dans le domaine de la santé. Le millepertuis perforé (*Hypericum perforatum*) est utilisé en médecine depuis plus de 2400 ans, notamment sous la forme d'huile rouge. La préparation consiste en la macération dans de l'huile d'olive des sommités florales récoltées durant l'été. Il suffit de laisser la bouteille au soleil durant trois semaines, le temps que l'huile se colore. Cette coloration est due à l'hypéricine, pigment rouge aux propriétés anti-inflammatoires, cicatrisantes et antalgiques. Ses vertus et sa grande efficacité sont reconnues.*[1]

1   Tiré de Wikipédia.

Chapitre 5
Le guerrier

Le réfectoire était adjacent à la chapelle principale. Il débutait à mi-chemin de la petite église et la dépassait de moitié, créant ainsi un espace protégé derrière le complexe. Le réfectoire possédait quelques fenêtres sur un côté et deux fenêtres étroites et hautes de plus de trois mètres à son extrémité est. Composé d'un vitrail jaunâtre, elles jetaient deux longs rayons de lumière sur les deux rangées de tables du réfectoire. Le soleil, qui prenait de la puissance à cette heure, donnait un aspect presque féerique à la table d'honneur. Au centre, entre ces doigts de lumière, une statue montée sur un socle de granit occupait l'espace. La structure devait bien atteindre les trois mètres de haut. St-Jude lui-même veillait au bon déroulement des repas. À chaque coin, une vieille porte en bois offrait un accès à quelques lieux inexplorés du monastère.

Quelqu'un éteignit les lumières du réfectoire, laissant à l'astre naturel le travail d'éclairer l'auditoire. Cependant, la table d'honneur demeurait illuminée par plusieurs projecteurs. Cet effet d'optique donnait l'illusion que chacun se rapprochait de la scène principale. L'effet fut immédiat, l'attention de tous se focalisait sur la table du bout de la salle. L'homme à la canne prit la parole.

– Est-ce que quelqu'un d'entre vous sait ce qu'est un guerrier ?

Buns leva la main, mais n'attendit pas qu'on lui donne la parole pour répondre.

– Un guerrier, c'est un soldat, c'est quelqu'un qui fait la guerre, dit-il, visiblement heureux de pouvoir réagir aussi promptement.

– Parfois oui, parfois non. Un soldat n'est pas nécessairement un guerrier. Quelqu'un a une meilleure définition ? demanda l'homme à la canne.

Personne n'osa risquer une réponse. L'homme enchaîna.

– Je me nomme James Whitterdale. Il y a 46 ans, presque jour pour jour, je me trouvais dans la même situation que vous, dans une autre commanderie de Millerpertuis. Maintenant, mon travail à moi, c'est de former des guerriers.

L'annonce de la fin du monde n'aurait probablement pas davantage capté l'attention de l'assistance. Tous attendaient impatiemment la suite des explications.

– Traditionnellement, un guerrier est celui qui protège. Il protège un roi, un shogun, un village ou sa famille. Le soldat est payé pour aller combattre sans se poser de questions. Le guerrier lui analyse, établit des stratégies, attend le moment propice s'il a le choix. Son premier objectif est simple, assurez sa sécurité et celle de ses proches. Il a le devoir de survivre à toutes les situations afin de protéger ceux qui lui sont chers.

Le guerrier est un symbole puissant dans l'imaginaire des gens. C'est probablement sur la puissance de ce symbole que misait M. Whitterdale pour capturer autant l'attention des jeunes. Il enchaîna.

– S'en prendre à un plus faible n'est pas digne d'un guerrier, le défendre l'est. Un guerrier ne porte pas nécessairement un uniforme. Il existe différentes voies pour un guerrier. Le journaliste qui se bat pour la vérité est un guerrier. La mère de famille qui se bat avec acharnement pour arriver à nourrir sa famille mène un combat digne d'un guerrier. L'avocat qui risque sa carrière parce qu'il sait que son client est innocent peut se proclamer guerrier. Le pompier qui risque sa vie pour sauver des gens mérite le respect dû au guerrier.

De l'autre côté de la salle, un jeune au t-shirt vert leva la main. M. Whitterdale lui fit un signe de la tête.

– Le journaliste, le policier, le pompier et les autres, ils sont payés pour ça, non ?

– Exact. À notre époque, nous n'avons pas le choix d'exiger un salaire. Sans argent, personne ne peut aller bien loin. Mais le policier, le pompier ou le journaliste qui possèdent l'âme d'un guerrier se démarqueront dans ce qu'ils font. Le guerrier possède une étincelle que peu de gens détiennent. La plupart rebrousseront chemin si l'effort demandé est trop grand. Le journaliste ne persévérera pas si son article demande une recherche trop difficile, ou dangereuse pour sa sécurité ou son bien-être. Beaucoup de policiers demanderont à être mutés à un poste moins exigeant si le risque ou l'effort est trop grand. Ce ne sera pas tous les pompiers qui se risqueront sous un plafond prêt à s'écrouler pour sauver une personne allongée sur le sol et qui, de toute façon, est peut-être déjà morte.

M. Whitterdale fit une pause, il prit une bonne gorgée d'eau avant de continuer.

– Millepertuis existe depuis des centaines d'années. La mission de Millepertuis n'a pas changé au cours des siècles : aider l'humanité. Pour arriver à cette fin, nous avons besoin de guerriers dans tous les domaines de la société. C'est pour cette raison que vous êtes ici.

Buns leva la main et, cette fois-ci, attendit que M. Whitterdale lui donnât la parole.

– Oui, mais que demandez-vous en échange ?

– Ah, je vois que l'on a quelqu'un qui a un bon esprit négociateur et qui, de plus, a appris à attendre avant de parler. Pour les deux premières années, vous allez continuer vos études ici à St-Jude. Mais ce que nous exigerons de vous, seul un guerrier peut le donner. En plus de vos études régulières, nous occuperons le reste de votre temps avec des cours d'arts martiaux, d'escalade, de philosophie, de langue, d'informatique et d'une foule d'autres activités. Nous exigerons des résultats proportionnels à l'effort que vous pouvez fournir, pas plus, mais pas moins. Nous vous demandons de vous engager à donner votre maximum. Vous pourrez quitter St-Jude en tout temps, mais vous ne pourrez y revenir.

M. Whitterdale laissa le temps aux jeunes de digérer l'information qu'il venait de donner.

– La vie à St-Jude sera extrêmement difficile pour vous dans les deux prochaines années. Je suis conscient que nous sommes exigeants. Mais ce que nous demandons de vous, vous avez la capacité de le faire. Ce que nous ne savons pas, c'est si vous avez la volonté de passer au travers.

Un chuchotement se fit entendre, puis un autre, et les chuchotements se transformèrent en un discordant grondement, où s'entremêlaient voix et échos. Sam claqua des mains avec force à deux reprises, autorisant le silence à régner à nouveau.

– Vous venez de toutes les couches de la société. Certains sont de familles riches, d'autres n'en ont plus. Certains d'entre vous se dirigeaient vers la prison, d'autres vers de brillantes carrières. Un grand nombre d'entre vous a vécu des expériences difficiles alors que d'autres ont eu la vie facile. Ce qui vous réunit ici aujourd'hui est que vous avez tous accompli des actes de protections, vous avez prouvé à un moment précis que vous aviez l'esprit du guerrier en vous. Vous avez démontré que vous possédiez une forte conscience pour votre environnement ou pour votre communauté. À long terme, chacun de vous a le potentiel d'être un atout majeur pour notre société un peu déficiente.

Les doigts de lumières projetés par les fenêtres du fond avaient quitté les tables depuis un bon moment déjà. M. Whitterdale but à nouveau une bonne gorgée d'eau. Il prit délibérément son temps. Les jeunes avaient besoin de quelques secondes pour assimiler toute cette information.

– Avant de prendre votre décision, cette semaine, vous allez rencontrer différentes personnes qui seront vos professeurs, vos maîtres à penser et vos amis au cours de ces deux prochaines années.

Pour Nathan, cette offre arrivait au bon moment. Pour la première fois de sa toute jeune vie, il déciderait par lui-même du chemin à prendre. Il regarda Joanna et Buns qui lui répondirent de hochement de tête. Un pacte venait de se conclure. Un engagement secret qui lui donna l'impression d'être enfin chez lui, un sentiment d'appartenance.

Chapitre 6
Les tyrans

L'aspect extérieur de l'édifice abritant les salles de classe cadrait bien avec le reste du monastère. Afin de bien s'harmoniser avec les plus vieux édifices, d'imposants murs en pierre reprenaient l'aspect vieillot des premiers bâtiments de St-Jude. L'entrée de la bâtisse était défendue par d'énormes portes semblables à celles qui défendaient la grande chapelle.

À l'intérieur cependant, tout était à l'opposé de St-Jude. Un aménagement moderne, fonctionnel, à l'architecture bien aérée, contrastait avec l'allure vieillotte des murs extérieurs. Des fenêtres permettant un maximum d'efficacité énergétique et une décoration légère, plutôt zen, rendaient l'atmosphère agréable. D'un côté des corridors, des salles de classe traditionnelles avec chaises, bureaux, tableaux et tout le nécessaire pour l'apprentissage des jeunes. Au passage, Nathan avait remarqué une bibliothèque dotée de plusieurs ordinateurs.

Dans les couloirs, Nathan côtoya des gens des autres groupes de couleurs. L'avant-midi n'était pas au zénith lorsque Nathan et tous ceux vêtus d'un t-shirt violet durent se rendre à l'entrée d'une salle où un seul mot était inscrit, *murasaki*. La salle ressemblait à n'importe quelle salle de classe, mais en plus dénudée. Pas d'affiches sur les murs, pas de carte géographique, seuls un projecteur suspendu au plafond et un bonzaï sur le coin d'une petite table, en avant du local, agrémentaient l'austère salle de classe.

Nathan et Buns s'apprêtaient à se diriger vers le fond de la classe lorsqu'une main ferme les saisit chacun par un poignet. Joanna les tira avec énergie et les ramena vers les bureaux du devant. Le temps d'argumenter, il était déjà trop tard, les autres étudiants occupaient les bureaux arrière. Buns soupira longuement tout en jetant un regard désespéré au plafond. Il n'eut cependant pas le temps d'exprimer verbalement son mécontentement, Sam entra dans la salle.

– Bonjour, tout le monde, je suis le responsable du groupe murasaki. Vous l'aurez sans doute deviné, murasaki est la couleur violette en japonais. Mon nom est Sakiho Nakamura, vous pouvez m'appelez sensei.

Des « bonjours, sensei » fusèrent de toute la classe.

– J'enseigne principalement les arts martiaux et, à travers cela, j'espère, un peu de philosophie. Avec de la chance, vous ne m'en voudrez pas trop lorsque vous partirez de mes cours avec quelques bleus.

Le ton jovial sur lequel sensei Nakamura s'exprimait eut l'effet d'un baume face à la menace de quelques ecchymoses.

– On m'a attitré à votre groupe comme conseiller. Si vous avez des problèmes, des différends avec qui que ce soit ou si vous avez des suggestions, c'est par moi que vous passerez. Sur certains points, nous fonctionnons un peu de façon militaire. Il y a une chaîne de commandement à respecter. Est-ce que vous avez des questions ?

– Oui, pourquoi est-on ici ?

La question venait d'une jeune haïtienne, assise derrière Nathan.

– Vous êtes ici pour apprendre. Si on vous a choisis pour apprendre à Millepertuis, c'est simplement parce que vous avez tous du potentiel.

Sensei Nakamura ne laissa pas aux jeunes le temps d'argumenter plus longtemps.

– Est-ce que vous savez ce qu'est un tyran ?

Hitler, Ben Laden, Gengis Khan, Mussolini, une foule de réponses émergeaient de toute part. Tous les grands conquérants de l'humanité furent cités.

– Oui, vous avez raison, mais vous n'avez pas à aller si loin que ça. Des tyrans, on en rencontre tous les jours, je parle des petits tyrans que l'on rencontre au quotidien. Ce peut être un collègue de travail ou de classe qui nous rend la vie infernale. Ce peut être un parent ou un voisin qui nous tyrannise et qui fait en sorte que l'on n'ait qu'une envie, s'aplatir, ne rien faire, ou qui, au contraire, nous donne le goût de fuir ou de devenir enragé. Parfois, nous pouvons devenir notre propre tyran. Un trait de notre personnalité qui nous rend la vie difficile.

La plupart des jeunes hochaient la tête en signe d'approbation. Nathan songea que vu sous cet angle, il y a probablement peu de gens qui n'ont pas été confrontés à un tyran un jour ou l'autre. Sensei Nakamura enchaîna.

– Un tyran est quelqu'un ou quelque chose qui nous écrase, qui nous complique la vie. Que ce soit des confrontations avec les forces de l'ordre ou simplement des problèmes d'administration. Ce peut être la personne qui est toujours sur notre dos et qui nous maintient dans un état de stress incroyable. Ce peut être également des dépendances à la drogue ou simplement au jeu. Lorsque la situation devient trop grave, la situation elle-même nous tyrannise.

Nathan ne comprenait pas trop où voulait en venir sensei Nakamura avec son histoire de tyran. Sensei Nakamura reprit immédiatement la parole.

– Face à un tyran, qu'est-ce qui différencie le guerrier d'une personne ordinaire ?

Du fond de la salle, quelqu'un lança une réponse qui fit sourire sensei Nakamura.

– Le guerrier élimine les tyrans, il les tue, il débarrasse l'humanité de ces parasites.

– Par le passé, il y a bien eu des tyrans qui ont été éliminés par des guerriers. Mais ce n'est pas cette réponse-là que j'attendais. La plupart des gens subissent un jour ou l'autre la pression d'un tyran. Un grand nombre est écrasé par un tyran et choisit généralement de le fuir. Mais lorsque l'on fuit, le même genre de tyran se retrouve immanquablement sur notre route et tout est à recommencer. Vous connaissez sûrement des amis qui ont changé d'écoles parce que certains autres jeunes les tyrannisaient. Habituellement, le même scénario revient d'école en école. La même chose se reproduit avec des adultes qui subissent les affres de collègues malveillants. Le même canevas se reproduit s'ils changent d'emploi.

Les hochements de tête indiquaient que sensei Nakamura avait misé dans le mille. La plupart des jeunes semblaient revoir dans leur esprit ces situations qui leur étaient arrivées à eux ou à des gens proches. Sensei Nakamura maintint volontairement le silence afin de laisser suffisamment de temps aux jeunes pour qu'ils puissent assimiler l'information. Il reprit juste avant que les jeunes ne discutent entre eux.

– Le guerrier, lui, au lieu de subir, il va apprendre.

Joanna leva le bras et attendit que le sensei lui donnât la parole.

– Comment peut-on apprendre d'une situation qui nous détruit ? Un tyran c'est...

Sa voix chevrotante ne termina pas la phrase.

– Je vais emprunter à un dénommé Carlos Castaneda l'histoire qui suit afin de démontrer l'esprit du guerrier. Son maître, Don Juan Matus lui raconta une histoire sur les guerriers et les tyrans. Je ne suis pas un bon conteur, mais je vais faire de mon mieux pour que vous puissiez comprendre. De toute façon, vous trouverez le livre dans notre bibliothèque. Je pense que c'est le meilleur exemple que l'on peut donner de l'apprentissage du guerrier face à un tyran. Un jour il y a très longtemps, Don Juan a été fait prisonnier pour travailler comme esclave dans un ranch construit à l'entrée d'une mine d'or, si je me souviens bien. Après quelques jours, n'en pouvant plus, il tenta de s'échapper. Un des gardiens chargés de la surveillance des esclaves lui tira une balle dans le dos, le laissant pour mort dans la chaleur du désert. Un shaman qui passait par là réussit à le soigner et à lui sauver la vie. Il demanda alors au shaman de l'initier comme guerrier. Le shaman accepta à condition que Don Juan s'engage à faire tout ce qu'il lui demanderait.

Sensei Nakamura n'aurait pas pu laisser un seul soupir sans que tout le groupe le remarque.

– Un jour, le Shaman dit à Don Juan qu'il devait retourner au ranch comme esclave. Il n'eut d'autres choix que d'accepter, car telle était son entente avec le Shaman. Son séjour au ranch ayant été très court, personne ne le reconnut. Même souffrance, même maltraitance, les événements se répétaient. Mais Don Juan possédait maintenant cette petite étincelle qui distingue le guerrier des autres. Au lieu de subir et de se replier sur lui-même, il en profita pour faire une collecte d'informations.

Sensei Nakamura dit aux jeunes qu'il était tard et leur demanda s'ils préféraient continuer l'histoire en après-midi. Il eut l'impression qu'il ne pourrait sortir vivant de cette classe s'il ne la terminait pas.

– Je continue. Donc, Don Juan apprenait à réfléchir avec calme dans des conditions extrêmes. Il apprenait également la patience. Il s'était fait tirer la première fois parce que cette qualité n'était pas au rendez-vous. Les esclaves devaient travailler plus de douze heures par jour, et ce, sept jours sur sept. Don Juan développait son endurance. Ceux qui le tyrannisaient le formaient à devenir un guerrier. Après avoir travaillé certains aspects qui lui manquaient, il conclut qu'il était temps pour lui de quitter les lieux. L'épouse du propriétaire du ranch semblait une personne très pieuse; elle se rendait à la chapelle du ranch tous les matins. Il fit en sorte de passer près d'elle et lui donna la médaille qu'il avait au cou depuis son enfance. Avec ce simple geste, il créait une protection au sein même du territoire ennemi. Un jour, après avoir salué la dame, comme il le faisait chaque fois qu'il la voyait, il lui demanda si les esclaves pouvaient avoir accès à la messe le dimanche matin. Durant des semaines, il avait mis tous les éléments en place afin de faire cette demande. Les salutations de courtoisies à la dame, le don de sa médaille, une allure humble et une impression de piété. Cette manipulation permit aux esclaves d'avoir un peu de repos et d'espoir. Il faut se remettre dans un contexte et à une époque où les gens se révélaient très religieux.

Sensei Nakamura regarda vers le sol comme si le reste de l'histoire fut là, écrite quelque part.

– Bref, un beau jour, Don Juan prépara un piège dans l'écurie, là où se trouvait le cheval le plus fougueux du ranch. À un endroit stratégique, il mit une planche solide qui le protégerait des caprices du cheval. Il sortit en s'assurant d'attirer l'attention de la dame. Il provoqua alors le gardien du ranch qu'il savait être le plus prompt à la gâchette, qui peinait à se contrôler lorsqu'il se fâchait. Don Juan avait bien étudié chacun des gardiens et il savait que cet homme n'oserait pas le tirer devant la dame. Don Juan, en continuant d'insulter l'homme, réussit à le mettre dans une colère folle. Il se sauva rapidement vers les écuries, suivi de l'homme enragé, tout en continuant de le provoquer verbalement. Il se dirigea vers le piège qu'il avait préparé. Le gardien entra dans l'écurie et, armé de sa carabine, chercha Don Juan. L'homme était totalement aveuglé par sa colère. Arrivé à la hauteur du fougueux étalon, Don Juan se cacha derrière la planche qu'il avait placée et, au bon moment, frappa le cheval qui rua. Un des sabots atteignit le gardien qui tomba sur le coup. Don Juan prit la carabine et s'évada du ranch sans problèmes.

En regardant les yeux qui brillaient, sensei Nakamura sut que son histoire passionnait la plupart des jeunes.

– Dans notre histoire, le ranch personnalisait le tyran. Qu'est-ce que ce tyran nous a enseigné?

Tous les bras se levèrent en seul geste. Sensei Nakamura en désigna un.

– La patience et la persévérance.

– Exact, autre chose?

– Le *timing*. Il y a un temps pour faire les choses. On doit agir au bon moment.

Le front du sensei se plissa à la réponse de Nathan. Même les adultes ne pensaient pas au *timing* lors de cet exercice.

– Très bon point! Il faut attendre le bon moment, ne pas agir trop tôt ni trop tard. Sans l'attention que lui portait la dame, le garde l'aurait abattu immédiatement. Don Juan a exploité la protection de la dame jusqu'au dernier moment. Sa présence lui a donné le temps suffisant pour prendre la fuite. Ça nous enseigne l'importance de la stratégie, d'avoir un bon plan et d'attendre le bon moment.

D'autres mains se levèrent.

– On ne doit pas céder à la panique.

– C'est vrai. Car la panique est une très mauvaise conseillère. Elle nous prive de cohérence dans notre stratégie, nos pensées et même dans notre façon de bouger. Qui d'autres a quelque chose à rajouter?

– Prendre le temps d'établir une bonne stratégie.

– Nous l'avons déjà signalé, une stratégie et un plan sont nécessaires lorsqu'on veut se sortir d'une situation. L'impulsion peut nous jouer parfois de très mauvais tours. Attention, il y a une différence entre être impulsif et réagir rapidement. Le gardien sous l'effet de la colère était impulsif. On peut également retenir comme leçon, qu'il faut apprendre à voir et à utiliser au besoin, les émotions des autres.

La plupart des têtes acquiesçaient aux affirmations de sensei Nakamura.

– Sensei, peut-on dire que Don Juan a appris à se débrouiller seul, à ne pas se fier aux autres?

Un jeune garçon souffrant d'un léger embonpoint souleva ce point.

– Bravo, Matt ! Décidément, votre groupe me surprend de plus en plus. Effectivement, dans certaines situations, on ne peut compter que sur soi-même. Dans l'histoire, Don Juan essaie de contrôler ce qui l'entoure à son avantage. Il se lie d'amitié avec la dame et probablement qu'en ayant eu droit à la messe pour les esclaves, il aurait pu compter sur quelques personnes parmi les esclaves. Mais on ne peut jamais être tout à fait certain de la réaction des autres lorsque le danger se présente. La peur est un vautour qui peut renseigner l'ennemi. Comme le vautour qui tourne en rond au-dessus de la personne qui se meurt, la peur peut donner de l'information à l'ennemi. C'est probablement pour ça qu'il a agi seul.

Peut-être motivé par le fait que sensei Nakamura connaissait son prénom, le même garçon un peu grassouillet leva la main à nouveau.

– Sensei, pourquoi nous avez-vous parlé des tyrans ?

– Dans les mois qui vont suivre, il est possible que certains d'entre vous trouvent la vie à St-Jude très difficile. Certains professeurs seront vos tyrans. Il faut comprendre qu'ils sont là pour vous faire évoluer et non pour vous faire plaisir. Si vous possédez les qualités nécessaires d'un guerrier, vous apprendrez à travers ces difficultés. Si vous ne possédez pas ces qualités, vous allez vous rebeller assez rapidement.

Un son à peine audible se fit entendre. Trois longs coups d'environ trois secondes chacun.

– Quoi, c'est déjà terminé !? Ce que le temps passe vite. Vous pouvez aller au réfectoire, mais assurez vous de revenir ici à 13 h 30. Ne soyez pas en retard !

Chapitre 7
Kato

Personne ne pourrait dire si les fantômes des moines décédés à St-Jude hantaient toujours les lieux. Il est toutefois certain qu'ils auraient été impressionnés par le silence des jeunes à la sortie de leur classe. Sur le chemin du réfectoire, peu de paroles s'étaient échangées. Les réflexions sur les tyrans touchaient visiblement les jeunes à différents degrés. La plupart semblaient méditer sur de sombres facettes de leurs passés. Le retour à la salle de classe n'offrait cependant pas la même harmonie.

– Quoi ? Où je demeurais, on appelait ça de la musique d'ascenseur.

– C'est *Nightwish*. J'adore ce groupe. Là au moins il y a du tonus.

Nathan argumentait en faveur de son groupe favori.

– Du tonus ? C'est quoi ce groupe-là ?

– On baisse le ton, les amis, tout St-Jude n'a pas besoin de connaître vos goûts musicaux. Pour ma part, j'aime bien les vieilles chansons d'Elvis.

Cette voix venue du fond du corridor, Nathan la reconnut à la première syllabe.

– M. Smith, je ne pensais pas vous revoir si tôt.

– Veux-tu dire que tu es déçu de me voir ?

Nathan sembla déstabilisé.

– Non, ce n'est pas ça. Je suis content de vous voir.

– Ouf ! J'ai eu peur. Bonjour, Buns. Vous ne me présentez pas à votre amie ?

Buns s'exécuta.

– M. Smith, voici Joanna.

– Bonjour, Joanna, enchanté de te connaître.

– Moi de même, M. Smith.

Le groupe arriva à la salle murasaki. M. Smith entra avec les jeunes.

– Bonjour Sam.

– Bonjour Kato.

– KATO !?

S'exclamèrent les trois comparses visiblement surpris. Sans dire un mot, Nathan regarda M. Smith dans les yeux.

– Pour vous, ça demeure M. Smith. Pour Sam, c'est une autre histoire. Je pourrai peut-être vous la raconter un jour, lorsque vous serez grand.

M. Smith semblait particulièrement de bonne humeur en disant cela. Mais sensei Nakamura ne lui laissa pas le temps de placer un autre mot.

– Bien, tout le monde est arrivé. Pour ceux qui ne le connaissent pas, je vous présente M. Smith. Sans lui, St-Jude ne pourrait pas être St-Jude. Vous comprendrez bientôt ce que je veux dire.

M. Smith prit la parole. Sa bonne humeur sembla s'être transformée en une profonde mélancolie.

– Demain matin, vous commencerez votre horaire de travail qui sera le même pour toute la prochaine session. Durant la semaine, vous allez rencontrer les professeurs qui vous enseigneront tout au long de cette année. Samedi, nous allons nous réunir à nouveau. À ce moment, vous devrez prendre la décision de quitter St-Jude ou d'y demeurer. Si vous choisissez de rester, c'est un engagement, un contrat moral que vous acceptez d'endosser. Alors, je vous demande d'être attentif, de réfléchir à tout ce que vous ferez cette semaine. Pour plusieurs, votre avenir se jouera dans les jours à venir.

– Que se passera-t-il si l'on décide de s'en aller ?

Nathan regarda Buns avec stupéfaction. Il ne pouvait s'imaginer retourner à sa triste vie passée. Une chance de changement s'offrait et il fallait la saisir. Et puis Buns ne pouvait s'en aller, ils avaient fait un pacte.

– Rien de bien grave, rassurez-vous. Vous retournez simplement à ce que vous connaissiez et dans quelques mois, St-Jude ne sera plus qu'un souvenir qui s'estompera avec le temps, ou un regret qui vous hantera toute votre vie.

– Et si nous décidons de demeurer ? Qu'est-ce qui peut nous arriver de pire ?

La question de Joanna sembla prendre M. Smith au dépourvu.

– De pire... ces deux années seront difficiles, car nous exigerons des résultats. Vous devrez travailler très fort. St-Jude n'est pas une garderie, mais un endroit où on forme des guerriers. Vous avez été choisis parce que vous aviez du potentiel. Mais du potentiel, c'est quelque chose que l'on doit développer, quelque chose qui existe dans un état latent. Nous allons vous pousser jusque dans vos derniers retranchements. Vous serez parfois découragés, parfois démoralisés, parfois épuisés, mais si vous êtes comme nous le présageons, des guerriers en devenir, vous pourrez probablement passer au travers de ces deux années à St-Jude.

Manifestement, les propos de M. Smith en avaient inquiété plus d'un. Sensei Nakamura reprit la parole.

– Ne vous laissez pas intimider par les propos de M. Smith. C'est dans sa nature d'être pessimiste. Est-ce qu'il y en a parmi vous qui ont peur de faire des efforts ?

Naturellement, aucune main ne se leva. Sensei Nakamura reprit.

– Votre pire ennemi à St-Jude sera probablement votre paresse.

Nathan leva la main; depuis le début, il y avait un point qui le tracassait.

– Après les deux ans, que va-t-il se passer ? Je suis prêt à faire des efforts, mais à quoi je dois m'attendre, une fois ma période de probation passée ?

Sensei Nakamura et M. Smith se regardaient. Ils semblaient hésitants à répondre. M. Smith prit l'initiative.

– Nous ne sommes pas autorisés à discuter de cela maintenant. Mais moi et Sensei Nakamura sommes passés par où vous passerez et je crois pouvoir dire que la meilleure chose qui nous soit arrivée, c'est Millepertuis.

Sensei Nakamura continua.

– Ne vivez pas dans le futur, pour l'instant contentez-vous d'être ici et maintenant. Vous devez profiter pleinement de l'expérience et surtout de la chance qui s'offre à vous.

Joanna leva un bras à son tour.

– Est-ce que c'est permis de changer de propos ? Je voudrais en savoir plus au sujet des cours que nous aurons.

Sensei Nakamura répondit, heureux de changer de sujet de conversation.

– Durant la journée, vous aurez la plupart du temps les mêmes cours que vous auriez dans une école normale. Mais à Millepertuis, les journées de classe sont beaucoup plus longues qu'à votre école de quartier. Les cours débutent à 8 h le matin et se terminent à 17 h pour votre formation standard. Le soir, vous aurez d'autres cours de 18 h 30 à 20 h 30. Certains cours seront obligatoires, d'autres à votre choix. Il y a toutes sortes de possibilités, allant des cours d'informatique, qui sont plutôt poussés, au cours de langue, en passant par toutes sortes de discipline sportive, comme la plongée sous-marine ou l'escalade.

Cette partie des cours semblait plaire aux jeunes. Plusieurs se voyaient déjà sous l'eau ou au sommet du mur d'escalade.

– Au fil des sessions, vous pourrez changer de cours, continua M. Smith. Il y aura également des cours de survie, de garde du corps, de détection d'engins explosifs, etc. Bref, ce qu'un guerrier doit connaître pour protéger les siens. Je crois que vous allez vous amuser.

M. Smith laissa le ton des jeunes monter un peu pour ensuite reprendre le contrôle de la salle de classe.

– Seriez-vous d'accord pour un petit jeu de stratégie guerrière ? Je vous donne un problème et vous devez me dire quelle solution vous pouvez prendre pour le résoudre.

Tous acquiescèrent pour ce premier défi.

– C'est l'été et vous venez de fêter vos 16 ans, enchaîna M. Smith. Vous travaillez comme moniteur dans un camp de vacances pour jeunes. Vous vous occupez de différents groupes qui changent toutes les semaines.

En disant cela, M. Smith agrippa les rebords du collet de son veston. Nathan imagina la scène d'un vieux film de guerre, où le soldat tenait les sangles de son parachute.

– L'endroit se situe en campagne, loin des grandes villes. Sur le site où vous travaillez, il y a une piscine et, durant deux heures l'après-midi, vous permettez aux gens du coin de venir s'y baigner. Un des jeunes qui habite près du camp a un comportement inapproprié. Malgré vos avertissements répétés, il continue de courir autour de la piscine alors que c'est interdit. Vous décidez d'expulser ce jeune garçon d'une douzaine d'années. Il se fâche et vous dit qu'il va revenir avec son frère et que vous allez passer un mauvais quart d'heure.

M. Smith sonda les regards des jeunes, il craignait un désintéressement de la part de quelques-uns. Avec soulagement, il constata que tous semblaient vouloir relever le défi.

– En soirée, le problème du jeune garçon est déjà oublié depuis longtemps. Vous vous préparez à changer d'activité avec les jeunes qui passeront la semaine avec vous, lorsque vous entendez un grondement sourd. Vous réalisez qu'un grand nombre de motos entrent sur le site.

M. Smith prit une autre pause. Les jeunes avancèrent la tête légèrement vers l'avant pour inciter M. Smith à continuer. Celui qui semble diriger le groupe d'une douzaine de motards s'avance vers la troupe de moniteurs dont vous faites partie. Soudain, c'est le calme total, plus un son. Le chef du groupe descend de sa moto. Vous comprenez la raison qui les amène au camp, le petit frère au comportement dérangeant.

– Je veux voir celui qui a chassé mon petit frère d'ici ! Dit alors le motard d'un ton de voix qui n'avait rien de rassurant. M. Smith enchaîna. Que faites-vous pour régler la situation ?

– On appelle la police.

Joanna sembla toute fière de sa solution.

– Malheureusement, vous êtes loin des villes et ça va prendre environ trente minutes avant qu'un policier n'arrive sur les lieux.

Un jeune du fond de la classe leva la main.

– On trouve des bâtons, des cailloux et on les chasse du camp.

– Vous trouvez que lancer des cailloux c'est très guerrier ?

Le jeune avoua que ce n'était pas une bonne solution.

– Un guerrier doit pouvoir évaluer les dégâts directs et indirects de ses actions. Imaginez que le groupe de moniteurs soit beaucoup plus nombreux que les motards. Il serait alors facile de les expulser du camp. Mais rien ne vous dit qu'ils ne reviendront pas plus nombreux le lendemain ou pire, qu'ils reviendront armés. Est-ce que, dans ce climat, vous pouvez assurer la protection des jeunes du campement ? N'oubliez pas que vous êtes responsable de ces enfants.

Ce point de vue n'avait pas été envisagé par la plupart des jeunes. Ils approuvèrent la nécessité de protéger les vacanciers.

– Mais alors, il n'y a rien à faire, dit Buns.

M. Smith prit une bonne respiration et continua son histoire.

– Il y a toujours quelque chose à faire, mais il faut prendre le temps d'analyser la situation. Changeons un peu la chronologie de l'histoire. À l'instant où le chef de la bande descend de moto, c'est le bon moment de prendre l'initiative.

Nathan leva la main.

– Oui, Nathan.

– Cette histoire, c'est vous, n'est-ce pas ? Ça vous est arrivé réellement, non ?

M. Smith et Sensei Nakamura se regardèrent et affichèrent un sourire complice. L'attention des jeunes atteignait son maximum. Le fait de savoir que l'histoire fut vraie les motivait davantage. M. Smith continua son histoire au « je ».

– Avant que l'homme ne débarque de sa moto, je me suis empressé d'aller au-devant de lui. « Wow, superbe ta moto ! ». Plusieurs de mes amis avaient des motos et je possédais pas mal de connaissances sur le sujet. Ça m'a permis de poser des questions auxquelles je savais qu'il pourrait répondre. Je lui ai donné l'impression qu'il m'enseignait plein de choses. En le questionnant de la sorte, je le valorisais.

Tous les jeunes semblaient étonnés en écoutant ces explications.

– Après avoir discuté de moto pendant une bonne période de temps, nous avons ensuite parlé de son petit frère. Il m'a dit que j'avais bien fait, et, que si j'avais d'autres problèmes avec lui, de ne pas me gêner pour lui botter le derrière. Le plus beau de l'histoire, c'est que nous n'avions pas de voiture au camp, ils nous ont aidés tout l'été pour les emplettes. Finalement, ces motards étaient des gens très gentils une fois apprivoisés.

M. Smith laissa quelques instants aux jeunes pour qu'ils puissent échanger leurs impressions entre eux. Il termina ses explications.

– La morale de l'histoire est qu'un guerrier doit utiliser sa tête avant ses bras.

Sensei Nakamura reprit la parole.

– Si vous n'avez pas d'autres questions, vous avez le reste de l'après-midi libre. Promenez-vous, explorez St-Jude et ses installations. Il y a des endroits réservés aux professeurs où vous n'êtes pas autorisé à entrer. Respectez ces interdictions. On se voit au dojo à 18 h 30. Ne soyez pas en retard !

Chapitre 8
L'exploration de St-Jude

St-Jude comportait plus d'édifices qu'il n'y paraissait à première vue. Du côté nord de la chapelle, plusieurs bâtisses en pierres s'étalaient sur les terres du monastère. Mais ce qui attira davantage l'attention de Nathan et ses amis se situait au sud-est de la chapelle principale, derrière le bâtiment où étaient situées les salles de classe. Un petit boisé bien touffu attira les jeunes pour cette première exploration. D'une superficie de 800 sur 300 mètres, diverses essences d'arbres, allant du bouleau jusqu'au sapin, en passant par le chêne, l'érable et le peuplier, composaient cet espace vert.

– Eh, regardez ! Un lièvre, là au pied du gros arbre !

Nathan ne quittait pas l'animal du regard. En ville, ce sont surtout les rats qui pullulaient dans les quartiers où il habitait.

– On essaie de s'en approcher le plus près possible, dit Nathan.

La tentative de déplacement du trio se solda rapidement par un échec malheureux. Un craquement sec fit fuir le lièvre. Buns venait de déposer le pied sur une branche morte. Nathan releva la tête et prit une pause sérieuse en imitant la voix de M. Whitterdale.

– Un guerrier doit être conscient des conséquences de ses actes sur ce qui l'entoure. Il doit protéger les plus faibles comme les branches mortes, pas les écraser.

Ils éclatèrent de rire. Joanna, la première, reprit la conversation.

– Qu'est-ce que vous en pensez, de tout ça ? Le fait de demeurer ici, le fanatisme qu'ils vouent au guerrier et aux tyrans ?

Même s'il appréciait choisir sa destinée, Nathan était tout de même préoccupé par la situation. Il se réjouissait de constater que chacun de ses amis se posait les mêmes questions. Joanna enchaîna.

– Moi, ça fait mon bonheur. Nous n'avons pas beaucoup d'argent et pouvoir étudier à l'université me semblait impossible. M. Whitterdale a longuement discuté avec ma mère sur ce sujet. Il lui a assuré que je pourrais faire toutes les études qu'il me plairait. Mais il l'a prévenue que ça me demanderait beaucoup d'effort. Qu'ils n'accepteraient pas de paresse de ma part.

– Le même baratin. Lança Buns.

– Oui peut-être, mais moi, ça me va. J'aime étudier et je serai la première de ma famille à pouvoir aller à l'université. Alors, ça vaut bien quelques sacrifices et des efforts de ma part.

– Et toi, Buns, qu'est-ce que tu en penses ? Demanda Nathan.

Le petit groupe arriva dans une clairière où les couleurs automnales se dévoilaient timidement.

– Chez nous, ce n'est pas l'argent qui manque. C'est plus le contact humain. Oui mes gouvernantes se montraient gentilles avec moi, mais ça n'est pas la même chose. Je n'ai jamais eu de vrais amis, dans mon milieu, les gens ont tendance à faire des rencontres plus par calcul que par véritable amitié. Nous trois, je ne sais pas pourquoi, ça a cliqué immédiatement, sans que vous sachiez qui je suis. Et de toute façon, vous avez l'air de vous en foutre que je sois riche. Alors, pour la première fois de ma vie, je me sens bien. Je dirais même que je me sens davantage chez nous ici, dans les vieux murs de St-Jude, que dans notre grande maison, que je n'ai jamais vraiment aimée. Mais toi, Nathan, qu'est-ce que t'en pense d'être ici ?

– Habituellement, ce sont des étrangers qui décident tout pour moi. On m'a toujours trimbalé d'une famille d'accueil à une autre, sans que l'on me demande mon avis. Pour la première fois, j'ai mon mot à dire. J'aime l'idée de St-Jude, la seule chose qui me tracasse un peu c'est ce qui va se passer au bout des deux années. Mais, pour l'instant, je vais prendre ça au jour le jour.

– J'ai la chance d'avoir beaucoup d'amis, mais, des... comme vous, j'avoue que c'est la première fois. Je pense que ces deux années ne seront pas trop banales.

Joanna étalait un grand sourire en affirmant son amitié. Puis elle enchaîna.

– Pour ce qui est du côté guerrier, ça me plaît bien. Trop de gens ne prennent pas leurs responsabilités pour aider les autres. Et puis, on ne peut jamais totalement se fier aux gens. Alors, si je peux devenir un guerrier et protéger les gens qui me sont chers, j'achète. J'avoue que durant quelques instants, j'ai eu peur qu'ils veuillent faire de moi la femme Nikita, comme dans le film. Vous avez sûrement déjà vu ce film ?

Nathan et Buns acquiescèrent d'un hochement de la tête.

– C'est un super de bon film, où la fille devient une agente du gouvernement. Mais je ne pense pas que l'on veuille faire cela avec nous.

En disant cela, Buns fit quelques gestes de combat enchaînant quelques coups de poing dans le vide suivi d'un coup de pied. Joanna reprit la parole, elle s'adressait davantage à elle-même qu'à ses amis.

– Si je peux protéger des gens et les aider à avoir une vie meilleure, c'est sûrement le choix le plus sensé à faire.

Nathan hochait lentement la tête en signe d'approbation. Il s'exprima d'une voix un peu chevrotante.

– J'ai passé mon enfance dans des quartiers difficiles. Deux de mes amis se sont suicidés parce que des gens les tyrannisaient. J'étais trop jeune pour intervenir à l'époque. Si je peux aider afin de prévenir ce genre de situation, pourquoi pas ?

– Parfait, le problème est réglé. Rendons notre pacte officiel et engageons-nous à réussir ces années difficiles. Pour une fois que j'ai des amis qui m'acceptent pour moi-même, je ne vais pas vous laisser aller aussi facilement. Je pense que l'on va faire une équipe formidable, dit Buns en allongeant son bras vers un chêne.

– Qu'il soit le témoin de notre pacte, enchaîna-t-il.

Buns mit sa main sur l'arbre majestueux.

– Je m'engage, avec l'aide de mes amis ici présents, à les soutenir et passer au travers toutes les difficultés que je vais rencontrer ici. Je m'engage également à tout faire pour préserver notre amitié.

Nathan et Joanna firent le même pacte. Avec le bout de la lime à ongles de Joanna, ils gravèrent chacun leur nom et la date du pacte. Ils formaient maintenant une équipe. En examinant l'arbre, ils virent que d'autres noms et dates avaient déjà été gravés par le passé. Mais le temps possède un caractère jaloux cherchant continuellement à dissimuler ses secrets. Les noms étaient devenus illisibles avec les années. La discussion passa rapidement sur d'autres sujets. Buns y alla même d'une pointe d'humour.

– Vous savez combien de guerriers ça prend pour changer une ampoule ?

Fidèle à lui-même, Buns n'attendit pas la réponse de ses amis.

– Un seul, mais il faut que l'ampoule soit faible et ne puisse agir d'elle-même.

Pour toute réponse, Buns reçut une rapide tape derrière la tête, assenée avec vigueur par Joanna.

– Les deux années vont être plus longues que je ne le pensais, s'exclama Nathan.

– Bien quoi, vous n'avez pas le sens de l'humour ou vous n'avez pas compris ?

– Cachons-nous derrière l'arbre ! Dit Nathan.

Nathan mit un doigt devant ses lèvres pour indiquer aux autres de garder le silence. Il pointa en direction d'un homme marchant dans leur direction. Le promeneur était vêtu d'un veston des années 80. Avec son nœud papillon, ils le reconnurent aisément.

– Il était à la table d'honneur, chuchota Joanna.

– C'est celui qui se prend pour le dernier Docteur *Who* avec son nœud papillon. Je pense qu'il s'appelle Bartamelo ou quelque chose comme ça, dit Buns.

– Bartholomew, précisa Nathan.

L'homme marchait tout près d'eux. Il tentait d'expliquer quelque chose au cellulaire, tout en appuyant ses dires d'une gestuelle tout à fait inutile pour quelqu'un qui communique par téléphone.

– Je vous assure que vous aurez vos informations, ne vous inquiétez pas. Je sais ce que je fais. Tout ce dont j'ai besoin c'est d'un peu de temps et...

Ses paroles devinrent inaudibles au fur et à mesure qu'il s'éloignait. Les trois amis attendirent quelques minutes avant d'oser sortir de leur cachette. Nathan s'exprima le premier.

– Comme c'est étrange. Pourquoi a-t-il besoin de se cacher ici pour téléphoner ?

– Et ses propos n'avaient rien de rassurant. À qui s'adressait-il ? Quelle information voulait-il donner ?

Nathan sembla songeur en disant ces mots, plus pour lui-même que pour les autres.

– Peut-être devrions-nous signaler cela à sensei Nakamura ? dit Joanna.

– Non, être informateur n'est jamais bon. Attendons, si c'est utile un jour, nous pourrons le dire.

Nathan avait grandi dans la rue. Dans ces milieux difficiles, être un informateur n'est jamais bien vu. Ils reprirent leur promenade en s'éloignant de M. Bartholemew et arrivèrent à l'autre bout du petit boisé.

– Regardez, un cimetière.

À une cinquantaine de mètres du boisé se trouvaient des pierres tombales. Entourée d'une clôture noire en fer forgé, la végétation ambiante avait fusionné avec les vieux barreaux, gardiens de l'enceinte. À l'entrée de la dernière résidence des moines de St-Jude, on pouvait distinguer les épitaphes. Le poids du temps s'était fait sentir sur plusieurs d'entre elles. Les tombes elles-mêmes semblaient bien entretenues, le gazon bien coupé. Des vivaces plantées à différents endroits apportaient une touche reposante à ce sanctuaire. Des arbres protégeaient le cimetière des attaques du vent. Les rayons de soleil qui parvenaient à tromper la vigilance des branches des arbres donnaient un aspect féerique à l'endroit. Une énergie semblait émaner de chaque pierre tombale. De l'autre côté du cimetière, à travers le feuillage tombant des arbres, on pouvait entrevoir une petite chapelle.

– On cherche la plus vieille tombe.

En disant cela, Buns passa sous l'arche en fer forgé, qui gardait l'entrée du cimetière. Après avoir brisé quelques fils invisibles tendus au travers de la porte, travail journalier d'une araignée qui avait établi domicile dans l'arche, il se dirigea vers les premières pierres à sa gauche.

– 1884 ! cria-t-il avec enthousiasme.

Jusqu'à maintenant, la plus vieille datait de 1816. Mais ils n'avaient pas encore fait le tour complet du cimetière. Les noms des moines décédés à St-Jude au fil des décennies commençaient tous par le prénom d'un Saint rattaché à l'Église catholique. Chaque pierre indiquait le nom du moine, sa date de naissance et sa date de décès. Une partie de l'histoire de St-Jude était écrite ici, sur ces pierres tombales. Joanna regarda Buns.

– Je ne suis pas certaine qu'on va trouver une pierre indiquant qu'il y a eu un jour un Saint-Buns.

– Très drôle, Sainte-Joanna.

Nathan coupa l'inspiration créative de Buns et Joanna.

– Eh ! Venez par ici. Ça veut dire quoi, ça ?

Dans la partie ouest du cimetière, les pierres semblaient beaucoup plus récentes. Sur ces pierres, seuls un numéro et une année figuraient. Aucun nom, rien qui pouvait donner un indice sur son occupant. Sur la tombe qui semblait la plus récente, le numéro 43 se trouvait gravé dans la pierre. C'était le numéro le plus élevé de ces mystérieuses pierres.

– Elle est datée de l'année dernière, dit Joanna.

Chapitre 9
Le premier triangle

Le dojo — c'est ainsi que se nomme une salle d'entraînement où l'on pratique les arts martiaux — occupait environ le tiers de la superficie du sous-sol de la grande chapelle. Plusieurs colonnes de pierre entourées par des matelas capitonnés protégeaient les pratiquants de possibles collisions avec ces inévitables obstacles. Le sol recouvert de *tatamis* offrait une protection suffisante en cas de contact trop violent lors d'une chute au sol. Anciennement, ces *tatamis* étaient constitués de nattes de paille de riz tressé. De nos jours, les matériaux synthétiques remplacent de plus en plus les matériaux traditionnels. Les murs étaient recouverts de matelas bleus jusqu'à environ un mètre cinquante de hauteur. Comme cette partie du sous-sol ne possédait pas de fenêtre, aucun air frais ne pouvait s'infiltrer de l'extérieur. Un système d'aération et de climatisation fixé au sommet de deux des arches de la salle palliait cette lacune.

Dans un coin du dojo, un abreuvoir réfrigérant se faisait discret sous la trousse de premiers soins fixée au mur. Bien cachés dans deux coins du dojo, des atomiseurs vaporisaient périodiquement une fragrance afin d'atténuer l'odeur un peu forte que peut parfois dégager ce type de salle d'entraînements.

Sur un des murs du dojo, une étagère de bois fixée au centre supportait plusieurs objets un peu étranges. Trois petites maisons en bois de style oriental occupaient une partie de l'ensemble. La plus grosse se trouvait entourée des deux autres. Chaque maisonnette possédait une étroite porte ouverte à l'avant, où une plaquette en bois recouverte de kanji japonais s'exposait au regard. À chaque extrémité de la tablette, une plante verte ajoutait à la sérénité de l'ensemble. Un minuscule pot et divers objets complétaient le tout.

Nathan, Joanna et Buns riaient de bon cœur en arrivant près de l'entrée de la salle. Buns s'apprêtait à déposer son pied lorsque sensei Nakamura, d'un seul mot, le fit reculer. Il faut croire que le mot « *stop* » fut relié directement à l'instinct de survie de Buns.

– Première leçon, on ne marche pas sur un *tatami* avec ses chaussures.

La voix du sensei reflétait le calme, mais ne laissait cependant, aucun doute sur l'autorité qu'elle projetait.

– Je suis désolé, Monsieur, je m'excuse, je ne savais pas.

La voix chevrotante de Buns exprimait sa sincérité. Comme sensei Nakamura était entré par une autre porte, aucune chaussure à l'extérieur ne donnait d'indice sur la procédure à suivre. Le reste du groupe ne tarda pas à suivre. Buns surveillait attentivement les jeunes afin qu'aucun soulier ne puisse franchir le seuil de la porte.

– Sensei, on n'a pas de kimono, comment est-ce qu'on peut faire des arts martiaux sans kimono ?

Décidément, Buns n'en manquait jamais une.

– Vous connaissez le dicton, l'habit ne fait pas le guerrier, dit sensei Nakamura en affichant un large sourire. Dans la rue, si vous êtes agressé, vous ne porterez pas un kimono. Vous ne pourrez vraisemblablement pas donner de coups de pieds au visage, vos jeans serrés vont vous limiter dans vos mouvements. Alors, si vous êtes habillé en vêtements de tous les jours, pourquoi apprendre avec d'autres vêtements ? Ne vous inquiétez pas, lorsque nous en serons aux projections, vous aurez des kimonos. Mais pour la plupart des techniques, vous serez vêtus comme vous l'êtes actuellement.

D'un geste lent, sensei Nakamura étira ses bras très haut pour les redescendre lentement de chaque côté de son corps, paumes vers l'extérieur. La plupart des jeunes abaissèrent leurs épaules, démontrant ainsi qu'un lien existait déjà entre le professeur et ses élèves. Il prit une profonde respiration et continua ses explications.

– Pour devenir un bon art martialiste, il n'y a pas de secret, la première condition est la persévérance. D'ailleurs pour ceux qui aiment les films de ninja, sachez que le mot ninja se compose de deux kanji (忍者). Le dernier signifie une personne et le premier se traduit par persévérance, en chinois ça se traduit par patience.

Au mot ninja, sensei Nakamura eut l'impression que les yeux de Nathan s'ouvrirent davantage. C'est toujours intéressant de constater l'influence que peut avoir le cinéma dans l'imaginaire des jeunes.

– Pour atteindre notre plein potentiel martial, il faut rechercher l'équilibre de trois principes de base. Premièrement, d'un point de vue martial, il faut, bien maîtriser la technique. Deuxièmement, il faut que nous soyons physiquement à notre meilleur et, troisièmement, il faut travailler la vitesse. Ces trois conditions forment un triangle. Ce triangle n'est qu'une base. Nous rajouterons d'autres triangles plus tard afin d'orienter notre compréhension des attributs nécessaires au devenir d'un guerrier.

Nathan eut l'impression que le professeur hésitait un peu avant d'approfondir davantage ces trois triangles, puis il s'engagea.

– Ces trois triangles ne s'appliquent pas qu'aux arts martiaux. Imaginez que vous êtes comptable. Votre technique, c'est à dire votre connaissance des chiffres et des principes comptables, sont suffisamment à jour pour vous permettre de travailler pour les plus grandes compagnies de ce monde. Physiquement, vous avez la capacité de travailler des journées de douze heures. Mais vous travaillez lentement, très lentement parce que vous vous laissez distraire facilement ou pour toute autre raison. Peut-être avez-vous toujours le nez dans vos courriels ou sur vos messages textes. Pour toutes ces raisons, vous êtes toujours en retard pour la remise de vos bilans. Vous ne parvenez pas à faire le travail dans les délais raisonnables demandés par votre employeur. Si vous n'avez pas la vitesse d'exécution, même si vous avez la capacité pour le reste, il manquera toujours quelque chose. Et ne me faites pas la blague : à moins de travailler comme fonctionnaire !

Sensei Nakamura fit quelques pas en effectuant des rotations de poignets. Plusieurs personnes firent comme lui, il sourit et continua.

– Vous devenez pompier et connaissez bien tout ce qui touche le domaine. Vous êtes rapide pour bouger et faire des sprints. Mais votre temps d'endurance ne dépasse pas vingt minutes. Après vingt minutes avec le poids des bonbonnes d'oxygène sur le dos, vos jambes se mettent à trembler, votre front devient en sueur, vous commencez à perdre votre concentration et votre cohésion. Est-ce que vous pouvez exercer cette profession ? Non, car vous mettriez la vie de vos collègues en danger en plus de la vôtre. Vingt minutes, c'est souvent le temps nécessaire pour vous rendre là où vous trouverez les personnes en détresse. Si votre endurance ne vous permet pas de revenir, vous mourrez.

Les jeunes semblaient tous captivés par l'enseignement de leur sensei.

– Naturellement, en ce qui concerne la technique, le même déséquilibre mène à la catastrophe. Accepteriez-vous de subir une opération chirurgicale par un athlète olympique, qui possède force et vitesse, s'il ne possède pas les techniques nécessaires pour être un bon médecin ?

Plusieurs s'esclaffèrent de cette question.

– Dans les arts martiaux, c'est la même chose. À technique et vitesse égale contre un opposant qui vous ressemble, si votre pic de résistance à l'effort maximale est de trente secondes et que celle de votre adversaire est de trente-cinq secondes vous allez perdre si vous n'avez pas la technique adéquate pour compenser. Un bon art martialiste se doit d'avoir ces trois aspects bien équilibrés. Mais attention, les choses ne sont pas toujours comme on le pense. Qui a déjà fait des arts martiaux dans le groupe ?

Un jeune garçon à la chevelure blonde leva la main. Plus grand et plus costaud que la moyenne des jeunes de son âge, il semblait impressionner plusieurs collègues du groupe. Il se dirigea vers sensei Nakamura, marchant avec l'assurance que possèdent les bons pratiquants d'arts martiaux.

– Bien, Dennys, tu es quelle ceinture ?

– Je suis ceinture noire second degré.

Nathan était intrigué par le fait que le sensei connaissait chaque jeune par son prénom.

– Excellent. Peux-tu donner un coup de poing et demeurer sur place ?

Dennys écarta les jambes pour se placer dans une position qui, en karaté, s'appelle *zen kutsu*. Il enchaîna d'un coup de poing qui sembla dégager une puissance surprenante malgré son jeune âge. Son poing avant, paume vers le bas, pouce replié sur les autres doigts, se tenait immobile dans les airs. L'autre poing était appuyé sur la hanche, paume vers le haut.

– Je vais pousser sur ton bras, tu vas essayer de résister le plus possible.

Sensei Nakamura mit ses deux mains sur le poing de Dennys et poussa sans trop d'effort. Le bras de Dennys recula. Son épaule se déplaça vers l'arrière, sans que Dennys ne puisse résister d'une quelconque façon. La faiblesse se trouvait visiblement dans l'épaule.

– Ne bouge pas, maintenant tu vas placer ton poing de cette manière.

Sensei Nakamura tourna le poing de Dennys verticalement. La même position que s'il tenait un marteau. Comme auparavant, sensei Nakamura appuya ses deux mains sur le poing de Dennys. Son poing offrait davantage de résistance. Visiblement, sensei Nakamura devait mettre beaucoup plus de pression pour faire bouger le bras de Dennys.

– Voyons maintenant où nous pouvons continuer de récupérer des pertes de puissance, dit le professeur.

Il dit à Dennys d'aligner le genou de sa jambe avant dans le même angle que la frappe. Qu'il fallait qu'orteils, genou et poing soient dans la même direction.

– Voyez maintenant comme son bras est fort. Ce qui se traduit par une augmentation de sa puissance de frappe. Mais maintenant on va s'occuper de l'autre bras. Au lieu d'avoir ta main sur la hanche, paume vers le haut, colle ton poing fermé, paume sur toi.

Sensei Nakamura refit le même exercice et Dennys donna l'impression que sa résistance avait encore augmenté.

– Juste le fait d'appuyer la paume de ta main sur ton aine a amélioré la solidité de ton coup de poing. Maintenant, au lieu de garder ta main sur la hanche, ce qui n'est pas logique en combat, tu vas placer ton poing fermé en garde devant ta poitrine, à la hauteur de la gorge.

Sensei Nakamura y alla de tout son poids, Dennys ne bougea pas d'un centimètre. Dans cette position, il avait atteint cent pour cent d'efficacité. Dennys semblait réellement surpris du changement dans sa puissance de frappe.

– Notre corps est une structure mécanique. Le moindre changement affecte le tout. Nous allons refaire le même exercice et je vais demander à Dennys de déplier le petit doigt du poing qui protège sa gorge.

Dennys garda la même position à l'exception de son auriculaire qu'il ouvrit.

– Je ne comprends pas, je perds toute la résistance que mon épaule et mon bras avaient. Je n'ai pas autant de force pour résister. C'est dingue. Juste à cause de mon petit doigt.

En ouvrant son petit doigt, son épaule reculait sans qu'il puisse l'en empêcher. Sa puissance de frappe diminuait de façon spectaculaire. L'assurance de Dennys venait de chuter d'un cran.

– On appelle cela l'alignement des os. Ici, on a une technique basique, donner un simple coup de poing. On a vu une procédure éprouvée qui perd de son efficacité à cause d'un petit doigt mal géré. Je vous parlais tout à l'heure de trois aspects d'un triangle, la technique est le premier aspect. Donner des coups de poing, faire des projections, travailler des katas, tout ça fait partie de la technique. Mais avant tout, il y a la base. On peut être champion de kata et ne pouvoir donner un coup de poing efficacement. À cause d'un auriculaire mal positionné, on affaiblit l'aspect technique de notre triangle.

Dennys leva la main.

– Si le coup de poing que je donne n'est pas efficace, pourquoi me l'a-t-on enseigné comme ça ?

– Il faut se replonger assez loin en arrière. Les premiers à apprendre les arts martiaux des Japonais étaient les soldats américains logés sur des bases au Japon. Après la Seconde Guerre mondiale, les Japonais viennent de recevoir deux bombes atomiques sur la tête et, de plus, sur les bases militaires, comme les beuveries étaient monnaie courante, les rixes entre militaires et civils japonais étaient fréquentes dans les bars avoisinants celles-ci. Les professeurs japonais de l'époque n'éprouvaient tout simplement pas l'envie de transmettre leurs secrets à ces soldats. Volontairement, ils enseignèrent des techniques erronées aux nouveaux arts martialistes.

– Sensei...

Dennys semblait avoir pas mal de questions.

– Tu te demandes pourquoi tes professeurs ne connaissent pas ça.

Dennys ouvrit la bouche, ne sachant quoi dire.

– Euh, oui, c'est ça.

– La plupart des gens qui pratiquent des arts martiaux ne se posent pas de questions. Ils font acte de foi avec ce qu'enseignent leurs professeurs. Un guerrier doit apprendre à réfléchir par lui-même. Il ne faut pas en vouloir à vos professeurs, on ne peut enseigner ce que l'on ne connaît pas.

Même si le balayage des yeux de sensei Nakamura fut rapide sur le petit groupe, chacun eut l'impression qu'il le regardait personnellement. Il enchaîna ses explications.

– On n'a qu'à penser au *shuto*, ce fameux coup du tranchant de la main, que toutes les écoles enseignent en dépliant complètement la main. Les étudiants apprennent à frapper du tranchant de la main. Le vrai *shuto* se donne la paume repliée à 90 degrés et on frappe avec le coussin intérieur de la main et non avec l'extérieur. L'avantage pour les Japonais de l'époque d'enseigner un *shuto* la main dépliée, se justifiait stratégiquement. Sur des techniques de *makiwara*, une cible faite pour endurcir notre corps, le tendon de l'auriculaire se détruit lentement à cause des impacts répétés. Le petit doigt finit par ne plus pouvoir se replier correctement pour se protéger. Il devient alors facile pour quelqu'un qui se bat contre un adepte de ces techniques d'endurcissement de prendre le petit doigt et de pouvoir contrôler l'attaquant par la douleur. Comme les soldats n'avaient que ça à faire, s'entraîner, ils détruisaient ces tendons assez rapidement. Il ne faut pas voir cette désinformation comme un geste de mesquinerie de la part des Japonais. Il faut voir ça plutôt comme une stratégie de survie face aux soldats de l'époque.

– Ça veut dire que l'on va apprendre de vrais arts martiaux ?

Tout le groupe se mit à rire en entendant Matt prononcer cette phrase avec autant d'enthousiasme.

– Oui et nous allons commencer avec un exercice simple. Le premier exercice d'une série de cinq que nous allons faire se nomme « sanshin chi no kata » ou, si vous préférez, « sanshin terre ». Ces exercices nous viennent d'une école d'art martial appelé « Gyokko ryu », nom qui peut se traduire par l'école du tigre de jade.

Sensei Nakamura prit une posture en plaçant ses pieds sur une même ligne, les pieds avant et arrière distants d'environ 75 centimètres. La main gauche pointant vers l'horizon, la main arrière se retrouvant point fermée sur la hanche, près de l'aine. Il ramena son pied avant près du pied arrière, étendit son bras droit vers l'arrière, pour pouvoir ensuite avancer son pied droit loin vers l'avant et amena son bras droit en le balançant le long de son corps comme pour aller frapper, les doigts regroupés vers l'avant. Il enchaîna l'exercice à plusieurs reprises en alternant ses mouvements à droite et à gauche.

– Alors, ça semble facile, n'est-ce pas ?

Tous acquiescèrent.

– Avec ce simple « sanshin terre », un art martialiste vous expose tout son CV. Ça prend des années pour pouvoir accomplir ce mouvement à la perfection.

– Mais que peut nous apprendre cet exercice ? Ce n'est pas une façon de frapper et dans la rue on ne se positionne pas comme ça pour se battre.

Le sensei fit un large sourire à la remarque de Nathan.

– Cette petite technique nous enseigne des bases simples. Par exemple, si vous faites de la boxe, il faut, lorsque vous donnez un coup de poing rapide– un *jab*– que le mouvement des épaules, du poing, des hanches et des genoux soit coordonné. Le « sanshin terre » nous enseigne cette coordination à un très haut niveau. Sans cette coordination, il y a perte de puissance sur nos frappes. Si vous avez besoin de 80 % de votre puissance de frappe pour mettre un adversaire hors d'état de nuire et que pour manque de synchronisation, vous ne pouvez en donner que 75 %, il est possible que ce manque de puissance vous fasse perdre votre combat.

Nathan hocha la tête. Il comprenait ce que son sensei voulait dire. Presque toutes les fois où il avait manqué de cette puissance, lui-même avait reçu quelques coups par la suite. Une bonne partie du cours gravita autour de ce « sanshin terre ». Sensei Nakamura en démontra plusieurs applications. Il termina avec quelques techniques simples de saisie au collet et au poignet.

– Voilà, ça suffit pour aujourd'hui. Mais prenez le temps de méditer sur les trois côtés du triangle dont on a parlé aujourd'hui. Demain, vous allez commencer vos cours réguliers. Dans toutes vos matières académiques, vous aurez à faire l'acquisition de nouvelles connaissances. Cette appropriation de nouvelles compétences est associée à l'aspect technique de notre triangle. Vous devrez adapter votre vitesse pour ne pas prendre de retard dans votre apprentissage. Si votre corps est fatigué, votre esprit aura du mal à se concentrer. Nos trois aspects du triangle se retrouvent ici aussi. Si les trois côtés du triangle sont développés de façon égale, ça devient un laser qui projette sa lumière en direction du but à atteindre.

Sensei Nakamura n'espérait pas que les jeunes comprendraient tout de suite où il voulait en venir, mais ça ne faisait rien, une petite graine venait d'être semée, n'attendant que le moment propice pour germer. Il enchaîna.

– Demain, rendez-vous dans votre salle de classe, vous allez commencer vos formations avec vos professeurs. Ce sera le début de la vie telle qu'on la connaît à St-Jude. Allez prendre une douche, vous avez bien travaillé, je suis fier de vous. Si vous allez au réfectoire, il y a collation jusqu'à 21 h 30.

Chapitre 10
Une photo de sa mère

– C'est complètement délirant. Juste en ouvrant le petit doigt, et pouf, on perd notre stabilité.

Buns fut celui qui fut le plus marqué par ce que sensei Nakamura avait appelé l'alignement des os. Le retour aux chambres se fit rapidement, chacun désirant enlever ses vêtements collants et encore tous humides. Le cours d'art martial avait débuté lentement par de la théorie, mais la suite s'était révélée beaucoup plus active. Une bonne douche s'avérait indispensable.

Tout le groupe arborant l'étendard de couleur violette logeait à la même enseigne. La chambre de Joanna se trouvait à deux portes de celle de Buns. Nathan délaissa ses nouveaux amis et entra dans sa chambre. Sur les murs blancs, un seul cadre, placé à la tête du lit, enjolivait l'espace. Quelqu'un avait peint à la main la chapelle principale de St-Jude.

Il remarqua qu'on avait déposé un ordinateur portable sur le petit bureau de travail au pied de son lit. Il s'assit sur le lit pour prendre l'ordinateur lorsqu'une photo dans un cadre attira son attention. Bien en évidence sur la commode, le cadre semblait lui disputer l'attention qu'il portait à l'ordinateur. Il jeta un nouveau coup d'œil à l'ordinateur, mais ce fut la photo qui gagna. Quelqu'un avait photographié un groupe de militaires, armes aux mains, alignés sur deux rangées devant un hélicoptère. En examinant attentivement les personnages, Nathan porta son regard sur le plus petit des soldats. À cause du casque, il n'avait pas reconnu sa mère tout de suite, même si elle était la seule femme du groupe. Près d'elle, un homme que Nathan connaissait. « Il fait pas mal plus cool avec cet uniforme qu'avec son bel habit », pensa Nathan. Songeur, il remit le cadre à sa place.

Nathan continua son exploration en allant ouvrir la porte du seul placard de sa cellule. Quelques boîtes s'y empilaient. M. Smith n'avait pas menti, ses effets personnels avaient suivi. Au moment d'enlever son gilet pour aller sous la douche, Nathan revint à la photo. Il la pencha comme si la photo avait été prise en 3D, cherchant à mieux voir certains détails. Nathan sembla très intrigué. Il déposa la photo sur la commode et se dirigea vers le MacBook Pro flambant neuf.

Nathan connaissait bien ce type d'ordinateur, un de ses amis possédait le même. Il débuta une recherche sur Google avec les mots : écussons, badge, logo militaire. Il fit plusieurs tentatives, mais sans trouver ce qu'il cherchait. La photo du groupe n'offrait pas une bonne visibilité des écussons cousus sur leurs épaules. Il espérait trouver dans quelle unité oeuvrait sa mère. Il ignorait tout du travail de sa mère au sein de l'armée.

Il lança une nouvelle recherche avec le nom de sa mère, cette fois-ci : Allison Bowman. Comme d'habitude, rien de nouveau, sinon de vieux articles à propos de l'accident, de l'information du salon funéraire, toutes ces choses qu'Internet gardait en mémoire, bref rien de bien intéressant. Il réessaya avec son nom de jeune fille, Blackson, même déception. Par le passé, lorsqu'il n'avait rien à faire, il inscrivait de temps à autre, le nom de sa mère sur les moteurs de recherche, incluant les mots policière, agent de police, etc. Ça ne donnait rien, sinon la banalité des pages racontant les affectations de policiers. Nathan fit une nouvelle tentative en inscrivant le nom de sa mère et le mot militaire. Rien de nouveau à l'écran, pour lui, ce n'était pas une surprise. Il referma le couvercle de l'ordinateur, laissant le témoin lumineux pulser paresseusement sa faible lumière. Il garda sa main sur le couvercle quelques instants et le souleva de nouveau. Il entra le nom de sa mère et ajouta le mot commando.

Le titre d'un vieil article sur l'accident de sa mère attira son attention. « Un accident suspect ». C'était la première fois qu'il voyait ce court article concernant l'accident de sa mère. L'article n'était plus sur un site officiel existant, mais internet a cette faculté de garder longtemps en mémoire des pages que les gens pensent à jamais disparues. Le mot suspect ne semblait pas cadrer avec ce que Nathan connaissait de l'accident de sa mère.

« Une jeune femme est décédée hier soir dans un accident de la route. La jeune femme, policière de carrière et ancien commando dans une unité spéciale, a été tuée par un chauffard ayant omis un arrêt obligatoire. Le conducteur a quitté les lieux, abandonnant son véhicule Suberban sur les lieux de l'accident. Au moment d'écrire ces lignes, le chauffard n'aurait pas été retrouvé. Il n'y a aucune trace de tentative de freinage sur la chaussé, chose étonnante lorsque l'on sait que l'agent Bowman était une personne bien roder aux méthodes de conduites d'urgence. Nulle trace de freinage également du côté du véhicule du fugitif. La police locale a confirmé que l'alcool et la mauvaise température n'étaient pas en cause. Fait inhabituel, la voiture du fugitif a été évacuée par des agents d'un département gouvernemental qu'il n'a pas été possible d'identifier. Mes collègues des médias et moi-même avons été repoussés dans un périmètre très éloigné de la scène d'accident ce qui est inhabituel dans ce type d'événements. On peut trouver suspectes les circonstances entourant cette collision. »

L'article était signé par un dénommé Alex Tardif. Pour la première fois depuis des années, Nathan désirait en savoir davantage sur sa mère. Une voix venant du corridor sortit Nathan de ses réflexions.

– Eh ! Tu n'es pas prêt ? Sensei Nakamura a dit jusqu'à 21 h 30.

Le t-shirt de Nathan exhibait encore les traces de doigts des techniques de saisie par le collet, qu'ils avaient pratiquées à la fin du cours de sensei Nakamura. Nul besoin d'être un Sherlock Holmes pour constater que Nathan ne s'était pas encore douché.

– Deux minutes pour une douche et j'arrive.

Ce fut probablement la douche la plus rapide qu'il n'eut jamais prise. Joanna s'appuyait dans le cadre de porte de la chambre de Nathan, au moment où il sortit de la salle de bains, vêtu de sa serviette.

– J'arrive au bon moment, dit Joanna en levant les sourcils.

Nathan ferma la vieille porte de bois de la cellule pour réapparaître rapidement, vêtu d'un magnifique t-shirt violet tout propre, affichant la fleur de Millepertuis.

– Ça fait du bien de changer de style de vêtement, vous ne trouvez pas ?

Il y a deux cents ans, l'écho joyeux des jeunes aurait sûrement inquiété l'abbé responsable de St-Jude, mais aujourd'hui, ces rires cadraient bien avec la nouvelle vocation de l'ancienne abbaye. En pressant le pas, ils arrivèrent à temps. Le cours de sensei Nakamura avait ouvert leur appétit.

– À cette heure-là, ça m'étonnerait que l'on ait de la pizza, dit Buns.

La pizza n'était pas au rendez-vous, mais ça n'empêcha pas Buns d'emplir son assiette de quelques muffins, et de raisins verts bien gonflés, de fromage et de biscuits ancestraux dignes de St-Jude. Nathan réussit à convaincre Joanna d'essayer les triangles de riz entouré de feuille d'algues. Les jeunes d'autres groupes de couleurs arrivés plus tôt avaient fait une bonne razzia dans la nourriture. Nathan et Buns suivirent Joanna qui alla s'asseoir à l'autre bout de la salle.

– Comment sont vos parents ?

Buns et Joanna se regardèrent, visiblement surpris par la question de Nathan. Le ton de Buns devint plus grave qu'à l'habitude. Ses lèvres chuchotèrent comme si elles étaient gardiennes d'un important secret.

– Je ne vois pas vraiment mes parents. Ma mère est probablement l'une des meilleures femmes d'affaires du pays, et mon père est trop occupé à jouer au golf et à voyager pour me consacrer un peu de son précieux temps. Ma mère connaît bien les fluctuations de la bourse, mais pas mon humeur du mois.

Je ne t'envie pas, je te plains même. J'adore faire des câlins à mes parents, mais il ne faut pas leur dire, ils en profiteraient, dit Joanna en croisant ses avant-bras sur sa poitrine. Elle avait l'air de s'amuser en pensant à ses parents.

– J'aurais préféré avoir moins d'argent et voir mes parents plus souvent, reprit Buns. J'ai étudié dans les meilleures écoles privées du pays, mais je m'en serais bien passé. Les étudiants me couraient après parce que je suis d'une famille influente. Moi, ce que je voulais, c'étaient des amis qui sont avec moi pour moi et non pour ma famille.

– Alors, tu es ici parce que tu le veux ou on est venu comme moi te chercher ? lança Joanna.

– Mes parents paient très cher pour que je vienne ici. Ils ne voulaient rien savoir au début, mais je les ai harcelés jusqu'à ce qu'ils me donnent ce que je voulais.

– Mais pourquoi venir ici ? demanda Nathan.

– Ma mère a un ami banquier qui lui avait dit qu'il était venu à cette école. C'est Millepertuis qui avait payé ses études, ses parents n'ayant pas les moyens financiers de l'inscrire en économie à l'université. Comme il est devenu riche, ma mère a probablement trouvé qu'il serait bénéfique de l'avoir comme ami. C'est lui qui m'a un jour parlé d'ici et qui m'a expliqué un peu comment fonctionnait cette école. Je pense que je l'ai fait aussi un peu pour contrarier ma mère.

Nathan trouva intéressante l'idée qu'une personne simple puisse avoir accès à des postes importants. Buns continua ses explications.

– Parce qu'ici il n'y a pas que des riches, qu'il y ait des gens de tous les milieux, j'ai persécuté ma mère jusqu'à ce qu'elle cède. L'idée que je puisse côtoyer des gens ordinaires l'horripile au plus haut point et j'avoue que j'aime ça la déranger un peu. De toute manière, personne ne s'ennuiera de moi, et je sais que ça peut paraître méchant, mais j'ai fait le deuil de voir ma mère comme je le veux. Et vous, comment sont vos parents ?

Joanna se lança la première dans les confessions.

– J'ai des parents en or. Mon père a eu un accident de travail et ne peut plus gagner sa vie. Ma mère fait des ménages dans un hôtel au centre-ville. Nous ne sommes pas riches, mais nous mangeons à notre faim tous les jours. Ce qui est déjà plus que certaines de mes amis qui n'ont pas toujours le réfrigérateur bien rempli.

Nathan observait Joanna de la même façon qu'un psychiatre observe son patient. Rien ne semblait lui échapper.

– Mais comment es-tu arrivé ici à Millepertuis ?

– C'est certain que nous n'aurions jamais eu l'argent nécessaire pour que je puisse m'inscrire à une université. Un homme est venu voir ma mère et lui a dit que j'étais éligible à une bourse pour étudier dans une école privée. Il lui a dit que si je passais les deux premières années sans problèmes, que l'organisme international pour lequel il travaillait pourrait probablement payer mes études. Je dois avouer que les bonnes notes et moi, ça ne fait qu'un. Et devinez qui est venu voir ma mère pour lui proposer ça ?

– M. Smith ! répondirent d'une voix commune les garçons.

– Non, c'est M. Whitterdale lui-même.

Pour Buns et Nathan, un extraterrestre aurait été moins surprenant que M. Whitterdale. Joanna enchaîna rapidement.

– Pour moi, c'est sûr que mes parents vont me manquer. Mais je pourrai aller les voir aux fêtes et aux congés. M. Whitterdale avait soulevé le point que je ne verrais pas ma famille tous les mois. Mais je sais qu'ils m'aiment même si je ne suis pas là. Je sais qu'ils seront fiers de ce que je vais accomplir ici.

Ce fut au tour de Nathan d'expliquer son histoire, sa vie d'une famille d'accueil à une autre, jusqu'à l'arrivée de M. Smith.

– Et jusqu'à aujourd'hui, je pensais que ma mère était morte dans un accident tout bête.

– Sur quoi se basait le journaliste pour dire que sa mort était suspecte ?

Nathan savait qu'il n'échapperait pas aux questions de Joanna.

– Un policier, ça sait conduire, non ? De plus, si elle était membre d'un commando, elle devait sûrement avoir de bons réflexes. C'est arrivé le soir. C'est facile de voir de loin une voiture qui fonce sur nous. Avec Max, lorsqu'il était saoul et qu'il ne faisait pas ses arrêts, quand une voiture nous fonçait dessus, il était capable de la contourner et d'éviter l'accrochage.

– Oui, mais est-ce que les phares de la voiture étaient bien allumés ? Même à l'époque, il était facile de vérifier après collision si des phares étaient allumés ou non.

Nathan trouva l'observation judicieuse.

– Je ne sais pas, ce sont les fédéraux qui sont partis avec la voiture.

– Wow, quelle histoire ! dit Buns visiblement impressionné.

– Oui je sais, c'est étrange comme histoire, mais un jour je vais trouver la vérité.

Joanna semblait réfléchir à la situation. Buns jeta un coup d'œil à l'horloge du réfectoire.

– Presque 22 h, pardon Monsieur, jusqu'à quelle heure peut-on rester au réfectoire ?

Buns s'adressait à Alex Grant, professeur d'histoire des civilisations. Il discutait avec des jeunes du groupe orange à quelques tables de la leur.

– À St-Jude, il n'y a pas de couvre-feu. Vous pouvez vous coucher à l'heure que vous désirez. C'est vous qui êtes responsable de vous-même. Mais n'oubliez pas une chose, les gens trop fatigués ne demeurent généralement pas très longtemps à St-Jude. On apprend très mal lorsqu'on est trop fatigué pour se concentrer.

– Merci, professeur.

Buns se tourna vers ses amis.

– Wow ! Il parle avec ses mains ce type. Je pense que je vais me coucher, j'ai bien peur que la journée de demain ne soit longue.

Chapitre 11
Un vendredi soir à flâner

Il y a parfois des périodes décisives dans une vie. Ce mercredi matin faisait partie de ces moments qui chamboulaient notre façon de vivre. Cette première journée à St-Jude marquait le début de la nouvelle vie de Nathan. Un soleil peinant à s'affirmer à travers les nuages, donnait à St-Jude une teinte un peu morose. Dans la bataille qui opposa Nathan à ses couvertures, ces dernières n'avaient visiblement pas fait le poids. Elles se retrouvèrent toutes amalgamées sur le côté du lit. Même le couvre-lit violet à la fleur jaune n'était plus visible dans l'amoncellement de couvertures. L'oreiller, quant à lui, vécut toute une gamme de positions, pour finalement terminer sur le sol au pied du lit. Le sommeil de Nathan s'était révélé très agité. La veille, au retour du réfectoire, lorsqu'il était entré dans sa chambre, une surprise l'attendait sur sa table de chevet. Un radio-réveil hi tec, avec lecteur CD. Une option permettait la projection de l'heure au plafond. La dernière fois que Nathan avait regardé les chiffres sur la voûte de sa chambre, l'image indiquait 1 h 35. Les faits nouveaux sur l'accident de sa mère avaient gardé Nathan éveillé une bonne partie de la nuit.

Mais perdre quelques heures de sommeil ne lui faisait pas peur. Lorsque Max buvait trop, ce qui lui arrivait souvent, il faisait un tel vacarme que Nathan n'arrivait jamais à s'endormir. Le sommeil venait généralement lorsque l'état de Max approchait le coma éthylique. Malgré le manque de sommeil et en dépit de la grisaille de la température, Nathan salua ses amis avec entrain.

Le déjeuner fut englouti avec appétit, surtout par Buns qui semblait apprécier particulièrement les moments qu'il passait au réfectoire. Si St-Jude ne lui apparaissait pas comme un endroit sacré, il devait en être autrement du réfectoire. L'avant-midi débuta avec un cours de géographie. La classe ne ressemblait pas du tout à ce que Nathan connaissait. Le professeur, Gordon Smith, qui, à part le nom, ne possédait rien en commun avec M. Smith, se révéla un professeur exceptionnel. Il réussit à motiver tous les élèves à participer activement au cours. Dans une classe, la plupart des étudiants sont inconfortables à l'idée de poser des questions. M. Smith avait le don de réussir à valoriser ceux qui s'y risquaient.

M. Smith interrogea, argumenta, synthétisa et termina par des trucs pour se souvenir des noms. Il enseigna comment s'en remémorer en faisant des associations d'idées adéquates. Il ajouta qu'en utilisant de telles associations, on pouvait par exemple mémoriser les noms des étudiants d'un groupe. Débordant du cadre de la géographie, il en profitait pour raconter des anecdotes parfois historiques, parfois politiques, mais presque toujours cocasses. Pour la première fois de sa vie, Nathan prit plaisir à suivre un cours de géographie.

C'était nouveau pour lui d'être dans une classe où les étudiants ne dérangeaient pas inutilement le professeur. Pas de blagues stupides qui brisent le rythme de l'enseignement, personne qui essaie d'intimider le professeur ou de perturber le bon déroulement de quelques façons que ce soit. À la grande surprise de la plupart des élèves, trois sons stridents, à peine audibles, indiquèrent que le cours était déjà terminé.

Buns regarda Nathan et Joanna.

– Ça, c'est du cours de géographie ! Moi qui avais peur que ça soit le cours le plus pénible.

– On a quinze minutes de pause, il faut que j'aille aux toilettes, dit Joanna en quittant les deux gars.

– J'avoue que moi aussi j'ai bien aimé ça. J'ai gobé plus de matière en un cours que durant tout un mois avec les autres profs de géographie.

Certes, Nathan exagérait, mais ses propos reflétaient un enthousiasme qu'il n'avait jamais vécu auparavant, surtout pour un simple cours de géographie.

– Je vais aller aux toilettes avant le cours de littérature. J'aime mieux ne pas prendre de chance.

Le cours de littérature fût tout aussi apprécié que celui de géographie. Visiblement, à Millepertuis, on prenait soin du choix des professeurs. L'enseignement de chaque professeur rejoignait chacun des quatre groupes d'apprenants. Dans le premier groupe, on retrouve les imaginatifs comme Buns. Ces gens aiment comparer avec la réalité. Ils ont besoin de préparation et ont souvent tendance à rechercher la petite bête noire. Ensuite, il y a les analytiques qui, un peu comme Joanna, ont besoin de considérer diverses solutions, qui intellectualisent les techniques et qui ont généralement besoin d'incuber leur apprentissage. Les dynamiques comme Nathan, quant à eux, aiment expérimenter. Ils ont une perception concrète, aime évaluer des solutions, ce sont des gens d'action. Dans la dernière catégorie, on retrouve des gens qui aiment évaluer les conséquences plutôt que la technique. Pour eux, il faut que ce qu'ils apprennent soit fonctionnel, qu'ils puissent choisir entre diverses solutions.

En utilisant cette approche pédagogique, tous les participants du groupe comprirent plus facilement la matière. Ça n'éludait pas l'obligation d'étudier, mais ça facilitait énormément l'acquisition et surtout l'assimilation des connaissances. Cette façon d'enseigner était bien maîtrisée par tout le personnel enseignant de Millepertuis.

La semaine se passa sans incident. Nathan avait apprécié tous les professeurs qu'il rencontra. Son expérience en classe fut totalement différente de tout ce qu'il avait connu auparavant. Il trouvait valorisant de bien comprendre ce que les enseignants transmettaient.

En semaine, le mardi et jeudi soir, Nathan et ses amis suivaient des cours d'arts martiaux avec sensei Nakamura. Comme ils devaient occuper le lundi et mercredi avec d'autres formations, ils choisirent de prendre des leçons de japonais, une idée de Buns. Les heures à St-Jude semblaient s'écouler à un débit accéléré. Le vendredi soir arriva à grande vitesse. Dans la petite communauté de l'abbaye, cette soirée offrait un îlot de liberté aux étudiants. Ils pouvaient disposer de ces heures comme ils le désiraient. Il devait être vingt heures lorsqu'ils quittèrent le réfectoire.

– Qu'est-ce qu'on fait ? demanda Buns.

– On explore les bâtiments, on ne connaît encore rien de St-Jude.

Joanna possédait un sens naturel de l'aventure. Conjuguez cela avec pas mal de curiosité et vous obtenez une personne qui va fouiner un peu partout.

– On commence par la chapelle principale, suggéra Nathan.

Ils auraient probablement pu passer par l'intérieur, car il semblait que tous les bâtiments étaient reliés par un système de sous-terrains et de corridors réunissant toutes les installations de St-Jude. Cependant, il paraissait plus simple d'y aller par l'extérieur. Plusieurs lampadaires électriques éclairaient le jardin situé devant la petite. À cette heure de la soirée, il y avait déjà un bon moment que le soleil avait rendu les armes. À différents endroits, des poteaux ornementaux en métal, supportant chacun trois lampadaires, illuminaient stratégiquement cette partie du monastère. Le style vieillot des réverbères cadrait très bien avec l'atmosphère de St-Jude. Pas de ces grosses lampes au mercure ou au sodium conçues pour éclairer tout le voisinage. Mais un éclairage à l'allure plus rustique, qui offrait une nitescence discrète, mais suffisante, accentuant l'aspect presque magique du jardin.

La petite église ou la grande chapelle, chacun y allant de sa propre dénomination, s'ouvrait sur une large entrée centrale, fermée par deux grandes portes de bois massif. Le tiers central de l'église, qui supportait le clocher, dépassait d'environ deux mètres le reste de la structure. Ce prolongement central donnait l'impression d'une tour construite devant l'église. Outre le clocher, on pouvait compter trois étages. Le second étage possédait trois petites fenêtres collées l'une à l'autre et, au troisième étage, deux embrasures donnaient accès au rayon du soleil. Au-dessus de ce mirador, le clocher dominait le tout. Le clocher lui-même était de la même largeur que les trois étages qu'il couronnait. Chaque côté de l'entrée, une très haute fenêtre en vitrail permettait à la lumière du jour de pénétrer les lieux. De formes arrondies, le haut des fenêtres cadrait bien avec le vitrail en demi-cercle du dessus de la porte. Les constructeurs de cette église connaissaient bien les rites anciens. Lorsqu'une église est construite selon les règles, on y entre par l'ouest pour se diriger vers l'est en s'exposant aux rayons du soleil levant.

– Regardez, il y a une caméra, remarqua Nathan.

Dans le coin gauche, une petite caméra dissimulée dans le renfoncement couvrait tous les angles devant la porte. Personne ne pouvait entrer sans être vu.

– Oui, mais je ne vois pas de panneau d'interdiction d'entrer, répondit Joanna.

Les jeunes ne pouvaient résister au mystère de la petite église. Bien qu'un peu lourde, la porte s'ouvrit sans problème. L'intérieur, faiblement éclairé, offrait une vision du passé de St-Jude.

Il doit y avoir des lumières, il s'agit simplement de trouver le commutateur, dit Buns en se dirigeant vers un panneau où quelques lumières clignotaient paresseusement.

– C'est sûrement ça. Heureusement que je suis là.

Cela prit quelques secondes avant que la manipulation de Buns porte fruit. Les cloches de la petite église entrèrent en confrontation avec le silence tranquille de St-Jude.

– Oups, je pense que je me suis trompé de bouton.

Quitter discrètement les lieux sembla la meilleure stratégie à adopter sur le moment. Les deux minutes que sonnèrent les cloches parurent interminables à Buns. Au moment où le silence réappropria ses droits, les trois amis s'esclaffèrent. Nathan fut le premier à résorber ce fou rire.

– J'espère qu'on ne va pas nous sonner les cloches pour ça, dit-il.

Joanna et Buns se regardèrent et, de nouveau, pouffèrent de rire. Ils marchèrent en direction du bâtiment abritant les chambres. Sur le chemin, Buns semblait inquiet.

– J'espère que mon erreur ne nous fera pas expulser de St-Jude. Avec la caméra ils savent que c'est nous. Je leur dirai que c'est ma faute.

– Ça m'étonnerait qu'ils nous expulsent pour si peu. On pourra en parler à sensei Nakamura.

Nathan termina sa phrase par un long bâillement qui fut contagieux. Son lit l'appelait.

Chapitre 12
La prise de décision

Pour la plupart des gens, le samedi est synonyme de relaxation. Pour ceux du groupe de Nathan, ce début de journée apporta son lot de tension. Les jeunes devaient se rendre pour neuf heures dans la salle de classe. La fébrilité se faisait sentir dans tous les recoins de l'édifice abritant les locaux d'enseignements. Visiblement, beaucoup de jeunes angoissaient à l'idée de cette prise de décision concernant leur avenir au sein de Millepertuis. Nathan marchait dans un des corridors conduisant à cette rencontre, lorsqu'un individu vêtu d'un t-shirt vert le percuta violemment d'un coup d'épaule.

– Eh, regarde où tu marches crétin! dit l'individu.

Nathan savait que ce n'était pas lui qui avait percuté cet étudiant, l'autre semblait avoir volontairement foncé sur Nathan. Même s'il dépassait Nathan d'une quinzaine de centimètres et qu'il était plus lourd d'une dizaine de kilos, ce malabar n'impressionnait pas Nathan.

– Réveille le gros, c'est toi qui m'as foncé dessus.

Nathan avança en direction du grand costaud. Ses cheveux noir coupés très court accentuaient son allure agressive. Trois jeunes qui faisaient partie de sa cour le suivaient. Instinctivement, Nathan compara ces jeunes aux gangs de rues qu'il avait tant côtoyés. Il n'avait jamais connu la tranquillité des quartiers bourgeois. Ces endroits défavorisés où la violence est omniprésente avaient servi d'incubateur à son adolescence.

Joanna, témoin de la scène, s'interposa. Elle agrippa le bras de Nathan et le tira avec énergie

– Allez, couchez pitou! Viens Nathan, on a plus important que ça à faire. Viens, laisse-le avec ses groupies.

– On va se revoir, tu ne perds rien pour attendre, cria le malotru.

– Laisse-le, tu vois bien qu'il souffre d'un complexe de supériorité, il se sent égal à nous.

Cette blague de Joanna eut pour effet immédiat de calmer Nathan.

Nathan et Joanna rejoignirent Buns dans la classe. Ils saluèrent les autres étudiants. Même s'il n'était pas aussi ami avec les autres qu'avec Buns et Joanna, Nathan appréciait les gens de son groupe. Tous semblaient sympathiques sans aucune animosité. Il ne ressentait nullement le besoin de se protéger ou de se méfier.

Sensei Nakamura entra, accompagné de M. Smith. Sans même leur laisser le temps de déposer ce qu'ils transportaient, Buns leva la main. Sensei Nakamura et M. Smith se regardèrent en souriant.

– Oui Buns, qui a-t-il ? demanda sensei Nakamura.

– Monsieur, j'ai fait une petite erreur hier soir. Je me suis trompé de bouton et...

– Ça va, Buns, ne t'inquiète pas, tu n'es pas le premier à déranger les chouettes qui logent dans le clocher.

Les épaules de Buns retombèrent, soulagées du poids de sa maladresse. M. Smith passa des feuilles reliées à chacun des étudiants. Il ne restait que quelques exemplaires à remettre lorsque Sensei Nakamura reprit la parole.

– Vos premiers jours vous ont donné une idée du fonctionnement de St-Jude. Vous avez devant vous des contrats qui, compte tenu de vos âges, n'ont aucune valeur juridique. Ce contrat se veut davantage moral. Ici à St-Jude, nous formons des gens d'honneur. Et un contrat d'honneur a autant de valeur à nos yeux.

Les jeunes parcouraient en diagonale les papiers tout en écoutant sensei Nakamura compléter ses explications.

– Prenez le temps de lire ces quelques pages. Ceux qui désirent quitter St-Jude, vous n'avez qu'à signer à l'endroit indiqué au bas de la deuxième page. Pour les autres, vous signez la dernière page si vous désirez faire les deux prochaines années avec nous. Nous vous laissons trente minutes pour lire le document. Si vous avez des questions, nous pourrons y répondre à notre retour.

Sensei Nakamura et M. Smith quittèrent la salle de classe. Durant les quinze premières minutes, ce fut un silence total. Chaque élève jeta un coup d'œil aux autres, comme s'il cherchait à savoir sur quelle page il déposerait sa signature ! C'est Buns qui brisa le silence.

– Juste pour un petit sondage, levez la main ceux qui vont demeurer à St-Jude ?

Toutes les mains se levèrent sans hésitation. C'est Matt qui prit la parole le premier.

– Jamais l'école n'a été aussi agréable, il faudrait être stupide pour retourner avec des professeurs... Matt semblait chercher le mot juste.

– Compétents, lança Dennys.

– Eh non, je pensais plutôt à quelque chose comme ordinaires, répondit Matt.

– Il faut bien l'avouer, on ne retrouvera pas de professeurs aussi compétents et aussi motivants ailleurs. Pour la première fois, je trouve que ce n'est pas une corvée d'étudier. Je dois être malade.

En écoutant les propos de Matt, les autres partirent à rire et tous approuvèrent. Joanna continua dans la lancée.

– Oui, il y a les professeurs, mais aussi les lieux. Je trouve ça agréable d'être ici. D'accord, on sait que ça va devenir plus difficile, mais on a quand même l'opportunité de quitter en tout temps. Si on signe pour demeurer, ça signifie seulement que l'on s'engage à travailler fort et à faire notre maximum. Je pense que ce n'est pas trop demander.

– Et puis ça ne me déplaît pas que l'on me fasse confiance, dit Nathan. J'aime le principe de fonctionner avec le sens de l'honneur, ça fait très guerrier. Je ne suis pas habitué à ça, mais ici j'ai l'impression que l'on nous traite avec dignité.

Nathan se tenait la tête haute, le menton relevé, il semblait fier de lui en parlant d'honneur et de dignité. Buns enchaîna cependant avec un point négatif.

– C'est bien beau tout ça, mais nous devrons faire notre lit nous-mêmes tous les matins, c'est écrit noir sur blanc sur le contrat.

Le front de Nathan se plissa. Il examinait Buns avec attention.

– Je pense qu'il est sérieux en disant ça.

Tout le monde se mit à taquiner Buns, qui ne semblait pas comprendre pourquoi les autres riaient de lui. Une des clauses du contrat stipulait que les jeunes devaient faire le lavage de leur literie, de leurs vêtements et qu'ils devaient entretenir leur chambre pour que tout reste propre. Buns ne pourrait bénéficier du personnel que sa mère engageait pour faire ces corvées.

Des pas venant du corridor tempérèrent les bruits de la classe.

– Avez-vous des questions ? demanda sensei Nakamura en entrant dans la salle de classe.

Aucune main ne se leva.

– Si tout le monde a signé, on va ramasser les feuilles. Pour ceux qui désirent quitter St-Jude, vous n'aurez qu'à aller à votre chambre et à midi une personne prendra les dispositions nécessaires pour que vous puissiez retourner chez vous.

– Personne ne va quitter, Monsieur. On a fait un sondage, tout le monde demeure ici. On veut tous passer à travers les deux prochaines années.

À l'annonce de Buns, les deux hommes se regardèrent et eurent un hochement de tête. Souvent lorsque des personnes partagent des épreuves, ils apprennent à échanger des idées sans avoir besoin d'utiliser la parole, un seul regard avait suffi pour que M. Smith et sensei Nakamura se comprennent. Un sourire de soulagement suivit.

– Merci de demeurer avec nous. Vous ne le regretterez pas.

Durant un court instant, Nathan eut le goût d'insister sur ce qui se passerait après les deux années, mais il se retint. Après tout, entre être ici et ailleurs, ici il avait au moins une bonne idée de ce qui l'attendait. M. Smith fit une annonce.

– Vous avez le reste de l'avant-midi libre, on se retrouve sur le terrain de soccer à 13 heures. J'espère que vous aimez le sport. Nous avons un sport unique à Millepertuis, un sport de guerrier. J'espère que vous aimez les contacts humains.

Chapitre 13
Un sport d'équipe

– Tu as vu les installations ? Ça doit coûter une fortune. Mais comment peuvent-ils payer tout ça ? pensa Joanna à voix haute.

Joanna et Nathan n'avaient jamais fréquenté d'endroits possédant autant d'équipements pour le sport. Buns cependant, ne parut pas épaté de ce qu'il voyait ici. Les écoles privées qu'il fréquentait rivalisaient entre elles dans l'acquisition des plus récentes technologies en matière de sport.

– Si la moitié des étudiants paient ce que ça coûte à ma mère pour que je sois ici, je peux vous dire que ça en finance une bonne partie.

Joanna et Nathan semblaient impressionnés par ce qu'ils apercevaient. Dans les écoles où ils étudiaient auparavant, l'équipement sportif se réduisait au strict minimum. Une grande salle qui servait de gymnase, quelques ballons et des cônes orange pour créer des parcours, résumaient les services offerts aux étudiants. Millepertuis possédait son propre complexe sportif. Une salle d'escalade séparait les deux gymnases principaux. Une plus petite salle adjacente à celle d'escalade offrait tout ce qu'il fallait pour s'entraîner avec des haltères. Nathan avait constaté que le plus grand des deux gymnases possédait même une piste de course à pied intérieure. Et encore, ils n'avaient pas vu la piscine au sous-sol, la salle de lutte et les vestiaires. Le dojo se révélait la seule salle qui ne se trouvait pas dans le complexe dédié au sport. Sensei Nakamura disait préférer l'énergie et la tranquillité du sous-sol de la grande chapelle.

Treize heures venaient de sonner lorsque le dernier étudiant du groupe de Nathan arriva à l'accueil du centre. M. Smith amena le groupe à l'extérieur, derrière le bâtiment où se trouvait un terrain faisant le tiers d'un terrain de soccer. À chaque bout, au lieu du traditionnel but en forme de cage, apparaissaient deux anneaux ovales. Sur un banc situé sur le côté du terrain, des raquettes de badminton et des volants y avaient été déposés. Derrière le banc, de gros sacs de sport attendaient leurs nouveaux propriétaires.

– Bien, on peut commencer. À Millepertuis, nous avons un sport qui ne se joue nulle part ailleurs.

– Je m'excuse, Monsieur, mais du badminton, ça se joue partout sur la planète, rétorqua la jeune Haïtienne.

– Désolé de te contredire, Mathilda, mais je doute que tu aies joué selon nos règles. D'ailleurs, as-tu remarqué qu'il n'y a pas de filet ?

Nous appelons ce sport le « *budominton* ». Vous allez voir, c'est un peu différent, mais tout aussi agréable.

– Pourquoi le nom de budominton ? demanda Mathilda.

– C'est une association du mot « *budo* » qui désigne les arts martiaux et « minton » pour le badminton.

– Exact, Joanna, dit M. Smith.

M. Smith prit une raquette.

– Est-ce qu'il y en a qui n'ont jamais joué au badminton dans le groupe ?

Visiblement, tous avaient déjà joué au badminton.

– Excellent ! Mettez vos équipements. Vous avez chacun un sac à votre nom.

– Des équipements pour jouer au badminton...

Tous se retournèrent vers celui qui venait d'émettre ce commentaire, Jeffrey, un petit rouquin, qui ne parlait pratiquement jamais.

Joanna fut la première à ouvrir son sac. Elle donnait l'impression d'un enfant qui déballait un cadeau de Noël. Le premier morceau qu'elle extirpa du sac ressemblait à un plastron de gladiateur. Bien que léger, il semblait conçu pour pouvoir résister à n'importe quel impact. Un casque, des épaulettes et tout ce qui peut constituer un équipement de sport de contact se retrouvaient étendus aux pieds de Joanna.

– Je pense que je commence à comprendre ce qu'il voulait dire en parlant d'aimer les contacts humains, dit Nathan.

Nathan avait déjà enfilé une jambière. À la différence des jambières que l'on retrouve généralement dans les autres sports, celles-ci étaient conçues pour empêcher les genoux de subir des pressions latérales. Les ligaments croisés ne pouvaient être blessés avec ce type jambière. Elle s'apparentait à des genouillères orthopédiques.

– J'ai l'impression d'être Robocop, dit Buns.

– Pourquoi ? Tu penses que tout le monde veut te descendre ? lança Nathan en riant.

– Impossible, je suis invulnérable dans cette armure.

Chaque équipement correspondait à la taille de chacun des jeunes. De plus, ces habits de protections offraient les ajustements indispensables à un port sécuritaire. Cela prit une trentaine de minutes avant que tout le monde soit vêtu. M. Smith regarda son groupe avec fierté.

– Je vous explique les règles. Vous verrez, elles sont très simples. Regardez à chaque bout du terrain, il y a deux anneaux suspendus à une poutre.

Deux anneaux ovales de 1 m 80 de large par 70 cm de haut étaient fixés à chaque tiers du terrain. La base de l'anneau se trouvait à une hauteur de 2 m. Chaque anneau, retenu par deux cordes, se transformait ainsi en un but mobile qui pouvait être légèrement déplacé au besoin.

Au centre de chaque anneau, sous la partie inférieure, une corde attachée permettait que l'on puisse déplacer latéralement l'anneau par la corde du bas. M. Smith continua ses explications.

– Le jeu est simple, vous devez aller porter le volant dans un des deux anneaux adverses. Si le volant tombe au sol, c'est l'équipe adverse qui le reprend. La mise au jeu de départ se fait par l'arbitre qui tire le volant à la verticale. Vous avez remarqué le cercle sur le sol au centre du terrain ? Chaque joueur peut s'installer où il le désire sur ce cercle.

– Qu'est-ce qui se passe si deux joueurs se disputent le volant ?

– C'est simple, Joanna. Vous avez de l'équipement de protection, vous pouvez percuter l'adversaire pour prendre sa place. Vous n'avez pas le droit d'utiliser vos mains pour pousser, mais vous pouvez vous servir de votre corps. Vous ne pouvez donner des coups de pieds, vous serez pénalisé si ça arrive. Attention, vous n'avez pas le droit de frapper l'adversaire à l'aide de votre raquette, ce n'est pas une arme.

– Combien de temps dure une partie ? demanda Dennys.

– La partie se joue en quatre périodes de quinze minutes. Il y a arrêt chaque fois que le volant touche le sol. Le chronomètre repart au moment où le volant est frappé. Aujourd'hui, on joue sans tenir compte du temps. Lors d'une partie officielle, à chaque quart de jeu, les équipes changent de côté afin que ça soit équitable lorsqu'il vente. Avant la partie, on tire au sort et l'équipe gagnante choisit de quel côté elle désire débuter la partie.

– À quoi servent les cordes sous les anneaux ? demanda Mathilda.

– Il y a deux gardiens de but dans chaque équipe, un pour chaque anneau. Le gardien peut utiliser sa raquette pour bloquer et il peut également utiliser les cordes pour tasser l'anneau qu'il a sous sa protection. Vous remarquerez également un demi-cercle sous la ligne des anneaux, les joueurs ne peuvent approcher à plus de deux mètres des anneaux. Si vous entrez dans le cercle, vous êtes pénalisé. Si tout le monde est d'accord, nous allons faire une partie amicale.

Le groupe se divisa en deux équipes d'égale force. Chaque équipe pouvait disposer de dix joueurs sur le terrain. Les gardiens d'anneaux prirent leurs positions alors que les huit autres joueurs de chaque équipe se placèrent autour du cercle au centre du terrain. Lorsque l'arbitre effectue la mise au jeu, le volant doit obligatoirement tomber quelque part dans ce cercle. M. Smith regarda les jeunes regroupés sur l'anneau du centre.

– N'oubliez pas, c'est un jeu de stratégie. Prenez deux minutes pour décider comment placer vos joueurs. Vous n'êtes pas obligés de tous vous positionner sur le cercle de départ. Vous pouvez positionner des joueurs n'importe où sur le terrain, dit M. Smith.

La configuration du jeu changea. Chaque équipe plaça deux défenseurs entre le cercle et leurs propres buts et deux autres joueurs de l'autre côté prêt à courir en direction des buts adverses. M. Smith sembla satisfait de la nouvelle stratégie des jeunes, il se plaça au milieu de la zone de départ. Tenant le volant de sa main droite, il le souleva à hauteur de sa tête, le laissa tomber pour le frapper à la verticale. Il s'éloigna rapidement avant d'être bousculé par la horde.

En moins de dix minutes, tous les joueurs semblaient à l'aise. Bien sûr, au début il y eut beaucoup de passes manquées, de smashes ratés passant loin des anneaux. Mais rapidement, les joueurs se familiarisèrent avec leurs équipements et avec l'idée que l'on puisse faire des passes avec un volant de badminton. Rapidement, le jeu devint plus fluide, le volant se passait avec vélocité d'une raquette à une autre, tout en étant régulièrement intercepté par des joueurs de l'équipe adverse. Il y eut plusieurs mises en échec, mais tout se soldait toujours par la bonne humeur. (En théorie, les plus lourds semblent avantagés, mais dans la réalité, les plus petits compensent généralement par de la vitesse.) Joanna le démontra au moment où Dennys tenta de la plaquer, à la dernière seconde, elle mit ses deux genoux au sol, et son attaquant culbuta de façon magistrale sur le terrain. Buns était un peu maladroit, ne possédant, semble-t-il, ni lourdeur ni vitesse. En effectuant des rotations de position, il découvrit qu'il était à son meilleur comme gardien des anneaux.

Il était important pour tous les jeunes de bouger, de se débarrasser du stress de la semaine. Le budominton se pratiquait depuis longtemps à Millepertuis. Cet outil servait à gérer le trop-plein de tension, en plus d'apporter une bonne mise en forme et un excellent apprentissage du travail d'équipe. De plus, tous prenaient énormément de plaisir à jouer, ce qui ne nuisait certes pas à la popularité du budominton. En ce qui concerne Nathan, il possédait un talent naturel pour être à la bonne place au bon moment. Il réussissait à anticiper les déplacements de ses coéquipiers, tout comme ceux de l'équipe adverse. Il intercepta plusieurs passes de ses adversaires. Au final, c'est lui qui compta le plus de buts.

Quelques spectateurs assistaient à l'entraînement du groupe. Nathan eut l'impression que quelqu'un le fixait. En regardant vers l'estrade, il s'aperçut que le professeur Bartholomew l'observait attentivement. Ses vêtements et, en particulier, son blouson et son nœud papillon lui donnaient vraiment l'allure d'un personnage de bande dessinée. C'est Buns qui voyait juste en comparant cet homme excentrique au Docteur *Who*, mais un Docteur *Who* affichant un regard dérangeant, perturbant. Alors que Nathan examinait le personnage, un choc brutal le ramena à la réalité.

– Désolé, vieux, mais tu te trouvais sur ma trajectoire.

C'était Matt qui avait dû plaquer Nathan afin de récupérer le volant pour son équipe. Au moment où Nathan se releva, il jeta à nouveau un coup d'œil dans l'estrade, monsieur Bartholomew s'était volatilisé.

L'entraînement dura un peu plus de deux heures. Les équipements de protection étaient pour la plupart complètement détrempés.

– Terminé pour aujourd'hui. Allez nettoyer vos équipements et vous les rangerez dans les placards qui vous sont destinés au vestiaire du gymnase. Vous devez prendre soin de votre équipement. Vous avez votre soirée de libre, n'oubliez pas d'étudier. Demain matin, 8 h 30 dans le dojo. Est-ce qu'il y en a qui ont des questions ?

Joanna leva le bras.

– Quand est-ce que l'on rejoue, Monsieur ? J'ai adoré jouer au budominton.

Chapitre 14
Des rats de bibliothèque

– ...et quand Joanna s'est agenouillée pour faire chuter Dennys...
Je pense qu'il va en faire des cauchemars cette nuit, dit Nathan en
s'écrasant sur lui-même pour mimer la technique de Joanna.

Le trio se retrouva au réfectoire pour le repas. Tout en écoutant
Nathan, Buns contemplait avec pitié la lasagne au tofu qu'avait prise
Joanna, tandis que Nathan, entre deux phrases, alternait goulûment
de sa salade César à la lasagne en passant par la crème aux asperges,
dans le désordre le plus total. Quelques jours auparavant, Nathan
goûtait pour la première fois, à des asperges marinées, et ce fut le coup
de foudre immédiatement. Les asperges de la lasagne différaient, mais
la sauce béchamelle compensait largement le goût un peu plus fade de
ces asperges. Buns jeta son dévolu sur une lasagne aux fruits de mer.
Le réfectoire était occupé aux trois quarts.

– Quand j'ai vu Dennys arriver, je savais que je ne faisais pas le
poids. J'ai attendu jusqu'à la dernière seconde, et boum, je me suis
mise à genoux.

– Très bonne stratégie. Pour ma part, j'adore garder les anneaux.
Quand quelqu'un arrive près de l'anneau et qu'il est certain de son
coup, et hop, à la dernière seconde, l'anneau déménage... J'adore ce jeu !

Buns avala sa dernière crevette qu'il avait mise de côté pour la fin.

– Buns... dit, Joanna, en pointant son index sur la commissure
de ses lèvres, signalant ainsi à Buns un surplus de sauce qui
dégoulinait lentement.

– Qu'est-ce qu'on fait ? Ça ne me tente pas d'aller étudier tout
de suite.

Il faut dire que ce n'était pas dans la nature de Nathan d'aller étudier
un samedi soir.

– Si on allait faire un tour à la bibliothèque, voir ce qu'ils offrent de
bon ?

Les yeux de Joanna s'écarquillèrent en regardant les gars. Avec un
tel regard, refuser son invitation paraissait impossible. Après avoir
englouti rapidement la salade de fruits présentée au dessert, le trio se
dirigea vers la bibliothèque de St-Jude.

– Mais que peut-on trouver dans une bibliothèque que l'on ne
retrouve pas déjà sur nos ordinateurs ? demanda Buns.

– Du papier, des livres, des odeurs, une sensation agréable au
toucher, une...

– Ça va, ça va, Joanna, on a compris.

Nathan savait bien que quoi qu'ils disent ou qu'ils fassent, lui et Buns se retrouveraient à la bibliothèque.

– Pensez-vous vraiment qu'un guerrier va dans une bibliothèque un samedi soir ?

Joanna ne prit pas la peine de répondre à Buns, elle continua, faisant mine de ne rien entendre.

– Je sais, on se donne trente minutes et on cherche tout ce que l'on peut trouver sur Millepertuis, suggéra-t-elle.

– Bonne idée, on ne connaît pas grand-chose de Millepertuis, dit Nathan en se séparant le premier du trio. Il se dirigea vers les ordinateurs pour la recherche.

– Je vais dans la section histoire, enchaîna-t-il.

Abandonné par Joanna, Buns se dirigea vers Nathan.

– Bon bien, essayons de trouver quelque chose sur Millepertuis.

– Je pense que j'ai déjà quelque chose.

Le référencement du système informatique de la bibliothèque était particulièrement efficace. Nathan dégota rapidement de l'information, qu'il nota sur les papiers disponibles à cette fin. Il en donna un à Buns et partit de son côté.

La bibliothèque affichait un décor plutôt austère. Les principales ornementations consistaient en de vieux tableaux peints à la main. Aucun paysage champêtre, aucune peinture moderne accrochée au mur. Chaque tableau affichait un personnage différent et, que ce soit un homme ou une femme, tous affichaient une allure sévère. On pouvait voir des rangées de livres à l'arrière-plan de la plupart des tableaux. À une certaine époque, savoir lire était l'apanage des riches.

La bibliothèque possédait cinq petits salons fermés, équipés chacun d'une grande table et de plusieurs chaises. Ces salons permettaient à plusieurs personnes de travailler ensemble sans déranger les gens présents dans la bibliothèque. À St-Jude, apprendre à travailler en équipe faisait partie de la culture d'enseignement de l'établissement.

Après une trentaine de minutes, ils se rejoignirent dans un des salons libres. Joanna avait déniché six livres alors que les garçons n'en avaient que deux pour Buns et trois pour Nathan.

– On se donne un autre trente minutes et celui qui trouvera les choses les plus intéressantes n'aura pas à ranger sa vaisselle pour les deux prochains jours.

Le défi lancé aux gars fut suffisant pour qu'ils plongent la tête dans les livres à la recherche de l'information la plus pertinente. Les pages des livres se succédaient à chaque contact du bout des doigts. Les mains se promenaient sur les pages, caressant les lignes d'encre au gré des phrases. Les mots clefs, les gros titres, rien ne semblait échapper au regard inquisiteur des trois chercheurs.

– OK, qu'est-ce que vous avez trouvé ?

– Toi d'abord, dit Buns à Joannie.

– Rien d'intéressant, si ce n'est que Millepertuis a financé la construction de nouvelles écoles dans plusieurs pays différents. Les premières écoles construites remontent au début des années mille neuf cent. Mais à un autre endroit, on parle que Millepertuis a financé plusieurs universités européennes à partir du quinzième siècle.

Joanna garda un livre ouvert en montrant une liste de nom d'écoles, l'année de construction et la localisation. Buns souleva le livre qu'il tenait.

– Je n'ai pas trouvé grand-chose, il y a eu un prix Nobel de la paix en 1907 qui était membre de Millepertuis, un professeur de droit international. J'ai vu également une photo de groupe prise au début des années mille huit cent, pour l'inauguration d'un département de l'université d'Oxford.

Buns inclina le livre pour montrer la photo monochrome.

– Une femme dans le groupe ? Je ne pensais pas que les femmes étaient acceptées dans les universités à cette époque.

Joanna sembla heureuse de voir une femme dans le décor. Sur la photo pas très claire, on pouvait voir la dame entourée de plusieurs hommes, plus grands et plus costauds. Elle paraissait toute menue entre ces hommes qui fixaient l'objectif avec un regard fier et même vaniteux pour certains.

– Et toi, Nathan, qu'est-ce que tu as trouvé ?

L'idée de ne pas ramasser sa vaisselle durant deux jours motivait grandement Buns. Il espérait que Nathan n'ait rien trouvé.

– Pas grand-chose, les mêmes banalités que vous, à part peut-être un article sur les vieilles abbayes et les vieux monastères. Depuis 30 ans, il semblerait qu'une cinquantaine de ces endroits à travers le monde aient été rachetés en totalité par une compagnie anonyme, St-Jude y figure. Le deuxième livre que j'ai pris n'offrait finalement aucun intérêt, mais le troisième est un livre sur les symboles médiévaux occidentaux et asiatiques. J'y ai trouvé l'écusson de Millepertuis, mais avec le nom de *Hypericum*. Sur un autre écusson de Millepertuis, on retrouve la fleur jaune, mais également un dragon et un tigre. Je savais que je n'avais pas rêvé en voyant la canne de M. Whitterdale.

– Je pense que vous allez être obligé de me débarrasser de ma vaisselle durant les deux prochains jours, dit Buns.

– Désolé, mais je pense plutôt que l'on est ex aequo, dit Joanna.

Joanna et Nathan semblaient du même avis. Ça réglait la question. Comme il se faisait tard, tous furent d'accord pour aller dormir.

Nathan fit plusieurs rêves où dragons et tigres le tinrent en haleine durant une bonne partie de la nuit.

Chapitre 15
Un bugeï

Lorsque son radio-réveil sonna, cela faisait déjà cinq bonnes minutes que Nathan contemplait le plafond. Même si le matelas se révéla un peu plus dur que ce qu'il avait connu auparavant, Nathan dormait beaucoup mieux ici, à St-Jude, qu'ailleurs. Il faut croire que remplacer les bruits de la rue par des chants d'oiseaux pouvait avoir ses avantages. Nathan prit une douche rapide, s'habilla, ouvrit la porte, mit un pied à l'extérieur afin de se rendre au réfectoire. Il s'arrêta brusquement, revint à l'intérieur, referma la porte et se dirigea vers son ordinateur.

Il fit une recherche sur sensei Nakamura. Il ne trouva qu'un seul article, écrit en japonais. À l'aide de Google traduction, il obtint une traduction plus ou moins boiteuse, comme seul peuvent en faire ces traducteurs automatiques.

« Maître Sakiho Nakamura a été fait par démonstration pour l'Empereur en Heisei 18 (2006), en ce premier jour de le printemps. Sensei Nakamura élève senior de le dernier maître de la lignée aux vieilles écoles traditionnelles de Kosshi-jutsu et de Koppo-jutsu. Certaines de ces traditions vieilles à plus de 900 ans. L'empereur a remis une mention honorifique au sensei. »

Nathan mémorisa ces quelques mots japonais, referma le couvercle de son ordinateur, pour ensuite aller rejoindre ses amis au réfectoire. Il compléta son repas rapidement. Chacun était empressé d'aller rejoindre sensei Nakamura. Lorsqu'ils arrivèrent au dojo, plusieurs étudiants déjà sur les lieux s'étiraient lentement dans le corridor, mais personne ne semblait oser entrer dans la salle d'entraînement. De la porte ouverte, on pouvait apercevoir sensei Nakamura agenouillé, les mains sur ses cuisses, pouce et index formant un anneau dans chaque main. Dans cette posture, devant les trois petits autels juchés sur la tablette au centre du dojo, il projetait tout autour de lui une impression de sérénité. Il se retourna lentement et sourit aux étudiants.

– Êtes-vous prêts pour une nouvelle leçon ?

Les enseignements de sensei Nakamura se retrouvaient en tête du palmarès des cours les plus populaires de St-Jude.

– Je vais vous raconter un petit conte que j'aime bien. Comme vous le savez, je ne suis pas un bon conteur, mais je vais faire de mon mieux. Ce conte possède plusieurs versions, vous allez le retrouver dans tous les bons livres de conte d'arts martiaux et de philosophie japonaise.

Un jour un grand samurai, père de trois fils, invita un ami chez lui. Avec son ami, ils décidèrent de faire passer un test à ses trois fils. Ils mirent un coussin au-dessus d'une porte de manière à ce qu'il tombe au moment où la porte s'ouvrirait. Il appela le plus jeune de ses fils. Ce dernier entra et, au moment de passer sous la porte, il reçut le coussin sur la tête. Mais avant que le coussin ne tombe au sol, il dégaina son sabre avec dextérité et rapidité et, de sa lame bien aiguisée, il coupa le coussin en deux. Dans un mouvement souple, il réintroduit le sabre dans son étui.

Sensei Nakamura fit une pause qui sembla une éternité pour les jeunes. Il enchaîna.

– Il appela ensuite son deuxième fils, plus âgé de quelques années. Au moment où le coussin se dirigea vers sa tête, il se déplaça de côté avec agilité pour l'éviter. Il dégaina et trancha le coussin avant que celui-ci ne l'atteigne. La fluidité de son geste donnait l'impression que, de la sortie du sabre à sa réintroduction dans l'étui, tout s'était fait en un seul mouvement, sans saccade.

Sensei Nakamura accorda une nouvelle pause aux jeunes afin de leur permettre de bien visualiser la scène, puis il reprit l'histoire.

– Ce fut au tour du plus vieux des fils d'entrer. Avant d'ouvrir la porte, il s'arrêta. Quelque chose semblait ne pas aller, il ouvrit la porte lentement, vit le coussin et, simplement, il le prit dans ses mains avant qu'il ne tombe, et le déposa sur un meuble près de la porte.

Sensei Nakamura mit ses mains sur son ventre, doigts entrelacés, et il tournait lentement ses pouces l'un autour de l'autre en examinant attentivement l'assistance. Nathan remarqua que ses pouces tournaient en sens inverse l'un de l'autre.

– Lequel des trois fils possède le plus le sens du guerrier ? demanda Sensei Nakamura.

Des mains agitées se levèrent de part et d'autre.

– Oui Jason ?

– Le fils qui a coupé le coussin avant qu'il ne lui tombe sur la tête. Ça demande une dextérité et des réflexes que seul un guerrier peut posséder.

– Levez la main, ceux qui partagent cette idée.

Un peu plus de la moitié du groupe leva la main.

– Comme je présume que personne ne votera pour le plus jeune, j'en conclus que le reste du groupe, vous prenez pour le plus vieux des fils et vous avez raison. Réagir avec action-réaction c'est bien, mais si vous pouvez prévoir et pressentir le danger, votre esprit guerrier devient de loin supérieur. Le vrai guerrier sera généralement le dernier à sortir ses armes si ce n'est pas absolument nécessaire pour sa survie. Nous allons faire un petit jeu sur cette sensation de pressentir le danger.

Sensei Nakamua se dirigea vers un coin du dojo où il avait remisé plusieurs petits boucliers d'entraînement. Il en prit un et demanda un volontaire. Nathan fut le premier à lever la main. Il plaça Nathan à environ soixante centimètres du mur, face au mur. Il recula ensuite d'environ trois mètres.

– Bien, maintenant, Nathan, je vais te lancer ce coussin derrière la tête. Tout ce que tu as à faire est de te baisser pour l'éviter. C'est bien compris.

Sensei Nakamura se concentra, son front se plissa et sans faire de bruit, il lança le coussin qui percuta le derrière de la tête de Nathan, déclenchant le rire des autres étudiants. À la troisième tentative, Nathan se pencha au dernier instant et évita le projectile. Sensei Nakamura continua ainsi jusqu'au moment où il termina un dixième lancer.

– C'est bien, tu en as évité six sur dix. Qu'est-ce que tu ressentais lorsque tu évitais le bouclier ?

– C'est bizarre. J'avais l'impression d'un froid au niveau de ma colonne. Les fois où je l'ai manqué, je ressentais la même sensation, mais on aurait dit que je réfléchissais trop.

– L'instinct ne passe pas par l'intellect, mais ça, vous aurez tout le temps de le découvrir. Placez-vous deux par deux et faites cet exercice.

Tous les jeunes refirent cet exercice avec plus ou moins de bons résultats. Joanna s'en tira assez bien avec une moyenne de sept sur dix alors que Buns se révéla le plus mauvais du groupe avec une moyenne de deux sur dix. Ce qui ne sembla pas du tout le décourager.

– Avant que nous ne fassions des techniques un peu plus physiques, est-ce qu'il y en a qui ont des questions ?

Nathan leva la main.

– Sur quoi sont basés les arts martiaux que vous nous enseignez ? Je sais qu'en karaté on casse des planches, en judo on fait des projections, mais nous qu'est-ce qu'on va faire ?

Sensei Nakamura afficha un large sourire.

– Notre style se compose de plusieurs écoles traditionnelles. Disons pour simplifier les choses, que l'enseignement que je donne repose sur plusieurs principes. D'abord les techniques de *koppo jutsu* et de *kosshi jutsu*, techniques spécialisées dans l'attaque des points nerveux et sur la façon de briser des os, entre autres choses. Ça peut paraître violent, mais je vous enseigne des arts martiaux, et non des sports de combat.

Pour l'instant, le seul maître du dojo fut le silence qui y régnait.

– Je vous enseignerai également des techniques de *jutai jutsu*, axées sur les projections, la manipulation des articulations et des étranglements. Nous étudierons également du *dakentaijutsu*, ou l'art de donner des coups de poings et de pieds. Et naturellement, nous travaillerons ce que l'on appelle du *taihen jutsu*, les façons de bouger notre corps, de se déplacer et de recevoir une attaque afin de contrôler l'adversaire.

Sensei Nakamura prit une courte pause avant d'enchaîner.

– Il y a trois catégories principales d'arts martiaux. Il y a les arts en *do* comme le *kendo*, l'*aïkido* et plusieurs autres. Le *do* se traduit par la voie, le chemin. Généralement, les arts en *do* axeront l'enseignement sur l'aspect spirituel des arts martiaux. Ce qui est violent est habituellement soustrait des techniques d'origine. La deuxième catégorie concerne les arts martiaux sportifs qui sont basés sur la compétition. Il faut comprendre qu'on ne peut se battre en compétition comme on se bat dans la rue. Ça prend des règles afin d'éviter les accidents. Dans beaucoup de ces arts martiaux, les techniques dangereuses sont volontairement écartées afin d'éviter des automatismes qui pourraient se révéler catastrophiques dans les compétitions sportives.

Sensei Nakamura observait avec intérêt les réactions des étudiants.

– Enfin, il y a une troisième catégorie, ce que nous appelons en japonais un *bugeï*. Le but principal d'un *bugeï* est simple : assurer la survie de celui qui le pratique. C'est ce que je vous enseigne, l'art de survivre à une confrontation. Vous constaterez qu'il est facile de détruire le corps humain, mais vous apprendrez qu'il est également possible de se défendre sans même blesser celui qui vous attaque.

Nathan chuchota à l'oreille de Buns qui se trouvait tout près de lui.

– J'ai vu M. Smith désarmer un type avec une arme à feu. C'était de toute beauté.

Sensei Nakamura tapa dans ses mains.

– Assez discuté, il est temps de faire un peu d'entraînement.

Comme d'habitude, la deuxième partie du cours se révéla beaucoup plus physique. Les étudiants apprirent les brises chutes, les roulades et diverses techniques d'évasion et d'esquive. L'entraînement se termina vers 11h30. C'est un groupe d'étudiants fatigués et légèrement contusionnés qui sortit du local d'entraînement. Cette fois-ci, sensei Nakamura se révéla sous son vrai jour. Il ne laissa pas le temps aux jeunes de s'apitoyer sur leurs douleurs, leurs fatigues et leurs courbatures. À quelques reprises, il dit à certains jeunes des phrases comme « tu peux bouger, donc tu peux continuer ».

Chapitre 16
Être piégé

Rien au programme pour le reste du dimanche, mais, pour ceux qui le désiraient, M. Smith offrait un petit cours un peu spécial. Les jeunes participaient sur une base volontaire. Personne ne savait quoi que ce soit au sujet du contenu du cours. Les étudiants du groupe murasaki intéressés à suivre ce mystérieux cours devaient rejoindre M. Smith pour 14 heures à l'unité T.

Les assiettes des garçons étaient déjà vides depuis plusieurs minutes lorsque Buns questionna Nathan et Joanna.

– Qu'est-ce qu'on fait ? On va au cours de M. Smith ? Pour ma part, je pense qu'on a suivi pas mal de cours cette semaine.

Nathan ne pouvait refuser cette invitation. Et, pour être honnête, il espérait une occasion pour pouvoir parler de sa mère avec M. Smith. Cette histoire de commando le tracassait un peu.

– J'avoue que cette invitation volontaire m'intrigue au plus haut point. Mis à part le recrutement, on n'a aucune idée de ce que fait M. Smith à St-Jude. Il n'est pas un professeur régulier comme les autres, son statut me semble un peu étrange.

Joanna abonda dans le même sens que Nathan.

– C'est bon, je vais avec vous. Mais avant, il faudrait savoir où se trouve l'unité T.

– Allons voir à l'entrée, il y a un plan des bâtiments, suggéra Buns.

Sur le plan, les bâtiments étaient identifiés par de simples lettres alphabétiques. Le seul problème, les lettres arrêtaient à la lettre Q. De plus, il ne semblait y avoir aucune logique dans la classification des bâtiments sur le plan. Certaines lettres manquaient, et ce, dès les premières lettres. Il n'existait pas de bâtiment marqué de la lettre T. Joanna émit l'hypothèse la plus plausible.

– Sensei Nakamura s'est peut-être trompé de lettre lorsqu'il nous a parlé du cours de M. Smith.

– Allons à la bibliothèque, ils auront peut-être des réponses.

Tous se rendirent à la bibliothèque comme le proposa Buns. Même déception, rien sur le bâtiment T. Sensei Nakamura, qui passait par là, jeta un coup d'œil aux jeunes dans la bibliothèque.

– C'est bien d'occuper vos temps libres par de la lecture. Je suis fier de vous.

– Monsieur ?

– Oui, Nathan.

– Vous nous avez dit l'unité T pour le cours de M. Smith, mais cette unité n'existe pas.

La réponse de sensei Nakamura parut un peu étrange.

– Ce n'est pas parce que nous ne voyons pas l'air que nous respirons qu'il n'est pas là. Je me sauve, je suis pressé. Bonne recherche.

– Mais qu'est-ce qu'il fume à Millepertuis ? dit Buns.

– Je ne crois pas qu'il soit passé ici par hasard. De plus, il nous a dit « bonne recherche ». Je pense qu'il faut que nous trouvions l'endroit.

– Je partage ton avis, Joanna. Mais il faut faire vite si on veut trouver la place, le cours est à 14 heures.

Nathan passa ses mains dans ses cheveux. Il relevait le défi. Ils croisèrent deux professeurs qui ne semblaient pas savoir où se trouvait l'unité T. Ils consultèrent tout ce qui était écrit sur St-Jude, mais sans rien dénicher de valable. Après trente minutes, c'est Buns qui manifesta les premiers signes de découragement.

– Nous tournons en rond, on ne trouvera rien. Ils possèdent peut-être de bons profs, mais côté cartographie et logique, ils ne l'ont pas du tout.

Nathan regardait Buns comme s'il venait de découvrir quelque chose d'important.

– Je pense qu'au contraire, il faut tourner en rond. Quel bâtiment a la lettre A ?

– La chapelle, dit Joanna.

– Et quel bâtiment a la lettre B ?

– Le complexe des salles de classe, répondit Buns.

– Traçons une ligne de A vers B et de B vers C, on obtient quoi ?

Buns et Joanna ne comprenaient pas où Nathan voulait en venir.

– On obtient une courbe, dit Joanna.

– Si on continue notre courbe, on obtient une spirale...

– On obtient les autres bâtiments dans un ordre croissant, dit Joanna.

Effectivement, si on regardait le plan des bâtiments de St-Jude, en apparence, l'ordre paraissait erratique. Mais en juxtaposant une spirale partant de la chapelle qui est notée A jusqu'à l'édifice abritant les classes notées B, pour ensuite aller à l'édifice marqué de la lettre C et ainsi de suite, on pouvait voir que chaque édifice était indiqué par ordre chronologique sur cette spirale. Cette classification pouvait paraître étrange, mais on n'a qu'à regarder le labyrinthe de la Cathédrale de Chartres pour constater qu'à une certaine époque, ésotérisme et religion étaient intimement liés.

– Oui, mais les lettres qui manquent...

Buns n'avait pas tort. C'est Joanna qui trouva la solution.

– Comme les bâtiments sont plus ou moins à égale distance. Lorsqu'il manque une lettre, le bâtiment suivant est plus loin sur la spirale. Les lettres déterminent la distance entre les bâtiments. Si on extrapole, on peut avoir une idée où se trouve l'unité T.

Nathan enchaîna avec enthousiasme.

– Allons-y, il ne nous reste plus grand temps.

L'unité T existait vraiment. Camouflés à travers plusieurs arbres, dans un coin isolé du site de St-Jude, ils découvrirent une petite maison en bois rond. D'allure très rustique, les billots composant les murs cadraient bien avec l'endroit. Trouver l'emplacement de l'unité T devait faire partie de l'entraînement. Il n'était pas encore 14 heures lorsqu'ils arrivèrent sur les lieux. Environ deux minutes plus tard, Mathilda et Matt suivirent.

– Bravo, vous avez réussi à trouver l'endroit vous aussi, dit Buns en donnant une tape amicale sur les épaules de Mathilda et Matt.

– Facile, répondit Matt, on vous a suivis.

La discussion fut interrompue par Joanna qui avait trouvé un papier chiffonné au pied du petit escalier menant à l'intérieur. Elle lut le papier à haute voix.

– Nous détenons M. Smith, il est notre prisonnier. Nous le retenons dans cette maison. Prenez garde, l'endroit est piégé. Toute intrusion peut entraîner votre mort et celle de M. Smith.

Un certain désarroi s'empara du groupe. Ne sachant que faire, chaque membre du groupe parut hésitant.

– Je pense que ça fait partie de l'entraînement au même titre que de trouver la maison. On doit agir avec prudence.

Nathan venait de prendre le commandement de la petite unité tactique, fraîchement improvisée.

– Personne n'entre dans la maison. Matt et Joanna, allez vers le côté gauche, et observez tout ce que vous pouvez sans toucher à quoi que ce soit. Mathilda et Buns, vous allez faire la même chose en passant par l'autre côté. Essayez d'obtenir de l'information en regardant par les fenêtres, mais ne touchez à rien, compris?

Personne ne disputa à Nathan le rôle de chef des opérations qu'il s'attribua. Pour tous, il semblait naturel qu'il prenne la direction du groupe. La petite habitation ne semblait pas avoir l'électricité ni aucune commodité. Une fenêtre à carreau de chaque côté de la porte permettait à la lumière du jour d'accéder à l'intimité des pièces à l'avant. Des rideaux transparents aux motifs fleuris empêchaient de bien voir à cette distance. Une petite galerie, que l'on pouvait atteindre par les trois marches d'un menu escalier, occupait un espace d'environ deux mètres de largeur. Un garde-fou interdisait l'accès à la galerie autrement que par cet escalier. Nathan eut une intuition, il se mit à genoux pour regarder sous l'escalier. Un dispositif électronique, relié à un avertisseur sonore, se trouvait fixé sous la première marche.

Les deux équipes firent leur rapport. Comme pour les fenêtres avant, on ne pouvait rien voir de l'extérieur. En arrière vers la gauche, une porte était fermée. L'exploration de l'extérieur du reste de la maison n'apportait aucune information supplémentaire, ils n'y détectèrent rien d'anormal.

– Nous devons entrer, suggéra Buns en s'apprêtant à mettre un pied sur la marche.

Nathan le saisit par le collet et le ramena vers l'arrière.

– Regarde sous la marche.

– Qu'est-ce que c'est que ça ? demanda Buns.

– Il y a un avertisseur relié à un dispositif électronique. Je présume que si on met le pied sur la marche, il se déclenchera.

Nathan aimait beaucoup les films d'action où ce type de piège figurait dans l'histoire.

– Est-ce que c'est dangereux ? Est-ce que ça peut exploser ? demanda Mathilda.

– Il n'y a qu'un avertisseur sonore relié au dispositif, rien de néfaste. Je pense que si ça crie, nous perdons tout simplement la partie. Malheureusement, on n'a rien pour sectionner les fils.

Joanna offrit la solution, elle gardait toujours un coupe-ongles avec elle. Elle coupa l'un des deux fils reliés à la batterie, privant ainsi le piège de l'énergie nécessaire à son fonctionnement. Ils retirèrent ensuite le dispositif qui ne fit aucun bruit.

– Un à zéro pour nous, lança Buns.

– Bien, je pense que l'on commence à comprendre les règles du jeu.

Nathan gravit lentement l'escalier. Arrivé à la porte, il suspectait que la porte pouvait être piégée. Le petit groupe rejoignit Nathan sur la galerie. Après un examen de la porte, Buns prit la décision de l'ouvrir. Lentement, il la poussa sans prendre le temps de faire une pause qui aurait permis d'analyser la situation.

– Arrête, dit Joanna.

Mais il était déjà trop tard. Joanna avait remarqué un petit fil de pêche transparent, tendu en travers de la porte. Lorsque Buns poussa la porte davantage, le fil s'étira jusqu'à ce qu'un bruit assourdissant éclata. Un nuage de fumée opaque entoura le groupe.

Le brouillard se dissipa lentement. M. Smith ouvrit tout grand la porte.

– Ça y est, vous êtes tous morts.

Chapitre 17
Perdant ou gagnant

Le peu de fumée qui restait s'estompa lentement, au fur et à mesure que la toux des jeunes diminuait. La fumée, bien que légèrement irritante, ne représentait aucun danger pour la santé de Nathan et de ses amis. M. Smith aurait pu choisir un autre dispositif pour simuler l'explosion, mais l'effet psychologique n'aurait certainement pas été le même. Le fait de tousser un peu ancrait l'erreur stratégique plus profondément dans le subconscient. Dans ces conditions, les gens refaisaient rarement les mêmes erreurs. C'est pour cette raison qu'il avait choisi ce type de simulateur. M. Smith déclara qu'il était satisfait de ce qu'avaient accompli les jeunes.

– Vous avez fait du bon travail. La plupart des gens qui relèvent ce défi ne réussissent pas à trouver l'endroit. Et parmi ceux qui trouvent l'unité T, les deux tiers environ ne s'occupent pas du papier au bas de l'escalier et se font sauter en mettant le pied sur la première marche.

– Vous voulez dire que j'aurais dû voir le dispositif en ramassant le papier ? demanda Joanna.

M. Smith recula légèrement la tête.

– Ce n'est pas ce que vous avez fait ?

– Non, je n'ai absolument pas pensé à regarder sous l'escalier. Nathan a vu le dispositif en examinant l'escalier pendant que nous faisions un relevé de la situation.

Durant plusieurs secondes, M. Smith examina Nathan, comme s'il attendait une réponse qui ne venait pas.

– Venez, allons nous asseoir à l'intérieur.

Une grande pièce occupant toute la largeur avant du bâtiment. À gauche, une cuisinette avec une grande table de bois et des chaises assorties au style démodé de la table. Bien qu'aucun fil ne paraissait de l'extérieur, la petite maison possédait tout de même l'électricité et l'eau courante. Un vieux réfrigérateur orange aux formes arrondies ronronnait fébrilement dans le coin où débutait le comptoir de la cuisine. Une porte entre la cuisine et le salon devait donner accès aux chambres à l'arrière.

Dans le salon, un long divan de cuir noir adossé au mur faisait face à la fenêtre. Plusieurs fauteuils complètement dépareillés ainsi qu'une vieille chaise berçante en bois complétaient l'ameublement rustique de la pièce. Sur les murs construits de madriers superposés, de vieux tableaux de paysages campagnards entouraient un miroir au-dessus du sofa. Une petite table de bois aux coins écornés occupait l'espace entre les fauteuils et le sofa. Le plancher recouvert de linoléum aux motifs quadrillés dénonçait tant l'usure du recouvrement que l'incompétence du décorateur.

M. Smith alla au réfrigérateur et revint avec des jus pour chacun. Il sortit également d'une armoire deux gros sacs de croustilles qu'il déposa sur la petite table du salon. M. Smith sentit que les jeunes le regardaient d'une drôle de façon.

– OK, je sais, les croustilles, ça ne fait pas très santé, mais pour une fois...

Les arguments de M. Smith furent très convaincants. Plusieurs mains se disputèrent l'accès aux sacs de croustilles.

– Comment trouvez-vous l'expérience ?

Nathan s'empressa de répondre à la question de M. Smith.

– C'était super. J'avoue qu'à un moment donné, j'étais un peu découragé. C'est Buns qui m'a fait allumer avec le fait que l'on tournait en rond. Le hasard a joué en notre faveur.

– Heureusement, car nous ne savions plus où chercher, c'était désespérant, dit Joanna.

– Nous, on n'a pas de mérite, dit Mathilda. On s'est contenté de les suivre.

– C'est déjà une bonne initiative. Vous avez eu la sensation qu'ils se trouvaient sur la bonne voie et vous vous y êtes fiés. C'était déjà plus que ce que la plupart des autres personnes du groupe violet ont pu faire. Vous ne le savez pas, mais tous ont essayé de trouver l'endroit. Ils vont d'ailleurs nous rejoindre d'ici quelques minutes.

– Autant manger les croustilles avant qu'ils ne nous les prennent toutes, dit Matt en riant.

Tout le groupe partit à rire et, instinctivement, toutes les mains plongèrent dans les entrailles des sacs à l'agonie. Au même moment, le reste du groupe arrivait accompagné de sensei Nakamura.

– Eh ! Gardez-nous des croustilles.

En disant cela, sensei Nakamura fit un clin d'œil à M. Smith. Il avait apparemment entendu la remarque de Matt. Il se dirigea vers les armoires et revint avec plusieurs nouveaux sacs. Puis il servit des jus pour tout le monde. Comme il manquait de chaises, la plupart des jeunes se retrouvèrent assis sur le plancher. Laissant sa place à sensei Nakamura, Joanna quitta le confort de sa chaise berçante, pour aller s'asseoir sur le sol avec les autres.

Lorsque tous furent installés confortablement, Joanna prit la parole en regardant sensei Nakamura.

– Sensei, j'avoue que votre remarque sur l'air que nous respirons nous a paru étrange au début. Mais je ne suis pas sûr que nous aurions continué si vous ne nous aviez pas lancés sur cette piste.

– Parfois, il suffit de peu pour nous remettre sur la bonne voie. Juste quelques mots placés au bon moment peuvent faire toute la différence, répondit sensei Nakamura.

M. Smith observait Buns depuis un bon moment déjà.

– Buns, tu n'as pas l'air content de l'expérience, s'il y a quelque chose qui ne va pas, tu peux le dire.

– Je me trouve un peu bon à rien. Sans Nathan et Joanna, je n'aurais pas trouvé la maison. C'est moi qui ai déclenché l'explosion en allant trop vite, je me sens pas mal nul, un perdant.

– Est-ce que tu vas persévérer pour essayer de t'améliorer ou tu vas tout abandonner ?

M. Smith regardait Buns fixement, sans cligner des yeux. Son regard semblait figé autant dans l'espace que dans le temps. Lorsqu'il regardait quelqu'un ainsi, M. Smith donnait l'impression que rien ne pouvait l'atteindre. Buns hésita avant de répondre à sa question.

– Si vous ne me trouvez pas trop nul, j'aimerais réessayer.

– Je n'en attendais pas moins de toi. Ce n'est pas une réponse de perdant que tu viens de me donner, mais une réponse de gagnant.

– Je ne comprends pas pourquoi.

– D'après toi, qui perd le plus souvent dans sa vie, le gagnant ou le perdant ?

Buns ne comprenait pas où M. Smith voulait en venir.

– C'est le perdant, bien sûr, l'expression le dit, un perdant, celui qui perd.

– C'est faux. Celui qui perd le plus souvent dans la vie, c'est le gagnant. Le gagnant va généralement se casser la gueule plusieurs fois avant de réussir. Mais chaque fois qu'il connaît un échec, il en retire des leçons.

– Il apprend de ses tyrans, dit fièrement Jason, le grand roux du groupe.

– C'est exact. Imagine un perdant qui décide de se lancer en affaire. Il décide, ce n'est qu'un exemple, de se lancer dans le commerce de la vente d'oranges. Il fait toutes les démarches, il trouve tout ce qu'il faut pour démarrer son entreprise. Mais pour une raison de circonstances, après quelques mois, une chaîne de magasins d'alimentation grande surface ouvre à cinq cents mètres de chez lui. Il ne possède pas le pouvoir d'achat de ce géant de l'alimentation et il est obligé de déclarer faillite. Le perdant n'osera pas se relancer en affaires avant des années et peut-être jamais. Il craint un nouvel échec et n'est pas prêt à affronter une nouvelle infortune.

M. Smith prit une gorgée de jus.

– Le gagnant dans la même situation fera l'analyse de son insuccès, et recommencera en tenant compte de ce qui est arrivé. Il s'assurera que les mêmes erreurs ne se répéteront pas. Il se débrouillera pour trouver de nouveaux fonds, de nouvelles idées et il recommencera. Il agira probablement de la sorte jusqu'à ce qu'il trouve sa voie. Il est un guerrier, il surmontera ses peurs et s'essayera de nouveau alors que le perdant, par peur d'un nouvel échec, ne fera pas de nouvelles tentatives avant bien longtemps. C'est pour cette raison que, dans une vie, celui qui semble gagnant est généralement celui qui a été confronté au plus grand nombre d'échecs.

– Dans ce cas, je suis un gagnant, dit fièrement Buns en levant son poing en l'air.

Tous applaudirent la détermination de Buns.

Chapitre 18
L'ouverture de la saison

Les deux semaines écoulées depuis la recherche de l'unité T furent difficiles pour les étudiants de St-Jude. Une nouvelle théorie du complot venait de naître. Elle soulignait le fait que tous les professeurs se donnaient le mot pour inonder les étudiants de travaux. Chaque moment libre fut consacré à ces tâches et à l'étude des matières enseignées. La vie sociale se limitait aux rencontres des amis lors des repas au réfectoire. Maintenant, tous comprenaient ce qu'ils voulaient dire par « la vie ne sera pas facile à St-Jude ». Rien n'est gratuit, il faut parfois payer le prix pour obtenir ce que l'on veut. Quelques un commençaient à se demander si ce n'était pas payé trop cher pour devenir un guerrier.

Cela faisait quinze jours que les étudiants attendaient ce samedi avec impatience. Cette journée spéciale tant désirée apporta une certaine agitation à St-Jude. La première rencontre officielle de budominton de la saison. L'équipe murasaki rencontrait l'équipe des verts. Une autre pratique eut lieu le samedi précédent. Pour cet entraînement, M. Smith conduisit le groupe de Nathan dans le boisé. Il utilisa les arbres comme obstacles. Il y eut plusieurs collisions entre les arbres et les joueurs, et, dans presque tous les cas, les arbres s'en sortirent vainqueurs. Le seul perdant du côté végétal fut un vieil arbre à demi pourri, qui fut renversé par Buns. Inutile de dire que durant la semaine qui suivit, Buns ne se gêna pas pour raconter son exploit.

Sur les estrades, tous les étudiants et le personnel de St-Jude attendaient avec impatience le début de la partie. Nul ne pouvait demeurer indifférent devant un tel événement. Même le soleil redoublait d'ardeur en ce jour d'automne, contribuant ainsi au succès de cet événement festif. Un petit kiosque distribuait gratuitement boissons gazeuses et hot-dogs, éléments indissociables de toute activité sportive qui se respecte.

Pour l'équipe de Nathan, M. Smith et sensei Nakamura affichaient présents derrière le banc des joueurs. Pour l'équipe des verts, le professeur Bartholomew dirigeait, assisté du professeur Grant. Fidèle à lui-même, M. Bartholomew arborait fièrement son nœud papillon, un nœud papillon vert, harmonisé à la couleur de son équipe.

L'arbitre se préparait pour la mise au jeu. Buns protégeait un des anneaux alors que Mathilda protégeait l'autre. L'arbitre frappa le volant à la verticale, Dennys tenta de disputer le volant au joueur de centre adverse, qui le percuta violemment de l'épaule. Trois longues passes approchèrent le volant de l'anneau de Buns. Nathan, portant le chandail violet numéro neuf, intercepta la passe et fit un relais à Joanna, qui lui retourna le volant, l'éloignant ainsi de la zone des buts. Joanna fut plaquée au sol quelques secondes après avoir lancé le volant à Jason. L'arbitre siffla pour arrêter le jeu.

– Deux minutes de pénalité au numéro 4 des verts pour avoir plaqué un joueur ne possédant pas le volant.

Jason récupéra le volant et, aussitôt que sa raquette entra en contact avec lui, le chronomètre fut remis en marche. Jason tenta une passe à Matt, qui fut interceptée par le numéro 6, celui qui avait percuté Nathan quelques semaines auparavant. Matt tomba sur le dos et prit quelques secondes avant de se relever. En se retournant, il ne vit que le dos du gilet du joueur qui l'avait durement plaqué, le nom de Lewis et le numéro 6 y étaient inscrits. Les joueurs de l'équipe adverse exécutèrent une série passe pour retourner dans la zone des anneaux de l'équipe violette. Le numéro 7 reçu la passe et il fit un smash puissant en direction de l'anneau de Mathilda. Le klaxon résonna, annonçant le premier but de la partie.

Nouvelle mise au jeu au centre du terrain. Au moment où Dennys s'apprêtait à prendre le volant, un des joueurs des verts le plaqua au niveau des hanches alors qu'un autre joueur arriva de l'autre côté pour le plaquer à la hauteur des épaules. Ce mouvement projeta avec force Dennys dans les airs. Au moment où il sembla tomber sur la tête, sa main droite s'appuya sur le sol, pour amorcer un début de roulade. En une seconde, il se retrouva sur pieds. M. Bartholomew semblait avoir orienté l'entraînement de son équipe vers les placages plutôt que vers un jeu stratégique comme l'avait fait M. Smith.

Le volant se retrouva en zone violette et, au moment où le numéro 6 s'apprêtait à frapper le volant, Nathan se projeta sur lui en tournant sur lui-même afin de le frapper avec son derrière, un plaquage un peu étrange, mais tout à fait légal. Le numéro 6 tomba au sol au moment où Nathan fit une passe à un de ses alliés. Lorsque Nathan s'apprêta à courir en direction de l'action, des taches noires apparurent dans son champ de vision, un léger étourdissement s'en suivit. Le numéro 6 avait violemment frappé Nathan à la tête avec sa raquette. Heureusement, le casque de protection absorba la plus grande partie du choc. Nathan se retourna et eut juste le temps d'éviter un coup de poing qui venait en direction de son visage. Il passa son bras droit sous l'aisselle droite du numéro 6, amena sa jambe droite derrière la jambe droite du numéro 6, et fit une technique que Sensei Nakamura nommait « osoto gake ». Sans effort, son adversaire se retrouva couché sur le dos. Les arbitres s'interposèrent entre les deux joueurs.

– Dix minutes de mauvaises conduites pour le joueur numéro 6 de l'équipe des verts. De plus, au prochain comportement incorrect, il sera expulsé du jeu.

L'arbitre ne sembla pas du tout avoir apprécié ce comportement agressif de la part du numéro 6.

Le jeu continua sans incident, la troisième période venait de prendre fin. Au tableau, le pointage indiquait trois à un pour l'équipe des verts. Tous les joueurs encerclaient M. Smith.

– Pensez-vous que vous êtes capable de remonter la pente ?

– On ne sait pas, Monsieur, c'est difficile à dire, répondit Buns.

Sensei Nakamura regarda Buns avec intensité. Son front plissé, ses yeux plus refermés qu'à l'habitude, une légère lueur de colère, des signes qui en disaient long.

– Ce n'est pas une bonne réponse. Pensez-vous que vous êtes capable de remonter la pente ?

– Oui, Monsieur, et nous allons vous le prouver !

Tous les regards se tournèrent vers Nathan qui semblait garder son optimisme.

– Notre jeu est trop resserré. Nos passes sont trop courtes. Ils sont plus costauds que nous et ils utilisent leur poids à leur avantage.

L'analyse de la situation que fit Nathan semblait exacte. M. Smith approuva en hochant la tête. Il ne paraissait pas être touché par la gravité de la situation. Pour lui, ce jeu ne représentait qu'un entraînement parmi tant d'autres. Mais, il semblait très curieux de voir la stratégie que proposerait Nathan.

– Alors Nathan, que suggères-tu ?

– Ils donnent des signes de fatigue. Ils sont plus lourds que nous et on va utiliser ça à notre avantage. On va tenter des passes plus longues sans trop aller directement vers les anneaux au début. On doit les faire courir. Nous sommes plus légers et plus rapides, il ne faut plus qu'on se laisse frapper.

Tous optèrent pour la nouvelle stratégie. La partie débuta, une fois que l'équipe murasaki eut le volant, les moments où les verts touchèrent au volant se firent plus rares. Visiblement, la nouvelle stratégie porta ses fruits. Ils comptèrent deux buts, égalisant le pointage trois à trois. Il ne restait qu'une minute avant la fin de la période. Dennys, Joanna et Nathan se firent un signe de la tête, on joue le tout pour le tout. Dennys passant le volant à Nathan, qui le repassa à Joanna et ainsi de suite jusqu'à approcher les anneaux adverses. Dennys fit une passe à Matt qui se positionna dans un coin du terrain, mais un joueur adverse captura le volant, il fit une passe au numéro 6 qui s'apprêtait à prendre le volant. Au moment où il débuta sa motion, Joanna déposa son pied droit sur le dessus de la cuisse gauche du numéro 6, elle se retrouva ainsi au-dessus de lui pour intercepter le volant et faire une passe à Nathan qui, prévoyant que le gardien tasserait son anneau, projeta le volant légèrement à côté de l'anneau. Le gardien piégea involontairement le volant en tassant l'anneau. Le but était compté, il ne restait que cinq secondes à jouer.

Équipe violette 4 équipe verte 3. Même s'il restait cinq secondes, la remise au jeu devait s'effectuer. Buns demanda à jouer au centre, privilège qui lui fut accordé. Après que l'arbitre eut lancé le volant dans les airs, Buns s'apprêta à intercepter le volant, mais au lieu de ça, il mit ses deux genoux au sol et se protégea la tête. Trois des joueurs de l'équipe des verts entrèrent dans une collision digne des annales de Millepertuis. Le klaxon annonça la fin de la partie.

Chapitre 19
De bonnes qualités

Même si le match de la veille fut physiquement difficile, tous les membres du groupe violet semblaient flotter sur un nuage. Chacun marchait la tête haute, fier de cette victoire bien méritée. Il est rare, au budominton, que l'on puisse assister à une remontée aussi spectaculaire.

À 14 heures, le groupe se retrouva dans la salle de classe en compagnie de M. Smith. Chose intéressante avec lui, personne ne pouvait connaître d'avance ce qu'il allait enseigner. Pour la dixième fois peut-être, Buns raconta son histoire au moment où M. Smith entra dans la classe.

– Bonjour, tout le monde et, encore une fois, félicitations pour votre performance d'hier. Cependant, il ne faudrait pas prendre comme acquis que vous pourrez recommencer cet exploit à tous les coups.

L'enthousiasme du groupe chuta légèrement. M. Smith ne cherchait pas à briser le plaisir des jeunes, mais plutôt à les protéger contre la réalité d'une défaite qui, tôt ou tard, surviendrait. C'était la réalité de la vie et en être conscient peut éviter bien des désagréments. M. Smith reprit.

– Mais lorsqu'on réussit cet exploit, on peut être fier. N'est-ce pas, Buns ?

Buns rougit en regardant le dessus de son bureau.

– Je vous ai fait venir pour vous dire que nous aurons une activité un peu spéciale dans deux ou trois semaines. Nous allons faire quelques jeux de nuits dans le boisé.

Les étudiants se regardèrent entre eux, un peu inquiets, sachant maintenant qu'ils pouvaient s'attendre à tout avec M. Smith. Nathan leva le bras.

– Vous entendez quoi par jeux de nuit, Monsieur ?

– Nous allons faire différentes activités, mais dans les grandes lignes, ça tourne autour de se cacher de gens qui nous recherchent, de voler le drapeau de l'ennemi, de faire une battue pour retrouver un méchant, et d'autres petits jeux du même acabit. Je pense que vous trouverez ça amusant.

– Mais, Monsieur, je ne suis pas sûr que nous possédions les qualités nécessaires pour ça, dit Matt.

– Peut-être que oui, peut-être que non, on ne pourra vraiment le savoir qu'en l'essayant. Peut-être sous-estimes-tu tes qualités ? J'ai une idée. Prenez une feuille blanche et un crayon.

M. Smith attendit que tous les jeunes eussent une feuille blanche étendue devant eux.

– Maintenant, séparez-la en deux à la verticale en traçant une ligne partageant la feuille en deux colonnes.

Chaque modèle de crayon possède son grincement bien à lui. Plusieurs personnes utiliseront le même type de crayon à bille toute leur vie. Le son émis par la pointe peut parfois en dire long sur son utilisateur. La fluidité ou la saccade du trait, la pression forte ou légère sur la feuille sont autant d'indices de la personnalité de son utilisateur. M. Smith continua ses explications.

– Dans le haut de la colonne de gauche, mettez le symbole plus et dans le haut de celle de droite, mettez le signe moins.

Quelque chose percuta une fenêtre, quelques étudiants se levèrent de leur chaise pour voir ce qui se passait alors que les autres se contentèrent simplement de jeter un coup d'œil.

– Ce n'est qu'un oiseau qui s'est cogné à la fenêtre. Ne vous inquiétez pas, il est reparti en volant. Bien, maintenant que vous avez votre feuille devant vous, je vous laisse dix minutes pour que vous écriviez dans la colonne de gauche vos dix plus grandes qualités et dans la colonne de droite, vos dix pires défauts.

Les jeunes ne cessaient de se tortiller sur les chaises, signe évident que l'exercice n'était pas aussi facile qu'il n'y paraissait de prime abord. Les quatre ou cinq premières qualités et défauts sont toujours très faciles à coucher sur le papier, c'est après que ça se gâte. Mais tous travaillaient très fort pour compléter la liste.

– Bien, le temps est écoulé. Quelqu'un peut me nommer une première qualité ?

Jason leva un bras, « je suis persévérant ».

– C'est bien, ça va vous en prendre pour passer à travers ces deux années. Mais attention, si la persévérance est une bonne qualité, dans certains cas, il ne faut pas que ça se transforme en obstination. Imaginez que vous rêvez de créer le programme informatique parfait, mais que rien ne fonctionne. Vous vous doutez que vous vous êtes trompé, mais vous ne voulez pas l'admettre. Plutôt que de passer à autre chose, vous persistez, mais rien ne fonctionne. Il faut dans certains cas savoir lâcher prise lorsque c'est nécessaire. Quelqu'un d'autre peut nous nommer une nouvelle qualité ?

Buns leva la main, « l'honnêteté ».

– Bon choix. Tôt ou tard, les gestes malhonnêtes finissent par nous retomber dessus. Ça peut parfois prendre du temps, mais ça revient toujours nous hanter. Les bouddhistes appellent cela le karma.

Qui d'autres ?

– La gentillesse pour les autres, dit Joanna.

– Je pense que tu parles d'altruisme. C'est une merveilleuse qualité. Il faut cependant prendre garde que les autres n'abusent pas de toi. Souvent les gens gentils ne sont pas capables de dire non aux demandes des autres. Elles vont faire les travaux ou les corvées à leur place. Il ne faut pas se sentir obligé de satisfaire à toutes les demandes des autres. Un guerrier doit apprendre à dire non. Mais effectivement, c'est une grande qualité qui manque à trop de gens. N'oublie pas, il s'agit de donner, et non un libre-service où les autres prennent lorsque ça fait leur affaire.

Nathan leva la main, « être réaliste ».

– Il y a plusieurs types d'individus. Il y a les rêveurs, les optimistes, les pessimistes et les réalistes. Il n'est pas interdit de rêver, d'espérer, de se décourager, mais l'idéal est d'être conscient de la réalité des choses. La personne réaliste n'attendra pas qu'un billet de loto change le cours de sa vie et assure son fond de retraite ou qu'une autre personne fasse le travail à sa place. Le plus grand samouraï de tous les temps se nommait Musashi Myamoto. Il nous a laissé une réflexion intéressante à ce sujet : « Respecte les dieux, mais en cas de problèmes ne te fie pas sur eux. » Ça veut simplement dire que c'est à vous de vous organiser, de vous prendre en main et de faire ce qu'il faut pour arriver à vos fins. N'oubliez pas la différence entre le gagnant et le perdant.

– La générosité, dit Dennys.

– J'adore particulièrement cette qualité. Trop de gens sont égoïstes et ne pensent qu'à eux-mêmes. On n'a qu'à regarder la mauvaise répartition des richesses à travers le monde pour comprendre qu'un faible pourcentage de la population possède plus de quatre-vingt-dix pour cent des richesses. Mais la générosité n'est pas que monétaire. Ce peut être une parole gentille pour remonter le moral d'un ami qui en a besoin, une tape amicale, un sourire, mais aussi des heures de son temps pour aider les autres. Faire du bénévolat est un très grand acte de générosité. Quelqu'un a une dernière qualité à proposer avant que nous n'abordions les défauts ?

Mathilda leva lentement une main hésitante, ne sachant trop si elle devait la laisser en l'air ou la redescendre.

– Oui, Mathilda.

– L'intelligence, Monsieur.

– Excellent Mathilda, l'intelligence est en effet une grande qualité. Mais attention, il y a plusieurs types d'intelligence. On a tendance à caser les gens trop facilement. Un mathématicien qui découvre de nouvelles équations, le chimiste qui fait des découvertes, le médecin qui réussit une opération complexe, ou le professeur qui enseigne démontrent tous de l'intelligence à leurs façons. Mais si vous êtes incapable de faire ce qu'ils font, est-ce que ça veut dire que vous n'êtes pas intelligent ? Si vous comparez le mécanicien qui répare votre voiture avec un prix Nobel de mathématique par exemple, à qui des deux associerez-vous le mot intelligent ? Probablement au mathématicien. Par contre, demandez-lui de changer l'alternateur de votre voiture, ou de simplement changer une porte dans votre maison ? Peut-être que ça ne sera pas lui qui va briller le plus, mais le mécanicien est souvent obligé d'improviser lorsqu'il n'a pas les pièces nécessaires pour la réparation. Et curieusement, dans la plupart des cas, ça va fonctionner. Mais lorsqu'on le regarde avec ses mains toutes sales, on n'a pas tendance à l'associer à la définition d'intelligence.

Beaucoup de gens sont très intelligents, mais ne peuvent fonctionner en dehors du cadre de leur travail. J'ai des amis qui ont très peu de scolarité, mais qui sont capables de réparer n'importe quoi avec presque rien. Dans une situation apocalyptique, j'aimerais mieux avoir ces derniers avec moi que le mathématicien. Qui des deux a le plus de chances de survivre dans une guerre civile ? Vous comprenez où je veux en venir ? L'intelligence se retrouve sous plusieurs formes, pas seulement sur une personne au QI élevé.

M. Smith fit une pause. Il attachait de l'importance au fait que les jeunes comprennent bien ce point concernant l'intelligence. Il avait trop vu de gens bien, qui se dévalorisaient tellement facilement. Il continua son explication.

– Un jour, j'ai fait l'acquisition d'un nouvel appartement, je me suis retrouvé avec un problème qui m'apparut rapidement insurmontable. La crasse des tuiles du plancher de la salle de bains m'avait presque amené au bord de la dépression... OK, j'exagère un peu. Rien à faire pour nettoyer, aucun produit n'y arrivait. Je m'étais résigné à changer les tuiles et c'était dommage, car elles étaient particulièrement jolies. Le concierge de St-Jude, un bon ami à moi, remarqua mon irritabilité du moment. Après que je lui ai expliqué mon problème, il me proposa de venir chez moi le soir même. Il s'enferma dans la salle de bains, sans me permettre de voir ce qu'il faisait. Il avait apporté ses produits bien à lui. Environ une heure plus tard, il sortit de la salle de bains, la sueur coulait au bout de son nez. « Jette un coup d'œil et dis-moi ce que tu en penses », me dit-il. La céramique avait retrouvé ses heures de gloire. Un plancher éclatant s'offrait à mes yeux. « Ç'a été plus long que prévu, j'en ai profité pour faire les murs également », me lança mon ami. Beaucoup de gens se croient supérieurs à un simple concierge, mais, dans son travail, il faisait preuve d'une intelligence que peu de gens peuvent égaler.

– Allons-y pour les défauts maintenant. Qui m'en nomme un le premier ? Oui, Dennys.

– La paresse, je suis parfois paresseux.

– Et crois-moi, tu n'es pas le seul. Notre époque est celle de la facilité. Toujours remettre au lendemain ce que l'on peut faire aujourd'hui, c'est la devise des paresseux. D'ailleurs, ce type de problème à un nom, on appelle ça de la procrastination. Généralement, toutes les excuses du monde sont bonnes pour ne pas accomplir les tâches qui nous déplaisent. C'est tellement plus facile de remettre à plus tard ce que l'on déteste faire. Mais un jour ou l'autre, on doit payer pour ces retards accumulés. Le guerrier sait que s'il attend trop, la situation peut dégénérer et tout devient alors beaucoup plus compliqué. Quelqu'un a un autre défaut, et ne venez pas me dire que vous n'avez pas de défauts.

Tout le monde partit à rire, une petite main timide se leva en arrière. Émilie, une fille très timide, aux longs cheveux auburn bouclés, qui lui donnait une tignasse de fauve, était probablement l'étudiante la plus discrète du groupe.

– La timidité.

Sur sa colonne de droite, ce défaut devait occuper la première place.

– C'est bien, ça. Et en quoi, Émilie, la timidité peut-elle être un défaut ?

– Elle nous empêche souvent de faire ce que l'on voudrait faire.

– Et qu'est-ce qui empêche un timide de faire ou de s'exprimer comme il le voudrait, Émile ?

– La gêne.

Émilie sembla regretter d'avoir levé la main.

– Oui, mais la question est, qu'est-ce qui engendre la gêne ? La peur. Peur d'avoir l'air ridicule, peur d'être jugé, peur de l'erreur. Nous reviendrons discuter de la peur à un moment donné. Quelqu'un a un autre défaut ?

– Agressif, comme le numéro 6 de l'équipe des verts, suggéra Buns.

– Exact, l'agressivité est un défaut lorsqu'elle est mal canalisée. Ça prend un peu d'agressivité, mais il ne faut pas que ça sorte n'importe comment. Dans certaines situations, un défaut peut être une qualité pour certaines personnes et une qualité peut être parfois un défaut pour d'autres.

Les étudiants se regardaient, ne comprenant pas ce que voulait dire M. Smith.

– Prenez un vendeur de voitures usagées. Souvent il va mentir pour cacher un vice de la voiture, ou il va changer des détails sur le kilométrage, l'économie, ou autre. Pour lui, le fait de mentir et surtout d'être un bon menteur, de s'afficher comme une personne crédible est une qualité. Ça lui permet de vendre plus de voitures et de gagner sa vie. Ce n'est pas très honnête, mais pour lui, il considère que c'est une qualité et tant pis pour le pauvre acheteur. Pour d'autres, la prudence qui est une bonne qualité peut devenir un défaut. Il ne faut pas que l'on prenne de risque, c'est dangereux de faire cela ou ceci, tu ne dois pas faire ça au cas où ça pourrait se retourner contre toi, etc. La prudence ici est un défaut, elle empêche les gens d'explorer, de découvrir et d'apprendre par leurs expériences. Rien n'est jamais tout noir ou tout blanc, n'oubliez pas cela.

– L'hypocrisie, dit Joanna. Je déteste les gens hypocrites.

– Je partage ton opinion, moi aussi je déteste les gens hypocrites. Ce n'est généralement pas long que, lorsqu'une personne hypocrite est découverte, que plus personne ne lui fasse confiance. Le problème est de déceler ce type de personne. Il y en a qui sont de merveilleux comédiens.

M. Smith semblait se parler à lui-même, ayant sans doute une personne à l'esprit.

Chapitre 20
Un entraînement au sabre

Rien ne rompit la monotonie de la semaine et ce fut sans doute aussi bien ainsi. Les étudiants croulaient sous les nombreux travaux à faire, sous la quantité de matière à étudier. Dans une école normale, une telle quantité de travail aurait découragé la plupart des étudiants. Ici, à St-Jude, ils savaient que de telles situations arriveraient; dès le début, ils s'étaient habitués à l'idée que ça deviendrait difficile. Peut-être s'attendaient-ils à pire. Tous semblaient prêts à affronter cette inquiétante réalité. Un étranger se promenant dans St-Jude aurait vu que derrière chaque porte se trouvait un étudiant plongé dans ses livres, effectuant des recherches sur son ordinateur ou gribouillant quelques équations compliquées.

Le dimanche suivant, après le déjeuner, Nathan, Joanna et Buns décidèrent de faire une pause.

– Je pense que je vais devenir fou, j'ai rêvé une partie de la nuit que j'enseignais des maths à des enfants de trois ou quatre ans qui ne comprenaient absolument rien de ce que j'expliquais. De plus, ils couraient partout, grimpaient partout, je devais constamment les ramener à leurs places.

Buns mimait le geste de soulever des enfants.

– Avant-hier, moi aussi j'ai fait un cauchemar avec les études. Je rêvais que je devais écrire au tableau devant la classe, mais rien ne sortait, j'avais oublié toutes les lettres, je ne savais plus comment écrire, et tout le monde riait de moi. Je voulais me cacher.

Joanna se coucha sur la table du réfectoire en cachant sa tête de ses avant-bras pour finir sa phrase.

– Il est temps que l'on prenne une pause. On va faire une balade dans le boisé, sinon on va finir par penser qu'on est des vampires.

Personne ne s'opposa à l'idée de Nathan. Tous trois avaient l'impression que ça faisait longtemps qu'ils n'avaient pas été exposés à la lumière du jour. L'environnement de St-Jude possédait le don d'énergiser ceux qui prenaient le temps de contempler ses beautés. St-Jude se montrait généreux dans ce qu'il pouvait offrir. Quotidiennement, les arbres gagnaient en couleurs automnales, apportant une sérénité comme seule la nature peut en offrir.

– Que c'est beau, ça fait du bien !

Joanna tournoyait sur elle-même en regardant la cime des arbres.

– J'ai trop mangé, juste à la regarder tourner, ça me donne des nausées.

Buns avait fait particulièrement honneur aux cuistots de St-Jude. Dès son réveil, il s'était senti affamé sans raison particulière. Nathan mit une main sur l'épaule de Joanna pour l'arrêter de bouger.

– Écoutez, on dirait des coups de bâton. Ça vient de par là. Allons-y sans faire de bruit.

Le trio avançait à pas feutré en suivant Nathan à la file indienne. Plus ils approchaient de l'endroit d'où venait le bruit, plus le son s'apparentait à un combat. Les chocs s'amplifiaient, sans rythme régulier. Ils se rapprochèrent en s'accroupissant afin de passer inaperçus. Ils s'allongèrent sur le sol, prenant soin de demeurer cachés derrière des fougères déjà affaiblies par l'automne. À quatre ou cinq mètres d'eux, près du gros arbre-gardien de leur serment, sensei Nakamura et M. Smith combattaient en tenant chacun un bokken, ce sabre de bois qui remplace le sabre du samouraï pour éviter les blessures à l'entraînement. De forme légèrement recourbée, cette arme substituait le *katana*, le traditionnel sabre du samouraï. Un bon bokken doit pouvoir résister à de puissants impacts. La puissance des chocs témoignait de la qualité du bois de ces armes d'entraînement. Les meilleurs bokkens sont fabriqués en chêne blanc du Japon. Le bruit des impacts témoignait de la puissance utilisée par chacun des combattants.

L'action se déroulait à une vitesse incroyable. Le combat d'une rare intensité différait de ce que l'on pouvait voir dans les films de samouraïs où les acteurs échangeaient des coups sans bouger. Des déplacements fluides accompagnaient chaque attaque, généralement suivie d'une esquive tout aussi fluide de celui qui recevait le coup. Dans un affrontement au sabre, l'information est perçue par les yeux et c'est une question d'action-réaction, le corps doit réagir à chacun des mouvements de l'adversaire. La plupart des pratiquants analysent, élabore une procédure et ensuite le corps applique la stratégie mise sur pied. Mais ici, rien ne passait par l'intellect, les mouvements étaient trop rapides pour cela. Bien que le combat puisse ressembler à un jeu d'échecs où chaque action préparait la suivante, dans le combat qui se déroulait sous les yeux des jeunes, l'instinct conduisait les combattants de façon presque animale, où la précognition semblait primer. Ça ne ressemblait pas du tout à une chorégraphie de scène de cinéma, mais si une caméra avait été là, il est certain que ce combat serait passé à la postérité.

Au moment où M. Smith tenta un piqué en direction du visage de sensei Nakamura, ce dernier se déplaça légèrement vers sa droite et fit pivoter rapidement son sabre autour de celui de son agressif adversaire. Le bokken glissa des mains de M. Smith, pour être projeté en direction des jeunes. M. Smith fit un bond de presque deux mètres vers l'arrière, sortit un couteau et le lança en direction de sensei Nakamura.

– Aïe !

Dans l'énervement du combat, en voyant M. Smith sortir un couteau et le lancer en direction de sensei Nakamura, Joanna avait nerveusement levé un bras, administrant ainsi à Nathan, un coup de poing sur le côté de la tête.

Des rires fusèrent des combattants qui marchèrent en direction des trois jeunes.

Avez-vous aimé notre entraînement ? Demanda sensei Nakamura en levant son *bokken*. Le couteau de M. Smith bien planté sur le côté du sabre de bois témoignait de l'échec de M. Smith.

– Monsieur, je suis, on est, nous…, tenta de dire Joanna, toute pâle.

– Ça va, dit sensei Nakamura, si nous n'avions pas voulu de témoins, nous vous aurions avertis bien avant.

– Vous saviez que nous étions là ?

Nathan affichait un certain scepticisme en levant ses sourcils et en passant ses mains dans ses cheveux.

– C'est ce qui arrive lorsqu'on mange trop, n'est-ce pas Buns ? dit sensei Nakamura.

Presque au même rythme que sa mâchoire, les bras de Nathan tombèrent en entendant sensei Nakamura raconter les déboires de Buns. Comment avait-il pu entendre ça de si loin ? Décidément, sensei Nakamura se révélait un étrange personnage. Joanna sortit finalement de sa torpeur et regarda M. Smith comme on réprimande un enfant.

– Vous auriez pu tuer sensei Nakamura. C'est complètement irréfléchi ce que vous avez fait là. À quoi avez-vous pensé ?

– Joanna, s'il te plaît, relaxe. C'est moi qui avais demandé à M. Smith de me tirer au couteau s'il en avait l'occasion. Ce n'est que de l'entraînement à un niveau, disons, un peu plus élevé. M. Smith est mon partenaire d'entraînement depuis fort longtemps. Il ne m'aurait pas fait de mal, je t'assure.

Joanna regardait son sensei avec étonnement, complètement décontenancée. C'est Nathan qui enchaîna avec emphase, comme s'il venait de faire une découverte qui allait bouleverser St-Jude.

– Kato, je comprends. La panthère Rose, dans le film, celui qui servait d'entraînement à l'inspecteur… celui qui servait à l'entraîner s'appelait Kato. C'est bien ça.

– C'est exact, Nathan. Quand je suis arrivé ici, je n'avais plus personne pour m'entraîner de manière, disons, un peu plus traditionnelle. M, Smith, qui me harcelait pour que je lui enseigne mon art martial, m'avait dit «je serai votre Kato». Je n'ai compris que longtemps après ce qu'il voulait dire.

Nathan semblait ravi de sa découverte. Il aimait comprendre pourquoi les choses sont ce qu'elles sont.

– Vous désirez un jus ? Sensei Nakamura m'avait dit d'en emporter trois de plus. Je comprends maintenant pourquoi.

Nathan tourna légèrement la tête pour regarder M. Smith du coin des yeux. M. Smith ne voulait tout de même pas insinuer que sensei Nakamura avait prédit leur visite. La température était anormalement chaude pour cette période de l'année. Assis sur le sol en compagnie de sensei Nakamura et M. Smith, Nathan sentait qu'un lien plus intime se resserrait avec eux.

– Sensei, depuis combien de temps pratiquez-vous les arts martiaux ?

Joanna retrouvait peu à peu son état normal et, rapidement, sa curiosité reprenait le dessus.

– Je devais avoir sept ans lorsque j'ai débuté. Ce qui veut dire que ça fait un peu plus de cinquante et un ans que je m'entraîne.

– Wow, vous êtes vieux...

– Buns, cria Joanna.

– Non, non, je veux dire que vous avez de l'expérience.

L'allusion à son âge fit sourire sensei Nakamura.

– Tu as raison, je ne suis plus jeune. Ma vitesse et mon endurance diminuent avec l'âge.

– Je m'excuse, sensei, mais avec ce que nous avons vu tout à l'heure, si votre vitesse et votre endurance ont diminué, qu'est-ce que ça devait être quand vous étiez jeune ?

– Merci, Nathan, je ne refuse jamais un compliment. Mais c'est la vérité, je ne suis plus aussi performant, je dois compenser par d'autres facteurs que la vitesse ou la force physique. Nous en reparlerons lorsque tout le groupe sera là. Est-ce que ça vous tente de faire un peu de sabre avec nous ? Nous avons plusieurs *bokkens*.

– Pourquoi faire plusieurs *bokkens* ? demanda candidement Joanna.

– Lorsqu'on s'entraîne sérieusement, on finit toujours par en casser quelques-uns, répondit M. Smith. Si on les utilise de façon réaliste, c'est inévitable, ils finissent par se briser.

M. Smith sortit quelques-uns des sabres d'entraînement en bois. Sensei Nakamura, aidé de M. Smith, enseigna aux jeunes la façon de tenir correctement un sabre. Buns tenta bien de convaincre que les mains collées, ça frappait plus loin au baseball, mais M. Smith arriva finalement à le persuader que l'on n'utilisait pas le sabre comme une batte de baseball.

– Nous allons maintenant faire un coup piqué qui se nomme *tsuki*.

Sensei Nakamura tenait son sabre presque parallèle devant lui. Il avança en direction de la poitrine de M. Smith pour démontrer l'attaque.

– Observer la paume de votre main gauche. Si vous appuyez avec votre index droit dans la continuité du muscle de petit doigt, vous remarquerez que ça fait une légère courbure qui remonte dans la paume. Dans le vieux langage martial japonais, cette partie de la main se nomme *mikka*, ce qui veut dire croissant de lune. Avez-vous remarqué que la courbure du muscle a un peu la forme d'un croissant de lune ? C'est dans ce croissant de lune que le sabre vient prendre appui lorsque l'on fait un *tsuki*. Et chose intéressante, le mot *tsuki*, qui se traduit par piquer, est aussi le nom pour désigner la lune. Donc, on a besoin de la puissance du croissant de lune pour atteindre la lune.

– Est-ce que tout est toujours à double sens, comme ça, dans les arts martiaux ? demanda Nathan.

– Pas dans les arts martiaux modernes, mais dans les vieux arts martiaux comme le nôtre, la compréhension des mots est souvent la clef pour bien saisir la technique.

– Sensei Nakamura venait de donner un grand coup de fouet à la motivation des jeunes pour leurs cours de japonais.

Chapitre 21
Une panne de courant

Le mardi suivant s'annonçait paisible, calme et même endormant si on tenait compte de dame nature qui offrit une journée pluvieuse où s'entremêlaient orage violent, tonnerre et éclairs. Ce genre de journée où il est difficile pour les professeurs d'obtenir des volontaires pour répondre aux questions, ce genre de journée où on a plutôt le goût de demeurer au lit. Mais le déroulement du temps est linéaire, inévitable, aucune cachette ne lui résiste. Il peut être notre ennemi dans certains cas, mais si on sait l'amadouer, si on l'utilise avec intelligence, il peut se révéler un allié précieux pour traverser le segment de temps qui nous est alloué lors de notre vie présente.

Une fois le cours d'arts martiaux terminé, après un court détour au réfectoire, Nathan retourna dans sa chambre. L'eau chaude de la douche fit l'effet d'un baume sur ses muscles endoloris. Sensei Nakamura avait dédié une bonne partie du cours sur les *kyusho*, ces zones du corps humain que l'on peut affecter d'une seule pression du bout des doigts ou d'une seule frappe. Les jeunes avaient fait la connaissance, entre autres, avec le nerf radial et le nerf sciatique externe poplité. Plusieurs jeunes devaient penser que plus jamais il ne pourrait remarcher avec aisance et dextérité. S'il est véridique que l'on peut apprendre de la souffrance, dans les classes de sensei Nakamura, on devait rudement bien s'instruire. Pour bien maîtriser et assimiler ces *kyushos*, on doit les ressentir. Le prix à payer pour maîtriser ces points de pression peut paraître lourd, mais il en vaut largement la peine. Mais bien qu'il se révèle douloureux sur le moment, l'apprentissage de ces techniques ne laisse aucune séquelle à long terme sur ses victimes.

Après sa très longue douche, Nathan s'allongea sur le lit avec son ordinateur. Délesté du poids de son corps, il eut l'impression de flotter au-dessus du lit. Un long soupir de satisfaction s'échappa de sa bouche. Il ouvrit le couvercle de son ordinateur, cliqua sur son navigateur et, dans le champ de recherche, il inscrivit « nerf radial ». Au moment même où les résultats s'affichèrent, sa chambre fut plongée dans l'obscurité, éclairée seulement par l'écran de son ordinateur. La panne ne dura que quelques secondes. Nathan retenta sa recherche, mais son ordinateur ne semblait plus relié au réseau sans fil de St-Jude. La courte panne d'électricité avait rompu l'invisible lien qui rattachait Nathan au monde extérieur. Nathan alla jeter un coup d'œil sur l'icône des réseaux afin de pouvoir de nouveau se connecter à l'Internet.

Une surprise l'y attendait. Le réseau habituel qu'il utilisait redevint accessible, mais en plus un autre réseau, non protégé, s'offrait à lui. Il essaya le nouveau réseau et, à sa grande surprise, il accéda à un réseau interne de Millepertuis, normalement invisible, un réseau caché.

Il fit une recherche sur sa mère. Plusieurs infos apparaissaient, mais l'une d'entre elles attira davantage son attention. Cela parlait d'un groupe opérationnel appelé Sierra 2, un groupe auquel appartenait sa mère. Douzée membres composaient cette unité d'intervention spéciale. Le nom de M. Smith n'y figurait pas. Un peu plus bas, en gros caractères, les mots « missions complétées » figuraient au centre de la page sous la liste des membres. Une quinzaine de titres de mission aux noms exotiques, écrits en bleu et souligné, servaient de lien pour d'autres pages. Au bas de la page, un rapport signalait l'assassinat de 8 des membres de Sierra 2. La liste de noms des personnes abattues figurait sur une colonne. Nathan regarda les deux premiers noms des personnes tuées. Il s'apprêtait à dérouler la fenêtre vers le haut pour voir si le nom de sa mère y figurait, lorsqu'une page indiquant « accès refusé » apparut sur l'écran. Nathan n'avait plus accès à ces informations. Il réessaya de se connecter au réseau, mais rien n'y fit, il disparut des réseaux disponibles.

Il déposa son ordinateur, prit un crayon et tenta de noter sur une feuille les informations qu'il avait vues, mais en voulant faire trop vite, les informations s'embrouillèrent dans sa tête. Il n'était plus certain des noms des gens ainsi que des noms de code des opérations. Les noms exotiques auraient dû le frapper davantage, mais l'élément-surprise combiné à l'excitation de cette découverte embarrassait davantage son intellect qu'il ne l'aidait à démêler le tout. Les noms des opérations devinrent insaisissables, les noms des gens prirent des tournures étranges. Nathan rejeta le crayon qu'il tenait. Il refit une tentative d'accéder au réseau sur son ordinateur, mais plus rien n'apparaissait. Le réseau fantôme avait rejoint l'univers secret de Millepertuis.

Nathan repensa à ce qu'il venait de voir, et sa première constatation fut que le nom de M. Smith ne figurait pas sur la liste des membres de Sierra 2. Il déposa son ordinateur et alla prendre la photo de sa mère. Durant plusieurs minutes, Nathan examina la photo comme si un détail avait pu lui échapper. Elle ou M. Smith avait dû être changé d'unité à un moment ou à un autre, pensa-t-il. L'examen de la photo ne lui apporta rien de nouveau. Pour l'instant, la mort de sa mère demeurait un mystère.

Chapitre 22
L'art furtif

Bien que le soleil se fut montré généreux jusqu'au milieu de l'après-midi, on constatait aisément qu'il n'était pas de taille à contrer les nuages qui s'amenaient rapidement au-dessus de St-Jude. Ce samedi 8 octobre était attendu avec impatience, sinon avec inquiétude par les gens du groupe de Nathan. Afin de donner un aperçu aux autres étudiants sur cet étrange personnage qu'est M. Smith, Buns raconta avec plus de détail, les bombes installées par lui, lors de l'aventure de la maison en bois rond. Il prit soin cependant de ne pas révéler comment ils trouvèrent l'emplacement de l'unité T. À 19 heures, tout le monde devait retrouver M. Smith à l'entrée du sentier du boisé.

La garde-robe de chaque étudiant de St-Jude, bien que de couleur uniforme, comportait cependant tout ce qu'il fallait pour faire face aux caprices de dame nature. Les imperméables, violets pour ce groupe, affichaient un petit défaut pour les jeux de nuits en forêt. Le tissu lustré reflétait beaucoup trop la lumière. M. Smith entra dans le boisé avec le petit groupe.

– Parfait, nous sommes chanceux, nous avons une température idéale pour cette activité.

– Monsieur... Il pleut.

– C'est bien ce que je disais, Buns, nous avons une température idéale pour des jeux de nuit. Vous allez maintenant rechercher les endroits les plus boueux que vous pourrez trouver et vous allez enduire vos imperméables, vos pantalons, vos chaussures de cette boue. N'oubliez pas d'en mettre également sur vos mains et votre visage.

D'un air amusé, Nathan et Joanna partirent en quête de la précieuse substance. Buns ne semblait pas partager le même enthousiasme que ses amis. C'est avec appréhension qu'il mit sa main dans la boue, l'examina soigneusement avant de l'étendre sur son imperméable. Cette partie de l'opération ne fut pas aussi pénible qu'il l'avait présumé. Après quelques poignées de boue, il lâcha prise et y alla gaiement. Mais, étendre la boue sur un imperméable et s'en étendre sur le visage sont deux choses différentes. Il en prit un peu sur le bout des doigts, et à la deuxième tentative, il réussit à effleurer sa joue. Une sensation froide un peu trop dérangeante à son goût.

– Allez, ne sois pas ridicule, c'est juste de la boue, pas du Blob.

Nathan et Joanna venaient de rejoindre Buns. Nathan faisait allusion à un vieux film d'horreur où une sorte de gelée vivante dévorait tout ce qu'elle touchait sur son passage.

– Oui, mais c'est de la boue, c'est sale... se mettre ça dans le visage, beurk !

– Ne t'en fais pas, gros bébé, on te lavera le visage en même temps qu'on te changera de couche.

Joanna semblait s'amuser follement. Ses applications de boue se révélaient plus que très généreuses. Une fois que tout le monde fut bien enduit, M. Smith regroupa le clan murasaki pour l'amener au centre du boisé. Il poursuivit ses explications. Il prit le temps d'enseigner quelques rudiments de camouflage et enseigna ensuite quelques façons de se déplacer sans faire de bruit. L'obscurité devenait de plus en plus opaque. Il sortit de son sac à dos, des cyallumes, ces bâtons de lumière chimique. Il en accrocha plusieurs aux arbres autour de lui. Ces lumières existent en différentes couleurs. Pour la circonstance, il avait choisi des bâtons de lumière jaune pour éclairer l'emplacement où ils se trouvaient. Il divisa ensuite le groupe en deux et donna un bâton de lumière vert à un groupe et un bleu à l'autre.

– Nous nous trouvons dans le cimetière. Lorsque vous êtes mort, vous venez me rejoindre ici. Après vingt minutes, vous pouvez retourner au jeu. Le but du premier jeu est simple, vous devez prendre l'étendard du clan adverse, en l'occurrence, ici, ça sera le bâton de lumière de l'équipe adverse, et me le rapporter. Chaque lumière doit être placée à une hauteur d'environ un mètre, dans un endroit dégagé d'un périmètre d'au moins un mètre. Bref, n'allez pas cacher le bâton sous une pierre, c'est interdit, il doit être visible.

– Comment est-ce qu'on neutralise l'adversaire, Monsieur ?

– C'est simple Émilie, on tue les adversaires seulement en les touchant. Le jeu repose sur l'honnêteté. Si c'est trop serré, chacun repart de son côté. Soyez réglo.

– Monsieur, vous venez de dire « on tue ». C'est violent.

– Ce n'est qu'un jeu, Émilie, ne t'inquiète pas, ceux que vous allez toucher de vos mains vont survivre. Ce n'est qu'une façon de parler pour simplifier les explications.

M. Smith sortit un sifflet d'une de ses poches et un son aigu, particulièrement agaçant, agressa les tympans de chacun. La portée du sifflet dépassait largement le boisé.

– Lorsque vous entendrez ce son, vous devez revenir au cimetière. La partie sera terminée. Tout le monde a bien compris ? Parfait. À partir de maintenant, vous disposez de vingt minutes pour élaborer vos stratégies, établir votre camp de base et installer votre étendard. Dès que vous entendrez le sifflet, vous pourrez commencer la chasse.

Le tirage au sort des équipes sépara Buns de Nathan et Joanna. Dennys fut nommé comme chef d'une équipe et Joanna chef de l'autre. Chaque équipe établit ses stratégies qui furent assez similaires. Certains joueurs devaient protéger le drapeau alors que d'autres avaient pour mission d'aller voler le drapeau adverse.

Dans ce type de jeu, les premières confrontations se révèlent toujours stressantes. Il fait noir, les branches bougent si on se déplace trop rapidement. De plus, lorsque les insectes se mettent de la partie, ça devient parfois décourageant. On entend des bruits, sans trop savoir si ce sont des gens de notre équipe ou du camp adverse qui sont là. Généralement, durant la première heure, plusieurs joueurs se remettent en question en se demandant ce qu'ils faisaient là à se faire mouiller et à grelotter. Mais pour la plupart des participants, une fois qu'ils sont engagés dans l'action, la dureté du sol, le froid de la pluie, le harcèlement des maringouins, tout est oublié. L'instinct de survie prend le dessus, le plaisir d'éliminer un adversaire dégage une puissante dose d'adrénaline.

Parfois, des gens choisissent de se déplacer en groupe. C'est ce qui arriva à la première confrontation de Nathan. Il rampait en parallèle du sentier depuis plus de trente minutes lorsqu'il entendit des adversaires s'approcher. Ils discutaient entre eux, et semblaient ne pas se préoccuper des gens du clan opposé qui pouvaient les entendre. Le fait de se déplacer à quatre leur donnait une grande assurance. Nathan pensa que ce surcroît de confiance pouvait jouer en sa faveur. Il s'arcbouta près d'un arbre. La pluie froide ne cessait de couler sur son visage. Il vit les deux premiers passer devant lui et eut l'impression que sa propre respiration faisait un bruit d'enfer malgré le son de l'eau qui, en tombant, masquait légèrement le bruit de l'air qu'il expulsait de ses poumons.

À un mètre d'intervalle, les deux joueurs qui marchaient en arrière le dépassèrent. Nathan bondit derrière les deux adversaires, il tapa fortement dans le dos de chacun d'eux et disparut se cacher de l'autre côté du sentier. Les deux premiers adversaires se retournèrent pour tenter de voir ce qui se passait. Ils virent leurs compagnons se diriger vers le cimetière. Ils rebroussèrent chemin pour aller dans la direction opposée. À l'instant où ils croisèrent Nathan, il refit la même stratégie tuant le premier de façon identique aux deux adversaires précédents. Lorsque Nathan s'apprêta à taper dans le dos du second, ce dernier se baissa laissant la main de Nathan passer dans le vide. L'adversaire tendit sa main et saisit la jambe gauche de Nathan qui trébucha.

– Tu es mort, dit la voix.

– Buns, c'est toi ?

Nathan venait d'être tué par Buns. Il prit le chemin du cimetière pour constater que huit personnes s'y trouvaient déjà. Moins d'une minute plus tard, Buns arrivait au cimetière.

– Je m'apprêtais à tuer Émilie lorsque Joanna m'a sauté dessus. Je me suis fait avoir comme un débutant.

Plusieurs des joueurs se mirent à rire à l'idée que Buns ne se considérait pas comme un débutant. M. Smith fut obligé de faire baisser le ton.

Joanna et Émile avaient trouvé une bonne stratégie. Émilie attirait les gens, et Joanna bondissait par l'arrière. Trois des joueurs du camp adverse avaient péri sous leurs griffes. Cela devait faire un peu plus de dix minutes qu'elles n'avaient vu personne, lorsqu'Émilie chuchota quelque chose à l'oreille de Joanna. L'étendard adverse se trouvait là, à quelques mètres de distance. Les filles avancèrent lentement, Émilie se tenait debout, prête à engager le combat contre quiconque se présenterait à elle, et Joanna rampait lentement à ses pieds, sous le niveau des fougères. Rien ne laissait présager qu'Émilie possédait un instinct si combatif. À un mètre de la lumière, Émilie laissa Joanna passer devant elle à sa droite.

Un des gardiens de la lumière se précipita sur Émilie, mais Joanna le saisit par la cheville. Sans résistance, le gardien, sachant qu'il venait d'être tué, se dirigea vers le cimetière. Émilie fit un bond rapide vers la lumière, l'arracha de la petite branche où elle était suspendue et la donna à Joanna. Un deuxième gardien s'en prit à Émilie. Joanna courut, protégée par Émilie, qui perdit ce combat. Joanna se dépêcha de courir en direction du cimetière. Son adversaire se dirigea vers elle, au moment où il mettait la main sur son épaule, Joanna se baissa, fit une roulade avant pour se faufiler entre deux arbres aux branches très basses. Elle se releva rapidement et continua à courir. Son adversaire dut contourner les deux arbres, mais plus rapide, il la talonnait, se rapprochant de plus en plus. Lorsqu'il arriva à sa hauteur, il leva son bras pour taper sur l'épaule de Joanna, à peine une seconde trop tard. Elle venait de remettre le précieux trophée à M. Smith.

Le sifflet de la victoire, ou de la défaite pour certains se fit entendre, excitant quelques oiseaux peu habitués de s'envoler à cette heure. Quelques minutes plus tard, tous les joueurs étaient de retour au cimetière. L'équipe de Joanna venait d'arracher une victoire à la première ronde, en un peu moins d'une heure. Il y eut trois autres parties sur le même principe et, finalement, le résultat fut de deux à deux.

Le jeu suivant fut très simple. Mathilda fut désignée comme personnalité importante à protéger. Les autres jeunes devaient faire office de garde du corps. L'objectif des participants était de protéger Mathilda d'un attentat. Les joueurs avaient pour mission de se promener en forêt en l'escortant et en la protégeant d'un dangereux maniaque qui menaçait de la tuer. En actant un rire démoniaque, M. Smith se désigna lui-même comme étant le dangereux maniaque.

Mathilda fut entourée de trois périmètres de protecteurs, une stratégie utilisée par les gardes du corps professionnels pour protéger des dignitaires importants. Le périmètre extérieur marchait à environ cinq mètres autour de Mathilda. Un périmètre intermédiaire se tenait à environ trois mètres et un périmètre rapproché à moins d'un mètre d'elle. Après trente minutes de promenade sans signe de vie d'un éventuel agresseur, l'attention des gardes du corps se relâcha quelque peu. Le groupe devait suivre Mathilda et la protéger où qu'elle aille dans la forêt.

Mathilda décida de délaisser le sentier principal et d'emprunter un sentier secondaire, très peu débroussaillé. À un moment donné, une ombre se leva entre Mathilda et le périmètre intérieur. M. Smith venait d'atteindre sa cible. Il s'était fait passer sur le corps par les gens des trois périmètres. Certains marchèrent sur ses jambes, ses mains, et il reçut même un coup de pied au visage d'un des protecteurs de Mathilda. Lorsqu'il estima qu'il devait se trouver dans le centre des trois périmètres, il se leva. Son estimation se révéla exacte, il se retrouva face à face avec Mathilda.

– Félicitations à vous tous, même si j'ai réussi, vous avez fait du bon travail. J'avoue que ça a été l'une des fois les plus difficiles que j'ai eu à faire ce jeu. Je vous propose une autre sorte de jeu, une chasse à l'homme.

– Qui sera le pauvre gibier qui ne fera pas long feu contre nous ? demanda Buns.

– Ça sera moi. Vous tous contre moi, qu'en pensez-vous ? Vous devez me toucher, mais moi aussi j'ai le droit de vous tuer en vous touchant. Est-ce que ça vous va ? Si je vous tue, vous ne dites rien, vous revenez simplement au cimetière.

Le ratio jouait en faveur du groupe. Avant de s'éloigner, M. Smith programma un chrono qui sonnerait dans cinq minutes, annonçant le début de la chasse, puis à nouveau dans une heure pour en signaler la fin. Si les étudiants ne l'avaient pas trouvé et tué dans l'heure, c'est lui qui gagnait. Dennys regarda Joanna et lui fit une suggestion.

– Je propose d'organiser une battue, de faire une grande ligne et de balayer tout le boisé. De cette façon, nous passerons tout le secteur au peigne fin, il ne pourra se cacher nulle part.

Tous s'entendirent pour cette stratégie qui, à première vue, paraissait géniale. Le chronomètre donna son premier signal. Tous se placèrent à une distance de bras, formant une rangée bien droite et bien ordonnée. Après cinquante mètres, la ligne de battue affichait une moins belle allure. Dix mètres plus loin, le mot ligne défiait les règles de la géométrie. Graduellement, à cause des obstacles et du manque de visibilité, la ligne de battue n'existait tout simplement plus. Lorsque des mailles du filet sont coupées, le gibier peut s'échapper.

Nathan commençait à trouver que ça devenait bien silencieux autour de lui. Un son attira son attention, quelqu'un souffla un peu d'air entre ses lèvres pour attirer son regard. Il vit une ombre qui lui fit signe de venir près de lui. Un peu plus près, il vit que la silhouette indiquait un petit bosquet de fougère. Ça y est, M. Smith avait été repéré. Nathan espérait bien que ça soit lui qui ait le privilège de toucher M. Smith le premier. Nathan s'apprêtait à bondir sur le bosquet lorsque la silhouette lui donna une bonne tape amicale en lui disant à l'oreille, «tu es mort». Nathan venait de se faire avoir par M. Smith. Avec les premiers rayons du soleil, Nathan aurait dû reconnaître M. Smith. Il n'avait pas assuré, se contentant de faire confiance à une ombre.

À son arrivée au cimetière, quelqu'un dit à haute voix le chiffre quatorze. Nathan était le quatorzième que M. Smith avait tué durant le jeu. D'autres arrivèrent peu de temps après Nathan. Il ne restait que deux minutes au chrono lorsque M. Smith arriva avec les deux derniers étudiants.

– Ça y est, je pense que le compte est exact.

Chapitre 23
Les mandalas tibétains

Les cours offerts à St-Jude se révélaient rarement banals. Le cours d'histoire donné par le professeur Alex Grant n'échappait pas à cette règle. À St-Jude, les professeurs bifurquaient fréquemment de la matière de base. Il y a deux sortes de gens qui tendent à s'éloigner du contenu du manuel : les incompétents et les passionnés. À St-Jude, aucun professeur ne se trouvait dans la première catégorie.

Sur un plateau en Asie, au nord-est de l'Himalaya, se trouve un petit pays appelé Tibet. Ce matin-là, le cours sur l'histoire des peuples portait sur ce minuscule pays. Les étudiants virent les grandes lignes de l'année 127 av. J.-C., époque de la fondation du premier royaume tibétain dans la vallée de Yarlung, de la prise de pouvoir du gouvernement chinois jusqu'au départ du Dalaï-lama pour l'Inde en 1959. Comme à la fin de chaque exposé, les étudiants furent invités à poser des questions. Joanna leva la main.

– Vous avez parlé de mandalas, qu'est-ce que c'est ?

M. Grant fit un grand sourire à Joanna. Les jeunes du groupe prenaient autant de plaisir à regarder M. Grant qu'à l'écouter. Constamment, ses mains devançaient ses paroles. Systématiquement, ses genoux se pliaient ou se dépliaient selon les besoins de l'explication. Fréquemment, sa colonne servait de pivot à de nombreuses contorsions afin de s'adapter à ses paroles. Le plus difficile pour lui devait être de réussir à synchroniser les paroles aux gestes appropriés. M. Grant fit un grand cercle de ses mains pour enchaîner d'une série de petits cercles autour du premier.

– Les mandalas sont des dessins symboliques ayant pour but de permettre, comment peut-on dire… aux différentes couches de notre personnalité de s'exprimer. En disant cela, M. Grant enleva son veston et le déposa méticuleusement sur le dossier de sa chaise.

Il ne fallait pas être sorcier pour constater que son explication était un peu sibylline ou du moins difficile à décoder. M. Grant reprit son explication.

– Généralement, les mandalas sont représentés par différents cercles symbolisant diverses divinités. Ces divinités évoquent des aspects de notre personnalité ou des traits de caractère. Il existe différents mandalas. On rencontre parfois un seul cercle encadré de toute sorte de formes géométriques, parfois un grand cercle central entouré de plusieurs petits. Ces dessins ont pour objectif de nous aider à évoluer. Ils nous aident à comprendre ce qu'est l'être humain sur différents plans de son existence. Le but premier de ces symboles est de nous amener à prendre conscience de ces différents stades de notre existence par la méditation et par la réflexion. Ils existent pour nous permettre de mieux nous relier à nos émotions, à notre intellect, à notre inconscient ainsi qu'à toutes les multiples facettes de notre personnalité. Il y a des mandalas pour à peu près toutes les situations de notre vie.

– Pouvez-vous nous donner un exemple de cet enseignement ? demanda Buns.

– Hum !, ça devrait pouvoir se faire. Le mandala auquel je pense agit un peu comme une lentille où l'on s'observe de l'extérieur. Imaginez que vous vous mettez vous-même sur une plaquette d'un microscope qui est notre mandala, et que vous décortiquez votre personnalité en diverses entités indépendantes.

Tous les jeunes avaient prévu le geste de M. Grant qui feignit d'ajuster un microscope.

– Ce mandala nous enseigne qu'il y a quatre aspects de nous qui doivent être mis à contribution, ici à St-Jude. Si vous désirez développer votre plein potentiel, il vous faut comprendre et accroître ces quatre facettes de votre personnalité, que nous nommerons l'étudiant, le professeur, l'exécutant et le créateur. Nous parlerons de chacun de ces aspects, comme étant des entités indépendantes. Par exemple, si je parle de l'étudiant, je ne parle pas de vous, mais de l'étudiant caché en vous, l'une de vos facettes représentées par les mandalas.

M. Grant y alla de nouveau d'un grand cercle avec ses mains.

– Notre premier cercle dans le mandala qui nous intéresse, symbolise notre aspect étudiant. Il faut apprendre à devenir un bon étudiant. Curieusement, on ne naît pas étudiant, on le devient. Pour devenir un bon élève, il faut faire des efforts. Pour la plupart des gens, ce n'est pas naturel et cela demande beaucoup de travail.

Il mima le geste d'ouvrir un livre.

– L'étudiant a la responsabilité de découvrir ce dont nous avons besoin pour fonctionner dans la vie. Si vous découvrez un nouveau jeu vidéo, ce sera votre aspect étudiant qui sera sollicité en premier. D'ailleurs, avez-vous remarqué que vous apprenez plus rapidement les commandes d'un nouveau jeu vidéo que vos formules mathématiques ? Le travail de l'étudiant n'est pas toujours drôle et plaisant, c'est pour cela que l'on doit souvent pousser dans le dos de notre aspect étudiant pour qu'il fasse un effort.

M. Grant passa le dos de sa main sur son front.

– Qui croyez-vous a la responsabilité de découvrir ce que ça nous prend pour fonctionner dans la vie de tous les jours ? L'étudiant qui sommeille en nous doit apprendre comment faire fonctionner la machine à laver, le grille-pain, le lecteur DVD, l'enregistreur numérique et sa programmation s'il y en a. Bref, tout ce qui fait que vous pouvez vivre de manière autonome. Si l'étudiant en vous peine à s'organiser pour bien apprendre, vous allez probablement au-devant d'échecs. L'étudiant a la responsabilité de la collecte d'informations.

M. Grant fit une pause et, d'un geste rapide, il amena ses deux poings à la hauteur de ses épaules.

– Souvent, le problème de l'étudiant est qu'il récolte plus de matériel qu'il n'est capable d'en retenir. Parfois il assimile l'information avec paresse, parfois avec trop de zèle. En résumé, on peut dire que l'étudiant collectionne les connaissances. Mais malheureusement, il ne comprend pas toujours ce qu'il amasse. Malgré ça, il ne cessera d'apprendre. Vous faites tous des arts martiaux. L'étudiant, c'est l'aspect de vous qui sera attentif à ce que fait le professeur, à sa manière de bouger.

M. Grant cessa de parler et pour une rare fois, son corps demeura immobile. Mais ça ne dura pas bien longtemps.

– Notre second cercle est le professeur.

M. Grant mit en contact le pouce et l'index de chaque main et porta le tout à ses yeux. Il ressemblait davantage à une chouette qu'à un professeur avec des lunettes.

– Son travail se résume à enseigner. Non pas prodiguer ses connaissances aux autres, mais de s'enseigner à soi-même. Par exemple, si je vous montre un carré et que je vous dis que c'est une roue, si votre petit côté professeur est réveillé, vous vous direz que ça n'a pas de sens, une roue c'est rond et non pas carré. Le professeur doit juger de la qualité et de la pertinence des informations que notre aspect étudiant emmagasine. Il doit comprendre, analyser et interpréter les connaissances accumulées par l'étudiant.

Dans les arts martiaux, il doit juger si les nouvelles connaissances sont réalistes, et comprendre comment et pourquoi on doit faire les gestes de cette manière. Votre professeur intérieur devrait également vous faire prendre conscience de vos faiblesses et de vos manques. En classe, le professeur qui est en vous devrait trouver les moyens adéquats pour que vous puissiez comprendre l'enseignement dispensé. C'est lui qui vous suggérera les questions appropriées à demander à l'enseignant pour bien comprendre ce qu'il vient de transmettre. Par exemple, c'est votre aspect professeur qui vous fera rechercher dans l'Internet, les éléments qui manquaient à votre entendement. C'est également votre aspect professeur qui vous poussera à venir demander de l'information supplémentaire permettant la compréhension du nouveau matériel. On peut dire que son travail est l'analyse de l'information recueillie. Si vous ne comprenez pas quelque chose qui normalement est accessible à votre capacité intellectuelle, c'est que le professeur en vous a mal fait son travail. Dans les arts martiaux, si votre aspect professeur est déficient, vous croirez tout ce que l'on vous dira, même si ça n'a aucun sens. Il faut apprendre à voir si les techniques apprises sont cohérentes avec le but recherché, si elles font preuve de réalisme.

M. Grant garda un court silence. Lentement, il monta ses poings devant lui, mais cette fois-ci à la manière d'un boxeur.

– L'exécutant ! C'est lui qui doit pouvoir mettre en pratique toutes les connaissances acquises et assimilées. Vous maîtrisez bien les mathématiques avec ce que vous avez accumulé de connaissances et avec l'aide du professeur, vous devriez être en mesure de faire votre budget ou de réaliser combien les compagnies de crédits font de profit avec votre carte. L'exécutant utilise tout son savoir pour bien fonctionner dans la société. Dans les arts martiaux, vous pouvez être un bon théoricien, bon en compétition, mais qu'en sera-t-il lors d'une confrontation en situation réelle ? L'exécutant peut utiliser tout ça, mais en plus, il rajoutera de l'instinct, des émotions, du langage gestuel, qu'il devra gérer avec l'aide du professeur. Si vous reportez au lendemain ce que vous pouvez faire sur le moment, c'est probablement que votre exécutant est paresseux. Vous devez lui botter le derrière et lui montrer que c'est vous le patron et non lui. Croyez-moi, lorsque vous comprendrez ça, ça vous évitera bien des ennuis dans la vie. Je sais que la plupart d'entre vous comprennent ce que je veux dire. L'exécutant doit également démontrer du réalisme. Il doit connaître ses limites. Vous êtes ceinture noire et quinze gorilles veulent vous battre ? Peut-être qu'une retraite stratégique devrait s'imposer. L'exécutant doit gérer sa capacité à l'action.

M. Grant ouvrit les bras et regarda au plafond, comme pour implorer une quelconque divinité.

– Le créateur représente notre dernière facette. On a les connaissances, on les comprend et on est capable de les utiliser dans la plupart des situations, mais comment faire face à une situation à laquelle on n'a jamais été confronté ? C'est là qu'entre en jeu notre aspect créateur. Il faut apprendre à innover, à s'adapter. Mais on ne peut créer n'importe comment. Les arts martiaux sont un bel exemple où des gens créent de nouvelles techniques tous les jours. Si l'aspect professeur démontre des signes de faiblesse, probablement que la technique ne sera pas réaliste. Si la technique est superbe, mais qu'elle doit être exécutée par un champion olympique de la contorsion, alors l'aspect exécutant ne pourra probablement pas utiliser la nouvelle création. Il faut que ça reste dans des paramètres réalistes. Votre aspect créateur vous permettra probablement de trouver de nouvelles façons d'assimiler l'information ou de nouvelle méthode pour la décortiquer, aidant ainsi votre aspect professeur. Ce que vous apprenez sur les bancs d'école ou de l'université est bien, mais vous devrez faire preuve de créativité pour utiliser tout ça convenablement dans le monde réel.

M. Grant mima le geste de conduire une automobile.

– On peut comparer vos quatre aspects aux roues d'une voiture. Plus vos roues seront du même diamètre, plus la conduite sera douce et sécuritaire. Plus vos roues seront grandes, plus vous pourrez passer sur des terrains accidentés.

Jeffrey leva la main afin d'obtenir l'attention du professeur.

– Oui Jeffrey, qui a-t-il ?

– Monsieur, comment sait-on quel aspect il nous manque ?

M. Grant fit deux ou trois longueurs derrière son bureau en hochant la tête de bas en haut, sa main gauche près de sa bouche comme s'il tenait un micro.

– Je pense que c'est relativement simple. Il faut se poser les bonnes questions. Pour l'étudiant, est-ce que je suis concentré lorsqu'on m'explique quelque chose ? Si mon esprit vagabonde et que je ne peux retenir la matière, il y a un problème. Pour le professeur, la question est : est-ce que je comprends ce que je devrais comprendre ? Sinon, il faut retravailler plus fort. Pour l'exécutant, puis-je utiliser mes connaissances sans trop de difficultés ? Et finalement pour le créateur, puis-je avec mes connaissances de base m'adapter à une situation que je ne connais pas ?

M. Grant remit son veston, trois sons stridents venaient de se faire entendre.

Chapitre 24
Bartholomew

St-Jude réservait toujours quelques surprises à ses habitants. Le samedi matin qui suivit offrit un nouveau cours au groupe Murasaki. Comme pour les rencontres avec M. Smith, le contenu de ces cours spéciaux ne se dévoilait jamais à l'avance. La seule certitude était que M. Bartholomew dispensait le cours. Ce dernier, un peu comme M. Smith, n'enseignait pas dans les classes régulières. Occasionnellement, il remplaçait pour donner des cours de physique. Mais pour le reste, tout demeurait un mystère.

– Qu'est-ce que vous pensez de ce cours ? On y va ?

Buns et Nathan ne pouvaient dire ce qui motivait le plus Joanna pour assister à ce cours, l'amour de l'apprentissage ou la curiosité.

– Je n'aime pas vraiment le professeur Bartholomew, je le trouve un peu étrange.

– Buns, tu ne le connais pas. Peut-être qu'il est sympathique, dit Joanna.

– Je partage le point de vue de Buns, je le trouve un peu bizarre et dérangeant, surenchérit Nathan.

– Alors, raison de plus pour assister à son cours.

Joanna n'avait pas tort. Normalement, avant de juger une personne, il faut s'assurer de faire le maximum pour la connaître. Mais la rencontre de M. Bartholomew dans le boisé et sa présence lors de l'entraînement dénotaient un comportement suspicieux aux yeux de Nathan. Sans trop avoir eu le temps d'argumenter, Buns et Nathan se retrouvèrent assis à leur place dans la classe. Au moment où le professeur Bartholomew fit son entrée dans la salle, tous les étudiants s'y trouvaient déjà.

– Bonjour, tout le monde, je me nomme Joseph Bartholomew. Je suis substitut pour les cours de physique, mais je me spécialise sur l'organisation de structures organisationnelles et la logistique opérationnelle.

Fidèle à son personnage, il arborait un nœud papillon dans des teintes d'orangé. Nathan pensa qu'habillé de la sorte, il ne reflétait nullement ses capacités organisationnelles.

– Ça fait quoi, tout ce que vous venez de dire, Monsieur ?

– Quel est ton nom, jeune fille ?

– Joanna, Monsieur.

– Et bien, Joanna, c'est relativement simple. Pour fonctionner en groupe, l'être humain a besoin de structure. Imagine que tu possèdes 100 $ et que tu décides d'aller t'acheter des souliers, tu ne demanderas de permission à personne et tu iras les acheter.

– 100 $ pour des souliers, jamais je ne mettrai aussi cher pour des souliers.

– Ma mère ne possédait pas de chaussures en bas de ce prix-là.

– Quel est votre nom jeune homme ?

– Buns, Monsieur.

– Dans une structure organisationnelle, il y a un moment pour parler et un pour écouter.

– Désolé, Monsieur.

– Il n'y a pas de problèmes. Je reviens au 100 $ de Joanna. Si maintenant vous avez le même billet de 100 $ entre les mains, mais qu'il appartient à un groupe de cinq personnes, irez-vous dépenser l'argent sans consulter les autres ? Probablement pas. Si, en plus, vous devez payer l'électricité ou d'autres dépenses, vous devrez apprendre à gérer. Si vous ne désirez pas gérer tout ça personnellement, probablement que vous allez désigner une personne pour le faire. Mais peu importe qui va gérer, la gestion sera incontournable pour éviter les problèmes. Si votre groupe est de 100 personnes, la gestion devient plus difficile.

Nathan leva la main.

– Oui, M. Bowman.

– De telles structures sont nécessaires partout, pas seulement pour gérer un budget. Est-ce qu'on peut imaginer une société fonctionnant sans de telles structures ?

– Absolument pas. Que ça soit pour créer une œuvre de charité, pour des élections présidentielles, pour un conseil de classe ou pour organiser de la protection de personnalités, la structure et la logistique opérationnelle seront la clef du succès.

Nathan observait M. Bartholomew avec attention. Il ne connaissait pas les noms des autres étudiants, mais il connaissait le sien. Il trouva cela plutôt étrange et peut-être un peu déstabilisant.

– Je vous propose un exercice simple de logistique. Vous devez créer une structure temporaire permettant de protéger une personne importante. Votre travail consiste à assurer la sécurité d'une personnalité du monde artistique qui doit venir ici à St-Jude pour une courte période de temps. Disons que vous devez aller la prendre à l'aéroport à 13 heures, et la ramener pour 20 heures. Comment allez-vous procéder ?

Une main se leva.

– Oui !

– Mathilda, Monsieur. Qui est l'artiste que nous devons protéger ?

Visiblement M. Bartholomew n'était pas préparé à ce genre de question. Il réfléchit quelques instants et demanda à Mathilda si elle pouvait suggérer quelqu'un.

– J'ai adoré le film Titanic. Est-ce qu'on peut protéger Céline Dion? Elle chantait la chanson thème du film.

– Allons-y pour Céline Dion. Quelles questions devez-vous vous poser afin de rendre cette opération possible? Oui, Monsieur Bowman.

– Est-ce qu'il y a eu des menaces récemment?

– Hum, je suis agréablement surpris. En effet, c'est l'une des premières questions à se poser. C'est un bon début. Mais au lieu que vous me disiez une à une vos idées, je propose que vous vous divisiez en groupe de quatre ou cinq personnes afin d'établir la meilleure stratégie possible. Je vous laisse trente minutes.

Dans la classe murasaki, ça travaillait très fort en ce samedi d'octobre. Chacun exposait ses suggestions, de sa vision de la sécurité. Rapidement, cependant, les groupes réalisèrent que les autres pouvaient utiliser les stratégies qu'ils mettaient au point. Le bruit des voix diminua jusqu'à devenir de prudents chuchotements, précaution nécessaire pour se protéger d'éventuels espions. M. Bartholomew devait sûrement faire partie de cette catégorie de gens où chaque activité de sa journée devait épouser le temps inscrit à l'agenda. À la fin de la vingt-neuvième minute, il entra dans la salle de classe d'un pas rapide et alla s'asseoir sur le devant de son bureau.

– Bien, maintenant chaque équipe va m'expliquer sa stratégie.

Malgré les précautions prises pour éviter de se faire espionner, la plupart des équipes offraient le même scénario. Les tâches furent partagées entre les gens de chaque groupe. Tous les scénarios se résumaient à peu près à ceci: «À 13 heures, nous prenons Mme Dion à l'aéroport. Nous l'amenons ici et nous la ramenons vers 18 h 30 ou avant si elle le demande.» Les places de conducteurs furent les plus disputées, chacun croyant que le conducteur jouait le rôle le plus important. Seule l'équipe de Nathan laissait continuellement des gens autour de Mme Dion, même dans l'enceinte protégée de St-Jude.

– OK, je vois qu'il manque quelques petites choses. Lorsque l'on organise une opération de protection ou de logistique en général, il faut se poser plein de questions, ça fait partie du secret de la réussite d'une opération. Je vais vous en dire quelques-unes qui ne seront pas nécessairement dans l'ordre. Par exemple, on peut se demander quel est le but de la visite de Mme Dion. Est-ce officiel ou personnel? Si c'est personnel, elle ne voudra probablement pas voir de journalistes, il faudra manœuvrer en fonction de cette réalité. S'il y a des journalistes, il faut savoir si elle désire accorder une entrevue ou pas. Une autre bonne question à lui poser est si elle a des problèmes de santé. Si, par exemple, elle est allergique aux noix et qu'à St-Jude elle tombe malade parce que vous lui avez servi notre délicieuse glace érable et noix, ça veut dire que votre travail n'a pas été bien fait. Ça implique également de connaître les hôpitaux les plus proches en cas de problèmes.

Plusieurs jeunes, dont Nathan, prenaient des notes au fur et à mesure.

– Ça vous prend des trajets prédéterminés. Un trajet principal et au moins un secondaire si jamais des problèmes surgissent. Naturellement, dans le groupe, une personne devra s'occuper de planifier ces trajets et de communiquer avec les différents services de travaux publics afin d'éviter, par exemple, les surprises d'une rue fermée à cause de travaux.

Nathan comprenait que la logistique nécessitait du gros bon sens.

– M. Bowman a parlé de connaître les menaces. S'il y a eu menace, il faudra augmenter la sécurité. Une des personnes du groupe devrait avoir sous la main les numéros de téléphone de la police afin de communiquer avec eux si nécessaire. Pas le 911, mais bien le numéro des officiers responsables des différents services au moment où l'opération se déroulera. Vous devez savoir si des manifestations sont organisées sur le parcours que vous prendrez. Vous devez connaître toute information qui pourrait perturber votre trajet. Dans une équipe, le rôle de chaque personne doit être déterminé à l'avance. Chaque affectation doit refléter les compétences de chacun.

M. Bartholomew laissa le temps à tous de prendre des notes.

– Un principal, la personne à protéger, ne peut sortir d'une voiture n'importe comment. Il existe des procédures d'embarquement et de débarquement. Ah oui ! Avant d'oublier, qui devait vérifier les vols afin de s'assurer que l'avion n'arrive pas en avance ou en retard ? Ça serait bien de savoir si votre parcours traverse des zones d'embouteillages prévisibles. Si oui, il faudra le savoir.

M. Bartholomew continua sur le même ton.

– Je reviens avec les problèmes de santé du principal : qui d'entre vous a ses premiers soins de combats ? Pas des petits cours de premiers soins pour une cheville cassée, mais des cours de premiers soins pour faire face à un bras arraché par une explosion, par exemple.

Mathilda regarda d'un air inquiet M. Bartholomew qui sembla se laisser emporter par une passion un peu exagérée.

– Il ne faut pas oublier de fouiller la limousine pour être certain qu'une bombe n'a pas été placée à l'intérieur ? Qui a inspecté les locaux où elle se tiendra durant son court séjour ? Qui vient-elle rencontrer à St-Jude ? Il faut connaître ce genre d'informations. On doit communiquer avec son garde du corps personnel afin de travailler de concert avec lui.

Pendant plus de deux heures, M. Bartholomew continua à parler des structures organisationnelles, de l'importance de la logistique et à donner davantage d'explications concernant l'exercice de protection qu'ils avaient eu au début du cours. Même s'il continuait à trouver son comportement étrange, Nathan avait grandement apprécié les explications de ce professeur un peu hors-norme.

– Voilà, je n'ai fait que survoler rapidement le sujet. Mais ça vous donne une façon de penser que vous pouvez appliquer à toute sorte d'organisation. J'espère que vous avez aimé.

Les étudiants remercièrent M. Bartholomew en chœur. Nathan leva le bras.

– Oui, M. Bowman.

– Pourquoi connaissez-vous mon nom et non celui des autres étudiants?

– C'est un chandail portant le numéro 9 et ayant le nom de Bowman inscrit au dos qui a battu mon équipe au budominton.

Chapitre 25
Relation humaine

On dit que les journées se suivent et ne se ressemblent pas. À St-Jude, cette expression n'avait pas toujours loi. Les semaines se déroulaient selon un horaire régulier. Les habitudes de vies oscillaient entre apprendre, étudier, manger, étudier et dormir. Cependant, les fins de semaine échappaient occasionnellement à cette règle. Les fins de semaine se suivaient, mais ne se ressemblaient pas toujours. Hier, M. Bartholomew, et aujourd'hui, dimanche, un cours spécial sur les relations humaines. C'est du moins ce qu'annonça Mérédith Barclay, spécialiste en relation humaine et également infirmière à St-Jude.

Grande, blonde avec des reflets de roux, dans le début de la quarantaine, Mme Barclay affichait ce même regard qu'avait eu M. Smith, lorsqu'il avait désarmé le truand devant Nathan. Même si cela relevait du paradoxe, derrière ce regard qui ne s'en laissait pas imposer, une bonne humeur communicative se dégageait de Mme Barclay. Privilège ou coquetterie, son pantalon cargo couleur kaki et son gilet ocre lui conféraient une allure guerrière qui lui faisait bien. Nathan remarqua, près du bord de la manche gauche du t-shirt, une petite cicatrice, qui ressemblait à une coupure au couteau, comme il en voyait parfois chez les jeunes des quartiers où il vagabondait durant son enfance. St-Jude révélait ses secrets au compte-gouttes.

Les discussions portèrent sur l'importance de la communication. Après avoir discuté de différentes facettes des comportements humains en général, Émilie rompit le fil conducteur de l'enseignement de Mme Barclay en posant une question un peu hors contexte, mais tout de même importante.

– Vous parlez de relation humaine, mais si je me souviens bien, sur le contrat que nous avons signé au début, une des clauses disait que si une fille tombe enceinte à St-Jude, elle et son compagnon seraient expulsés. Ce n'est pas anti relations humaines ça ?

Mme Barclay ne devait sûrement pas s'attendre à ce genre de question. Son hésitation à répondre ne dura pas longtemps.

– Souvenez-vous du but premier de Millepertuis : former des guerriers. Des gens capables d'aider la société et de prendre des responsabilités lorsque c'est nécessaire.

– Oui, mais que faites-vous de l'amour dans tout ça ? argumenta Émilie.

– Est-ce que pour toi tomber en amour veut dire perdre tout ton jugement ? Crois-tu que tomber en amour te dispense de toute responsabilité ?

– Non, bien sûr.

– Pour ceux qui sont venus à l'infirmerie, la salle d'attente est toujours ouverte et il y a des condoms de disponibles. Prendre ses responsabilités, c'est cela. Si vous n'êtes pas assez responsable pour prendre des précautions aussi basiques, vous n'avez rien à faire ici.

Mme Barclay utilisait un langage directionnel, sans cependant être agressive. Elle exposait des faits, sans démontrer aucune frustration.

– Est-ce que tu trouves qu'à ton âge avoir un enfant, c'est faire preuve de responsabilité ou de négligence ?

– Oui, mais si c'est accidentel ?

– Quel est ton nom jeune fille ?

– Émilie, madame.

– Émilie, si une personne conduit sa voiture en état d'ébriété et qu'il tue quelqu'un, est-ce un accident ou de la négligence ?

Émilie n'eut aucune hésitation à répondre.

– C'est de la négligence, il y a tellement de publicité pour dénoncer cela.

– Bien, je te repose ma question. Si tu possèdes toutes les ressources nécessaires à ne pas avoir d'enfant et que tu ne les utilises pas, crois-tu que c'est accidentel ou de la négligence ?

– Oui, mais le coup de foudre, sur le moment, on ne décide pas toujours.

– C'est précisément une des caractéristiques des vrais guerriers. Apprendre à contrôler ses émotions et ses impulsions. Le guerrier doit prendre conscience lorsque ce sont ses émotions qui lui dictent sa conduite plutôt que la raison.

Émilie semblait perdue face aux propos de Mme Barclay.

– Millepertuis s'engage à vous aider à devenir des guerriers, à faire quelque chose de valable de votre vie. Mais il ne peut le faire si vous ne vous prenez pas en main.

Mme Barclay fit une pause, et regarda le groupe en souriant.

– Je vais vous raconter une anecdote qui m'est arrivée il y a longtemps lors d'un voyage au Japon. J'ai reçu ma première ceinture noire d'arts martiaux à l'âge de 15 ans. Lorsque j'avais 18 ans, lors d'un de ses voyages d'affaires, mon père m'amena avec lui au Japon. En face de notre hôtel, il y avait une école d'art martial. Je montai les escaliers qui me conduisirent jusqu'au cinquième étage. Je tremblais de partout tellement j'étais nerveuse. J'enlevai mes chaussures et me dirigeai vers le dojo. J'avais pris soin de regarder les heures de cours et me présentai un bon trente minutes d'avance pour être certaine de ne pas déranger durant un cours.

Les jeunes adoraient ces histoires que leur racontaient les professeurs. L'histoire de Mme Barclay n'échappait pas à cette règle.

– Un homme au regard sévère vint vers moi. Ses cheveux grisonnants confirmaient l'authenticité des sept degrés qu'il affichait sur sa ceinture. Avec le peu de mots de japonais que je connaissais à l'époque, je demandai la permission de participer à l'un de ses cours. L'homme me regarda dans les yeux durant plusieurs secondes. Je ne voyais aucune compassion à l'égard de l'étrangère que j'étais. Je n'avais jamais été aussi intimidée de ma vie. Après quelques secondes qui m'apparurent comme une éternité, il se dirigea vers mes chaussures. Il revint vers moi et me dit simplement « *daijobu* », quelque chose comme il n'y a pas de problèmes. Après le cours, je demandai à la dame japonaise qui s'entraîna avec moi, pourquoi était-il allé voir mes chaussures ? « Il est simplement allé voir si vous étiez assez mature pour faire des arts martiaux ». Si mes chaussures n'avaient pas été bien rangées, il ne m'aurait pas accepté sur son cours. Dans sa philosophie, il jugeait simplement que si vous ne pouvez ranger des chaussures correctement, comment pouvez-vous espérer être assez mature pour faire des arts martiaux ?

– Il vous a jugé sur vos chaussures.

– Exacte, Émilie. Un geste aussi simple que de ranger mes chaussures convenablement a influencé ma vie. Cette journée-là, j'ai compris un peu plus ce que voulait dire le mot responsabilité. Personne ne peut prendre tes responsabilités à ta place. Et si ton partenaire n'est pas capable d'attendre, c'est probablement quelqu'un d'irresponsable qui ne mérite pas la magnifique fleur que tu es. Millepertuis ne rejette pas les femmes enceintes, au contraire, le groupe Millepertuis en aide un peu partout à travers le monde. Ce que Millepertuis ne veut pas, c'est de garder des gens irresponsables en son sein.

– Vu comme ça, je comprends un peu plus. Même si c'est légèrement radical.

– Ça va plus loin que ça, Émilie. Le nombre de secrets industriels volés sur l'oreiller monte en flèche. Beaucoup de gens confient des secrets politiques, économiques ou autres à leur compagne ou compagnon du moment. Pour beaucoup de personnes, garder un secret peut se révéler une lourde tâche. De plus, le charme est un outil vieux comme le monde pour soutirer de l'information. À des degrés plus ou moins grands, beaucoup de gens souffrent de dépendance affective. Ces gens ont tellement peur de perdre l'attention qu'ils reçoivent de… hum, disons l'être aimé, qu'ils sont prêts à faire n'importe quoi pour le garder. On peut contrôler aisément ces personnes, car les émotions se révèlent un levier puissant pour cela. Pour être un guerrier, il faut apprendre à ne pas se laisser manipuler. La voie du guerrier se montre parfois très ardue.

Buns, qui en gigotait un bon coup sur sa chaise, leva le bras. Une aura d'inquiétude semblait l'entourer. Mme Barclay lui fit un signe de la tête.

– Est-ce que ça veut dire qu'on ne peut pas se marier lorsqu'on est membre à Millepertuis?

– Ne t'inquiète pas, tu pourras épouser l'élue de ton cœur.

En regardant, Mme Barclay inclina légèrement la tête en souriant. Buns avait ce don étrange d'arracher un sourire interrogateur par ses questions. Mme Barclay profita de la question de Buns pour faire tomber la tension du groupe.

– As-tu décidé de la date de ton mariage?

– J'espère que tu vas tous nous inviter, surenchérit Joanna.

Le rire de Mme Barclay et de Joanna eut un effet déclencheur sur le reste du groupe. Les fantômes de St-Jude peuvent témoigner que personne avant Buns n'avait vu un rouge aussi écarlate embraser son visage dans toute l'histoire du monastère.

Chapitre 26
La peur

Le calendrier du mois d'octobre affichait déjà son dernier jeudi. Comme tous les jeudis soirs, sensei Nakamura enseignait. Nathan attendait chacun de ces moments avec impatience. Il appréciait l'enseignement de son sensei. Le cours d'aujourd'hui démontra comment repousser un adversaire en mettant deux doigts à sa trachée. La plupart des étudiants finirent par oser plonger les doigts dans cet espace étrange situé à la base du cou. La trachée permet de faire passer l'air chargé en oxygène depuis le larynx jusqu'aux poumons. Si l'on frappe à cet endroit du bout des doigts, on peut créer de graves lésions. Mais si on presse du bout des doigts dans un certain angle, on évite les risques de blessures et ça permet de repousser un adversaire beaucoup plus massif que soi.

– Sensei, je suis incapable de faire ça, je ne sais pas, je trouve ça trop... répugnant.

Mathilda s'entraînait avec Buns. Le plus quelle pouvait faire, se résumait presque à un massage, ne pouvant se résoudre à appuyer dans sa trachée.

– Qu'est-ce qui t'empêche d'appliquer une pression à cet endroit ? Ce n'est pas gluant, ce n'est pas sale, ce n'est pas collant...

– Je ne sais pas, c'est insensé, mes doigts refusent d'obéir.

– Dis-moi si je me trompe, mais peut-il y avoir un peu de crainte de blesser Buns lorsque tu viens pour mettre de la pression ?

Mathilda se montra hésitante, visiblement, elle réfléchissait très fort.

– Je pense que oui, il y a de cela, j'ai peur de lui faire mal.

Sensei Nakamura fit asseoir tous les jeunes en cercle sur le sol.

– Je pense que le moment est venu pour nous de parler des ennemis du guerrier.

Il n'en fallait pas plus pour que l'attention de tous soit totale.

– D'après vous, quel est le pire ennemi d'un guerrier ?

Les jeunes se regardèrent entre eux, fidèle à lui-même, Buns fut le premier à lever la main.

– Quelqu'un comme Arnold Schwarzenegger...

Sensei Nakamura fut bien embêté de dire si Buns blaguait ou s'il était sérieux.

– Euh, non. Quelqu'un d'autre a une meilleure suggestion ?

Personne d'autre ne fit de commentaire.

– Le pire ennemi du guerrier est quand sa peur le domine.

Joanna enchaîna sans attendre d'avoir la parole.

– Sensei, comment la peur peut-elle être notre ennemie ? La peur ne peut nous tuer ou nous blesser.

– Les samouraïs furent de grands guerriers parce qu'ils avaient apprivoisé la peur de la mort. Si vous combattez un adversaire armé d'un couteau et que la peur de mourir occupe constamment votre esprit, probablement que c'est ce qui va se passer ! Mais bien avant d'en arriver là, la peur se révèle un ennemi redoutable.

Sensei Nakamura s'aperçut que, pour plusieurs, ses explications ne défilaient pas assez vite. Il sourit à la pensée que les jeunes étaient aussi accrochés par le sujet. Depuis des millénaires, tout ce qui entoure l'esprit du guerrier fascine les gens. Sensei Nakamura continua ses explications.

– Pensez à tout ce que vous n'avez pas accompli dans votre vie à cause de la peur. Le saut en élastique qui vous tentait tant, le plongeon en parachute où le seul vide fut rempli par la peur. Une simple question que vous n'avez pas posée un jour à un professeur par peur du ridicule. Peut-être même une simple permission non sollicitée à vos parents par peur d'un refus, mais qu'il vous aurait peut-être accordée si vous l'aviez demandé. La peur de faire rire de soi, de l'échec, de ce que les gens vont penser de vous, toutes ces peurs qui nuisent à votre épanouissement et qui vous empêchent de progresser.

Visiblement, sensei Nakamura venait de soulever un bon point. La plupart des jeunes acquiescèrent de la tête, regardant le plafond comme pour voir le reflet de ces peurs qu'ils ont connues à un moment ou à un autre.

– Et si ce n'est pas suffisant, vous méditerez sur l'expression « peur d'avoir peur ». Vous trouverez probablement plusieurs circonstances de votre vie ayant été influencée par cette locution. Le guerrier qui doit aller délivrer une personne prisonnière dans un pays étranger doit laisser sa peur de côté s'il veut espérer réussir sa mission. Il sait qu'il risque la peine de mort en cas de capture, mais il le fera quand même.

Un moment de répit fut laissé aux jeunes afin qu'ils réalisent qu'un guerrier peut parfois y laisser sa vie. Nathan eut l'impression que la dernière phrase de sensei Nakamura lui était destinée. Mais le professeur ne lui laissa pas le temps d'approfondir ses pensées.

– Une des plus grandes peurs auxquelles le guerrier aura à faire face est simplement la peur de l'échec. Qui n'a pas connu quelques problèmes d'insomnie la veille d'un examen ou d'un quelconque changement de ses habitudes de vie ? La peur est nécessaire, car quelqu'un qui n'a jamais peur a des problèmes psychologiques graves. Mais la peur peut s'amadouer, se contrôler et parfois devenir un allié précieux.

Sensei Nakamura alla prendre une gorgée d'eau à l'abreuvoir, permettant ainsi aux jeunes d'échanger un peu sur le sujet.

– Bien, pour un deuxième ennemi du guerrier, quelqu'un a une suggestion?

Buns n'osa pas parler cette fois-ci. Sensei Nakamura enchaîna.

– Tout le monde sait ce qu'est l'égo. Cet état qui fait en sorte que certaines personnes deviennent insupportables parce qu'elles se pensent supérieures à tout le monde.

Joanna donna un coup de poing à l'épaule de Buns. Mais elle se hâta de chuchoter «je blague», à son oreille.

– On peut exploiter facilement une personne dotée d'un gros égo. Plusieurs gens l'utilisent consciemment ou inconsciemment. Tu n'es pas brave de faire ceci ou cela. Tu n'as pas le courage de venir faire ça avec nous. Tu es un peureux.

Encore une fois, sensei Nakamura misa dans le mille. Plusieurs des jeunes baissèrent le regard, se reconnaissant dans ce que venait de dire l'enseignant.

– Lorsque vous acceptez le défi ainsi lancé, vous n'êtes pas brave ou courageux, vous êtes simplement faible, car vous venez de vous laisser manipuler par une autre personne. C'est comme si cette personne avait simplement à appuyer sur un bouton pour faire de vous ce qu'elle veut. Croyez-vous qu'une personne est un guerrier lorsqu'elle se laisse manipuler de la sorte?

Des non fusèrent de tout le groupe.

– Avec l'égo viennent généralement la vanité, la suffisance et la prétention. Ces gens se font souvent remarquer par leur arrogance et leur propension à attirer l'attention, contrairement au vrai guerrier qui, lui, cherchera à passer inaperçu, à se faire oublier. Millepertuis lui-même est un guerrier. Il ne recherche aucune publicité pour tous les actes d'aides humanitaires qu'il apporte à travers le monde. Beaucoup d'organismes viennent en aide aux gens, mais ils font tout pour que chaque aide qu'ils apportent soit dans les journaux. Le guerrier, si ce n'est pas nécessaire, s'éclipsera avant que les journalistes arrivent. Il n'a pas l'égo de démontrer au monde entier ses capacités. Un sourire est souvent sa seule récompense.

Chapitre 27
L'enquête

Après le cours de sensei Nakamura, les trois amis allèrent grignoter un petit quelque chose au réfectoire. Nathan se servit un plat de céréales bien arrosé de framboises et de bleuets. Buns saliva à la vue d'un sandwich à la dinde alors que Joanna composa sa mixture habituelle. Un gros plat de céréales, plein de fruits, de noix hachées et d'un peu de yogourt, le tout copieusement inondé de lait de soya. Nathan, sans dire un mot, jouait avec sa cuillère, déplaçant les quelques framboises qui réussirent à ne pas sombrer.

– Ça n'a pas l'air d'aller toi, à quoi tu penses ?

Un Nathan aussi songeur ne pouvait laisser Joanna indifférente.

– Je repensais à ce que sensei disait à propos de la peur.

– Ne t'en fais pas, ça arrive à tout le monde d'avoir peur un jour ou l'autre.

Nathan jeta un regard du coin de l'œil à Buns qui pensait probablement ainsi remonter le moral de son ami.

– Non, ce n'est pas ça. Jusqu'à présent, jamais je n'osais pousser plus loin mes recherches sur ma mère. Je pense que j'avais peur de ce que j'y trouverais ou peut-être même de ce que je n'y trouverais pas.

Nathan raconta son intrusion dans les fichiers de Millepertuis. Il relata ce qu'il avait lu sur Sierra 2, le commando de sa mère. Il expliqua qu'il n'avait pas eu le temps de découvrir si sa mère avait été exécutée ou pas.

– Il y a quelque chose qui ne fonctionne pas dans ton raisonnement. Elle ne peut être morte deux fois, il faut choisir, commando ou accident de voiture.

Le raisonnement de Buns ne pouvait être plus juste.

– Je sais, raison de plus pour découvrir la vérité. Je trouve étrange tout ce qui concerne la mort de ma mère.

Nathan déposa sa cuillère sur la table et regarda directement ses amis.

– Maintenant, je sais que je dois affronter cette peur de la vérité, peu importe les conséquences. Je dois trouver ce qui lui est vraiment arrivé, même si je dois être expulsé de Millepertuis.

Joanna jugea bon de tempérer un peu Nathan.

– Si on agit intelligemment, sans précipitation, il ne nous arrivera rien.

Elle venait de dire nous. En disant cela, elle regarda Buns droit dans les yeux.

– Joanna a raison, à trois, personne ne peut nous battre. Nous sommes comme les trois mousquetaires.

– Buns, les trois mousquetaires étaient quatre. Mais peu importe, Nathan, nous sommes avec toi.

Nathan observait ses amis, il reprit sa cuillère et la plongea dans le bol de céréales, davantage pour cacher ses émotions que pour s'alimenter. Buns sauva Nathan en prenant le contrôle des opérations.

– Bon, par quoi on commence ?

– Je pense que comme nous allons nous battre contre un tyran, la première étape doit être la collecte d'informations, dit Joanna.

– Je connais un gars du groupe rouge qui pourra nous aider. Sa mère devait l'allaiter devant un clavier d'ordinateur. Dans son genre, c'est un génie.

Dit par Buns, ça ne pouvait qu'être vrai. Lui-même, depuis son plus jeune âge, maîtrisait bien les ordinateurs. Ils lui avaient souvent servi de compagnons de jeu.

– Oui, mais pourquoi nous aiderait-il ? demanda Nathan.

Buns afficha un large sourire.

– Nous allons avoir besoin d'Émilie. Je crois savoir qu'ils se voient en cachette.

Joanna regarda les garçons et partit à rire, pour ensuite lancer un commentaire pertinent.

– J'espère qu'elle n'a pas retenu le cours de Mme Barclay sur la manipulation par les émotions.

– Je ne veux manipuler personne. Je lui expliquerai pourquoi on a besoin de lui. S'il est guerrier, il ne pourra refuser de m'aider à connaître la vérité sur ma mère.

– Pour dix points, qu'est-ce que ça nous prend pour optimiser notre cueillette d'informations ?

En demandant cela, Buns se donna une allure d'animateur de jeux-questionnaires ? C'est Nathan qui répondit.

– Un réseau, des gens capables de devenir nos yeux et nos oreilles.

Vraisemblablement, Buns ne s'attendait pas à cette réponse. Nathan ne lui laissa pas le temps de placer un autre mot.

– Si je comprends bien, Millepertuis possède l'équivalent de St-Jude dans plusieurs pays. Nous allons former un réseau avec les autres groupes murasaki.

– Pourquoi juste les groupes murasaki ? demanda Joanna.

– Comme tous les groupes, nous voulons nous démarquer des autres. Les autres groupes de couleurs violettes doivent penser comme nous. Nous avons la même couleur en commun, je suis sûr que ça devrait créer un lien plus fort qu'avec les autres groupes.

Nathan possédait une des qualités essentielles à un bon meneur d'hommes, la connaissance des émotions humaines.

– Créer du trafic, voilà ce qu'il nous faut si l'on veut passer inaperçus pour pirater Millepertuis. Plus il y aura de communications entre ici et les autres écoles, plus nous diminuerons nos chances d'être démasqués.

Buns semblait posséder quelques compétences de base en piratage informatique. Mais il savait qu'il aurait besoin de Simon, l'hypothétique compagnon d'Émilie. Il continua comme s'il se parlait à lui-même.

– Mais il faudra rejoindre les autres groupes, comment peut-on faire cela, on ne les connaît pas ? On n'a aucune idée de qui ils sont.

– Ne sois pas pessimiste, Buns. Je pense qu'à St-Jude ils apprécient les initiatives. Nous allons requérir leur aide.

– Excellente idée, Joanna. À notre prochaine rencontre, on demandera à sensei Nakamura ou à M. Smith comment procéder. Je ne pense pas qu'ils nous refuseront cela.

Nathan décrocha un long et profond bâillement qui eut vite fait d'être imité par Joanna et Buns.

Chapitre 28
Du budominton à son meilleur

Nathan et ses amis eurent toutes les raisons de se réjouir en ce dernier samedi d'octobre. Outre le plaisir d'un match de budominton en après-midi, M. Smith annonça que l'idée d'échanger avec d'autres groupes de Millepertuis avait plu au conseil d'administration de St-Jude et qu'il ferait le nécessaire pour que d'ici quelques semaines, ils puissent communiquer avec les soixante-quatorze autres groupes murasaki disséminés à travers la planète. Les adresses courriel des étudiants de tous ces groupes seraient disponibles.

Nathan regarda Joanna et Buns d'un air ahuri.

– Soixante-quatorze autres groupes. Je n'aurais jamais cru qu'il y en ait autant.

– C'est bien beau d'avoir le feu vert pour communiquer avec tous, mais comment allez-vous procéder ? Millepertuis veut vous aider, mais il ne fera certainement pas tout le travail à votre place. Je ne crois pas que le fait d'avoir les adresses courriel de tous les membres de couleur violette soit le meilleur moyen de communiquer.

En disant cela, M. Smith regardait au sol en se grattant la tête. Visiblement, il ne savait que conseiller aux jeunes. C'est Buns qui trouva la solution.

– C'est simple, on débute par un forum. Ça permettra de mettre tout le monde en contact.

– Oui, mais le problème des langues, souligna Joanna.

– Ça sera facile de faire un script qui passera par Google traduction. C'est suffisamment rapide pour que la plupart des gens ne voient pas le travail de traduction qui se fait en arrière-plan. Je m'occupe de tout ça, ça ne devrait pas être trop difficile.

– Et toi qui pensais que tu ne savais rien faire de bon, dit Nathan.

Pour toute réponse, Buns afficha un large sourire.

Quelques années plus tôt, un tel forum de discussion eut été impossible en raison des difficultés linguistiques. Mais heureusement, Internet évolue à pas de géant.

– Buns, tu es un génie.

– Je sais, répondit-il.

– N'en dis pas plus, Joanna, sinon il va se retrouver à devoir se battre avec un égo démesuré.

M. Smith échappa un rire en écoutant Nathan. Durant quelques secondes, il eut l'impression d'entendre parler sensei Nakamura.

– Voyons, où se trouve mon casque ?

Buns se parlait à voix haute en cherchant sa pièce d'équipement. Les jeunes se préparaient en vue d'une nouvelle partie de budominton. Depuis leur première joute, plusieurs rencontres avaient déjà eu lieu contre les autres équipes. Les matchs se jouaient les lundis soirs et parfois durant la fin de semaine. Finalement, tous furent équipés pour affronter l'équipe affichant la couleur noire.

Les estrades affichaient complet. Dame nature se révéla généreuse une fois de plus, malgré un vent léger qui augmenterait le niveau de difficulté. Les athlètes se positionnèrent au centre du terrain, prêts à affronter ceux de l'équipe adverse.

Comme avant le début de chaque partie, le tirage au sort se fit. La pièce de monnaie virevolta dans les airs, se déplaça légèrement par la brise ambiante pour finalement retomber au sol, dévoilant timidement son côté face entre les brins d'herbe de la pelouse. L'équipe des noirs venait de gagner le choix du côté du terrain. Ils décidèrent de débuter face au vent, ce qui au budominton est une bonne stratégie. Comme les équipes changeaient de côté à chaque quart de la partie, le clan murasaki terminerait le vent contre lui. Au dernier quart, les joueurs démontrent habituellement de la fatigue. Les passes plus longues, le volant ballotté par Éole, le dieu grec du vent, permettaient d'économiser l'énergie si précieuse en fin de partie. Il devient alors plus difficile pour l'équipe qui joue contre le vent de remonter en territoire adverse.

L'arbitre lança le volant à la verticale. La brise légère ramena le volant du côté de l'équipe des noirs. Mais, à la surprise générale, le joueur numéro 4, un grand maigre, se fit ravir le volant par Émilie, beaucoup plus petite que lui. Il semblait impensable qu'Émile ait pu bondir autant pour réussir son interception. Elle retourna le volant à Jason qui fit équipe avec Dennys et Nathan. Le trio remonta ainsi jusqu'au but adverse pour compter le premier point de la partie. Jason signa cette première réussite.

Les équipes se retrouvèrent au centre pour une nouvelle mise au jeu. Cette fois-ci, Émilie ne put réitérer son exploit. Le numéro 4 se plaça légèrement de côté, interdisant ainsi l'accès au volant pour Émilie ou pour qui que ce soit. L'action se déroula entre le numéro 4 et le numéro 8 qui remontèrent le terrain sans que les joueurs de l'équipe murasaki ne puissent les suivrent. Ils contournèrent Jeffrey à la défense et marquèrent ainsi le premier but de l'équipe des noirs.

Les sports de raquettes offrent l'opportunité d'occuper un grand espace dans l'aire de jeu. En calculant la longueur des bras, additionné à la flexibilité des jambes et à la longueur de la raquette, on peut prendre le volant dans une zone de plusieurs mètres carrés. En l'espace d'une fraction de seconde, un adversaire à deux mètres de distance peut, d'une enjambée, venir vous ravir le précieux volant qui vous était destiné.

La deuxième période ne fut pas aussi palpitante que la première. Chaque équipe paraissait vouloir économiser ses énergies. Au grand dam des spectateurs, le jeu se fit plus défensif. Ce type de stratégie n'offrait généralement pas un bon spectacle et ceci était vrai pour presque tous les sports. Aucun moment d'émotion intense ne fut offert aux spectateurs lors de cette période.

Pour une raison inconnue, le budominton présentait parfois des changements radicaux d'une période à l'autre. C'est ce qui se passa en troisième période. Un jeu plus rude et surtout plus offensif s'offrait au public, et ce, dès les premières minutes de la période. Toute l'énergie d'une partie semblait se jouer dans ces quinze minutes. Chaque équipe comprenait la nécessité de marquer le point tant recherché afin de déstabiliser psychologiquement l'équipe adverse. Dans ce sport, la galanterie ne trouve pas preneur. Joanna l'apprit à ses dépens lorsque le numéro 14 de l'équipe des noirs la plaqua violemment au moment où elle s'apprêtait à frapper le volant si convoité. Certains des coéquipiers de Joanna se préparèrent à aller rendre justice au numéro 14, lorsque Joanna se releva et ordonna à ses coéquipiers de continuer. Sensei Nakamura avait passé beaucoup de temps sur les brise-chutes. Cette stratégie venait de se révéler payante pour Joanna qui s'en sortit sans une égratignure.

L'action se poursuivit jusqu'à la quatrième période sans qu'aucun autre point ne fût marqué. Au début de la période, Joanna avait soulevé les applaudissements de la foule. Elle avait plongé entre les deux défenseurs du camp adverse pour récupérer un volant à une quinzaine de centimètres du sol et elle avait réussi à le lancer en direction du but. Elle rata la cible de quelques centimètres seulement.

À cinq minutes du début de la quatrième période, Mathilda, qui gardait l'un des deux buts, reçut une pénalité de deux minutes pour avoir lancé sa raquette. Normalement le gardien d'un anneau demeure près de sa zone. Mathilda voyant son défenseur gauche se faire dépasser avança imprudemment pour contrer la montée du numéro 7. Comme elle s'était trop avancée, le numéro 7 obliqua subitement vers la gauche, obtenant ainsi un corridor dégagé entre lui et le précieux anneau. Mathilda se trouvait trop loin pour bloquer le projectile. Désespérée, elle lança sa raquette vers le volant qui dévia à l'extérieur de l'anneau, empêchant ainsi l'équipe adverse de briser l'égalité. Cette manœuvre illégale lui valut les deux minutes de pénalité. L'équipe murasaki se retrouva avec une raquette en moins durant cette courte période. L'équipe adverse redoubla d'ardeur pour tenter de profiter de cet avantage. Malheureusement pour eux, le volant donnait l'impression de bouder leurs raquettes. Les deux minutes s'écoulèrent trop rapidement, ne laissant pas l'occasion à l'équipe noire de prendre le dessus.

Le vent désavantageait l'équipe de Nathan, la fatigue commençait à se faire sentir dans les deux troupes. Nathan se souvint d'une phrase que sensei Nakamura avait dit à son dernier cours : « Lorsque vous pensez que vous êtes vidé, que vous n'avez plus d'énergie, c'est une illusion. Si vous avez la force de réfléchir, c'est qu'il reste de l'énergie quelque part. Vous pouvez la récupérer pour gagner quelques minutes précieuses, ces courts instants qui feront, pour vous, la différence entre la vie et la mort. » Nathan appliqua la sagesse de sensei Nakamura au jeu.

Il ne restait plus que trois minutes en dernière période de jeu lorsque Nathan qui courait tout près de l'anneau gauche adverse reçut une passe de Dennys. Il frappa le projectile de toutes ses forces. Il sentit la résistance des fils de nylon appuyant sur la tête arrondie du volant. Au même moment, deux antagonistes le plaquèrent en sandwich. Nathan vit des zones noires apparaître dans son champ de vision. Il sentit ses jambes ramollir et le nombre de ces zones sombres augmenta rapidement. Tout devint noir. Sans qu'il ait le temps de réaliser ce qui se passait, son esprit se déconnecta, le privant de toute sensation, de toute réflexion, ne laissant aucune place pour la moindre pensée.

Chapitre 29
Le rêve

Un épais brouillard sombre entourait Nathan. Peu à peu, le nuage décanta en diverses teintes de gris pour lentement devenir blanchâtre. Graduellement, l'étrange émanation s'éclaircit pour se transformer en cette étrange brume du matin que les vieux Japonais appelaient *kasumi*, ce mystérieux brouillard qui sépare le monde des esprits de celui des vivants. Bien qu'aucun son ne parvenait à ses oreilles, Nathan eut l'impression qu'il pouvait capter avec précision chaque décibel, qui s'offrait à lui. Il eut la sensation que ses yeux pouvaient percevoir les détails les plus infimes, les nuances de couleurs les plus délicates, il pouvait voir vibrer chacune des teintes que son regard rencontrerait.

La brume finit par se dissiper presque complètement, découvrant un paysage montagneux aux arbres majestueux. Nathan vit apparaître un homme étrange devant lui. Un curieux bonhomme au large sourire l'observait avec curiosité. Ses yeux oblongs trahissaient l'origine asiatique de l'insolite personnage. Nathan regarda d'abord ses pieds, vêtus de ces étranges chaussures en tissus au gros orteil séparé des autres doigts de pied. Comme sensei Nakamura portait souvent les mêmes dans le dojo, il en conclut que l'homme devait être japonais.

Un pantalon blanc, très large, voire même bouffant, se trouvait resserré au niveau des tibias par des guêtres noires. L'homme portait plusieurs épaisseurs de tissus superposés, aux manches très amples. Un foulard à motifs quadrillés sortait de la veste au niveau de son cou. Nathan sourit en regardant les immenses pompons reliés par une corde entourant son cou.

– Qui êtes-vous et où nous trouvons-nous ? demanda Nathan

L'homme le regarda avec bienveillance. Il s'avança vers lui et posa une main sur son épaule. À sa grande surprise, Nathan n'éprouva aucune crainte ni aucune suspicion au contact de cet homme.

– Je me nomme Benkei, je suis un moine *yamabushi*.

Nathan n'éprouva pas le besoin de savoir ce qu'était un *yamabushi*. Il enchaîna sur ce qui l'intriguait le plus.

– Où sommes-nous ?

Nathan avait l'impression de se retrouver dans une forêt, mais ce n'était pas à St-Jude, à moins qu'une chaîne montagneuse ne soit apparue très récemment.

– Est-ce vraiment important l'endroit où nous sommes ?

Habitué aux réponses parfois étranges de sensei Nakamura, Nathan n'insista pas, se disant que l'homme devait avoir raison. Sans savoir de quoi il s'agissait, Nathan savait instinctivement que ce moment était unique dans sa vie. En regardant Nathan dans les yeux, le curieux homme continua à parler.

– Chaque être humain sous-utilise son potentiel. Sur le corps, il y a différents points qui génèrent de l'énergie. À quelques centimètres sous le nombril se trouve le «seika tanden». En plus d'être le centre d'équilibre du corps, ce point permet de canaliser l'énergie et de...

Les explications du moine semblaient naturelles à Nathan. Il avait l'impression que tout l'enseignement du *yamabushi* passait directement de son cerveau au sien. Mais si Nathan eut été un ordinateur, il aurait dit que toute l'information lui arrivait compressée, dense, tellement d'informations en si peu de mots.

Après une période de temps impossible à quantifier, des voix venues de l'extérieure brisèrent le lien qui l'unissait au prêtre. Le moine disparut, les montagnes s'estompèrent, le brouillard blanc réapparut, transpercé graduellement par une lumière chaotique. Nathan eut l'impression que ce fut le brouillard lui-même qui s'était adressé à lui. Des voix lointaines aux syllabes altérées occupaient de plus en plus d'espace dans son esprit. Graduellement, elles se firent plus nettes. Nathan abandonna l'univers des esprits.

– Nathan ? Nathan ? Ouf, il ouvre les yeux.

Soulevant lentement ses paupières, Nathan vit une silhouette entourée de lumière blanche. Sa première pensée fut qu'il se trouvait en présence d'un ange, mais il réalisa rapidement que ce n'était pas un ange, mais Joanna qui, se tenant devant la fenêtre, faisant écran aux rayons obliques du soleil couchant. Nathan regarda autour de lui, il se trouvait allongé sur un lit, dans une chambre donnant toutes les apparences d'une chambre d'hôpital. Sur le côté du lit, Buns se tenait entre sensei Nakamura et Mme Barclay qui faisait office d'infirmière.

Nathan regarda M. Nakamura et lui demanda qui était Benkei.

– Pourquoi me demandes-tu cela ?

– Il m'a enseigné plein de choses sur le *ki*.

Il sentit une pression s'exercer sur son biceps gauche. Meredith Barclay, pompa une petite poire noire, qui, à chaque pression, resserrait davantage le bandeau qui entourait son biceps. Il sentit les battements de son cœur à travers cette étreinte. Elle relâcha finalement la petite poire en regardant un cadran.

– Tout me semble beau de ce côté-là.

Mme Barclay quitta le petit groupe pour aller dans une autre pièce. C'est Buns qui reprit le fil de la conversation.

– C'est quoi, cette histoire sur le *ki* ?

Sensei Nakamura ne laissa pas le temps à Nathan de répondre.

– Je vous en avais parlé sur un des cours il y a quelques semaines. Mais à ce moment-là, nous n'avions qu'effleuré le sujet. Dis-moi, Nathan, qu'est-ce que Benkei t'a enseigné d'autre ?

– Tu étais sans connaissance, ce n'était qu'un rêve, cesse de fabuler.

– Tais-toi, Buns, laisse-le parler ! Je trouve ça intrigant.

– Quand vas-tu arrêter d'être aussi curieuse, tu ne vois pas que Nathan a simplement déliré durant son sommeil ?

Sensei Nakamura coupa court à la discussion.

– Suffit ! Que t'a-t-il appris d'autre ?

Joanna et Buns gardèrent la bouche bien fermée, mais les oreilles grandes ouvertes.

– Je sais comment récupérer de l'énergie par des exercices respiratoires. Je pense que je pourrais tenir plus longtemps suspendu à une corde avec les exercices de visualisation qu'il m'a enseignés. Ah oui, une technique pour dormir et, ah oui, aussi pour arrêter le sang sur une petite coupure, et... je sais qu'il y a plus de choses, que ça va me revenir au dojo, mais pour l'instant c'est tout ce dont je me souviens. Il portait de drôles de vêtements dont un petit chapeau sur la tête. J'avoue que son habillement *flashait*.

– Ce que tu as vécu est une vision que certains guerriers ont eue par le passé au Japon. À certaines occasions, Benkei est apparu à quelques-uns.

Buns ne put se retenir plus longtemps.

– Est-ce que c'est possible quelqu'un puisse nous apparaître comme ça et qu'il nous enseigne ?

Sensei Nakamura sortit de son état onirique. Il semblait plus paisible qu'à l'habitude.

– Que Benkei ait été là ou pas, ce n'est pas important. Ce qui importe pour toi est de cultiver l'enseignement que tu as reçu. Il faut te concentrer sur le contenu et non sur le contenant. Peut-être as-tu un jour lu quelque chose sur ce moine yamabushi et que ton subconscient a ressorti ce que tu avais oublié. L'accent doit être mis sur tes nouvelles connaissances et non sur la manière dont tu les as obtenues. Dans toutes les civilisations, des guerriers ont reçu, disons, des enseignements divins sous forme de songes, de rêves ou de visions. L'important pour toi...

– L'important pour toi est de dormir et de te reposer. Tout le monde dehors, allez ! couché ! fit Mme Barclay en tapant des mains. Nathan va passer la nuit ici.

Le groupe s'apprêta à quitter la chambre lorsque Nathan posa une dernière question.

– Est-ce qu'on a gagné le match ?

Chapitre 30
Un entraînement mollo

Nathan ouvrit les yeux, s'étira longuement tout en cherchant du regard une horloge qui n'existait pas. Il obtint tout de même la réponse à ce qu'il cherchait.

– Neuf heures et quart. Tu as dormi presque quatorze heures. Mais ne t'en fais pas, les dimanches matin, ça devrait toujours être faits pour ça.

Mme Barclay souleva le bras de Nathan afin de mettre en place le bandeau noir pour l'appareil de pression. Après avoir écrasé la petite poire de caoutchouc plusieurs fois, elle plaça un stéthoscope sur sa poitrine, pour finalement retirer le tout.

– Je pense que tu peux sortir sans trop de problèmes. Mais attention, aucun exercice violent avant une bonne semaine. On ne doit pas prendre de risques avec une commotion.

– Oui, mais un guerrier doit être capable de continuer quoiqu'il arrive.

– Peut-être, mais un guerrier mort n'est pas très utile pour son clan.

– Je pense que vous avez raison, je vais faire attention. Mais il y a un cours avec sensei Nakamura, est-ce que je...

– Rien qui pourrait agiter ton petit cerveau de macho.

Nathan n'était pas certain de bien comprendre ce qu'elle voulait dire, mais il ne continua pas sur la même lancée.

– Mme Barclay, vous faites partie de Millepertuis depuis longtemps ?

– Oui, comme toi, mes études furent financées par eux. Sinon, c'est certain que je n'aurais pas eu l'argent nécessaire pour aller plus loin. Pour être honnête, je commençais à me retrouver sur une mauvaise pente. On se ressemble un peu tous les deux. D'ailleurs, beaucoup de jeunes de St-Jude sont dans le même cas que nous.

– Est-ce que vous avez connu ma mère ? demanda Nathan.

– Non, j'ai fait toutes mes études en Allemagne, ça ne fait que quelques mois que je suis ici. Je désirais changer d'air et apprendre l'allemand. Millepertuis m'offrait cette opportunité, je l'ai saisie. Je suis revenue au pays il y a plusieurs années, mais mon affectation à St-Jude est récente.

– Vous parlez allemand. Combien de langues parlez-vous ?

Mme Barclay n'eut pas le temps de répondre.

– Qu'est-ce que tu fais, tu joues à la marmotte, tu te prépares à hiberner ?

La tignasse blonde de Joanna venait d'apparaître sur le côté du cadre de porte.

– Bonjour, jeune fille. Tu viens chercher ton ami, il se porte bien. Mais je vais te confier une mission. Tu dois veiller à ce qu'il ne fasse aucun mouvement brusque durant quelques jours. S'il bouge trop, tu devras l'attacher.

C'est sans restriction que Joanna accepta cette responsabilité. Naturellement, si Nathan et Joanna se trouvaient à un endroit, Buns ne se trouvait jamais loin.

– Qui est-ce qu'on doit attacher?

– Sortons tout le monde, laissons Nathan s'habiller, dit Mme Barclay en tirant le rideau autour du lit.

Nathan réapparut au bout de quelques minutes, soulignant son état avancé d'inanition. Joanna et Buns accompagnèrent Nathan jusqu'au réfectoire. Ils y passèrent le reste de l'avant-midi, quittant les lieux seulement lorsque Buns eut englouti une immense assiette de bœuf bourguignon.

– Où est-ce que tu mets tout ça? demanda Nathan en regardant Buns avaler sa dernière bouchée.

– Un adolescent en pleine croissance a besoin d'énergie. Quand on a un cerveau en pleine ébullition comme le mien, ça demande nécessairement plus de combustible pour alimenter tout ça.

– Je vous laisse, je vais aller prendre une douche, on se rejoint au dojo, dit Nathan.

Joanna tourna lentement la tête dans sa direction. Son regard aux yeux mis clos eut certainement un effet sur Nathan, car il ravala sa salive.

– Tu peux venir au dojo, mais pas question que tu fasses des techniques. Mme Barclay m'a dit de te surveiller.

– Bien, maman, on se voit au dojo.

Nathan fut accueilli par un hochement de tête de sensei Nakamura en entrant dans le dojo.

– Tu sais que tu n'es pas censé être ici.

– C'est de ma faute, je lui ai dit qu'il pourrait assister sans participer. Mme Barclay m'a demandé de le surveiller.

Sensei Nakamura sourit.

– Tu as bien fait de l'amener. Comme les nouvelles voyagent vite à St-Jude, vous êtes probablement déjà tous au courant que Nathan a eu une vision lors de son accident.

Sensei Nakamura regarda Buns, qui avait parfois de la difficulté à retenir sa langue.

– Levez la main, ceux qui croient que Nathan a halluciné et qu'il n'a rien appris.

Seules trois mains ne se levèrent pas. Joanna, Émilie et Dennys étaient les seuls à croire aux propos de Nathan.

– Dennys, peux-tu me dire pourquoi tu crois que Nathan a acquis de nouvelles connaissances ?

– Il y a beaucoup de contes d'arts martiaux qui relatent ces expériences d'apprentissages.

Sensei Nakamura hocha la tête à quelques reprises, confirmant l'existence de ces fameux contes d'arts martiaux.

– Que diriez-vous si l'on mettait les nouvelles connaissances de Nathan à l'épreuve, histoire de voir ce qu'il en est ? Nathan, enseigne-nous une des techniques que tu as apprises. Par contre, je ne veux pas que tu fasses de mouvements brusques qui pourraient aggraver ta commotion.

– Ce ne sont pas des techniques en tant que tels, c'est assez étrange la façon dont il m'enseignait. Il parlait de principes et non de techniques. Je vais essayer de me souvenir de quelques-uns de ces principes.

Nathan prit Joanna par un bras et la plaça au centre du groupe. Il lui demanda d'écarter les jambes, un peu plus large que les épaules, les bras tendus vers le bas, les poings fermés. Il demanda à Jason d'enlacer Joanna et de la soulever en remarquant comment elle pesait. Il souleva facilement Joanna, puis la redéposa. Nathan se mit face à Joanna et appuya de ses mains sur ses hanches en exerçant une forte pression vers le bas.

– Maintenant, Joanna, remarque cette pression, et lorsqu'il va te soulever, il faudra que tu ressentes et que tu imagines cette même pression ! Reproduis cette même sensation dans ton esprit au moment où il va te lever.

Joanna acquiesça. Jason repassa ses bras autour de Joanna, et il commença à la soulever. Les gens qui regardaient eurent l'impression que les pieds de Joanna étaient attachés au sol par d'invisibles liens. La pointe de ses pieds semblait retenue au sol par des élastiques qui n'existaient pas.

– Ça n'a pas de sens, j'ai l'impression qu'elle pèse le double.

Les autres refirent l'exercice entre eux avec le même succès. Nathan demanda à son sensei s'il connaissait cet exercice.

– Je connaissais cet exercice, mais moi, c'est un humain qui me l'a enseigné. Veux-tu nous partager autre chose ?

Nathan expliqua que à quelques centimètres sous le nombril, existe un point appelé *ki* en japonais. Il demanda aux gens de ressentir ce point *ki*. Il les fit appuyer fortement afin que la localisation du point s'imprègne non seulement dans le ventre, mais aussi dans leur mental. Il demanda un volontaire en prenant soin de dire qu'il souffrirait et que ça pouvait laisser des marques. Après quelques hésitations, Buns se proposa comme cobaye. Nathan souleva le bras de Buns pour qu'il soit horizontal à la hauteur de son épaule. Il releva davantage la manche du t-shirt et mit ses doigts à l'intérieur du bras entre le biceps et le triceps de Buns.

– Je vais simplement pincer ta peau et tu dois résister le plus possible à la douleur.

– Ouch ! Ça fait mal, c'est quoi ton idée de fou ?

– On va refaire la même chose, et maintenant tu vas prendre la douleur et l'envoyer dans ton point *ki* sous le nombril. Imagine qu'il y a un fil ou un tuyau qui amène cette énergie dans ton ventre. Tu peux l'imaginer comme de la lumière, de l'électricité ou même de l'eau qui s'en va jusque-là.

Nathan fit presque un tour complet avec la peau de Buns, qui fut tout étirée entre ses doigts. Buns ne semblait pas du tout souffrir de cette torture.

– Ça y est, je suis fait de fer.

La plupart des participants au cours purent constater qu'il devenait beaucoup plus facile de gérer cette douleur en la canalisant de la sorte. Nathan enseigna différentes techniques, dont une, intéressante, pouvant remplacer quelques heures de sommeil. Il termina sa démonstration avec une utilisation du point *ki* contre une poussée.

Il prit Mathilda et la positionna de côté. Il lui fit mettre ses bras croisés sur son épaule gauche, puis demanda à Buns de placer doucement ses mains contre l'épaule de Mathilda et de la pousser. Elle résista un peu au début, mais rapidement, Buns, plus pesant, occupa son espace.

– Maintenant, Mathilda, tu vas refaire la même chose, mais lorsque ses mains seront en contact avec ton épaule, tu fais comme avec la douleur, tu absorbes son énergie et tu l'envoies dans ton ventre.

Buns refit une nouvelle tentative. Cette fois-ci, Mathilda inclina légèrement le tronc, mais n'alla pas plus loin, Buns redoubla d'ardeur avant de réussir à la déplacer légèrement.

– Mathilda, il va falloir que tu délaisses le réfectoire, tu alourdies à vue d'œil.

La taquinerie de Buns fit rire les gens. Les autres jeunes refirent le même exercice avec un bon taux de réussite.

– Je pense qu'il est temps pour vous de retourner étudier. La fin de semaine a été assez mouvementée, il ne faut pas négliger les choses importantes. Un grand merci à Nathan d'avoir accepté de partager cet enseignement avec nous.

Nathan devint tout rouge. Sensei Nakamura enchaîna rapidement d'une dernière phrase.

– Il ne faut pas oublier les ennemis du guerrier, la peur et… l'égo.

Nathan réalisa que cet avertissement arrivait bien à propos.

Chapitre 31
Labyrinthique

Les deux semaines qui suivirent furent difficiles. Toujours plus de matière à étudier devait être le mot d'ordre des professeurs pour le mois de novembre. Nathan manqua deux parties de budominton. Il jugea plus prudent d'obéir aux ordres de Mme Barclay. Comme le samedi précédent, Nathan décida de rester dans sa chambre, histoire d'équilibrer les cercles de ses mandalas tibétains. La compréhension de ces mandalas le conscientisait davantage à la faiblesse de son aspect étudiant. Après quelques heures d'études, Nathan savait que plus rien ne pourrait entrer. Même la meilleure des éponges, lorsqu'elle a atteint son degré de saturation, ne peut plus rien absorber. Il fallait qu'il laisse tout ça décanter. Il jeta son dévolu sur son ordinateur.

Le forum des couleurs violet de Millepertuis fonctionnait depuis trois jours environ. Le script de traduction créé par Buns fonctionnait à merveille. Les textes se traduisaient automatiquement par Google traducteur, avant d'être affiché sur le forum. Certes la traduction paraissait douteuse par moment, mais au moins, la planète Millepertuis pouvait communiquer grâce à Buns et à son script. Certaines règles furent établies, comme pour l'obligation pour chaque membre de s'identifier sous son vrai nom. Un guerrier doit apprendre à ne pas se cacher sous un prête-nom. Il doit être responsable de ses paroles comme de ses écrits.

À la vitesse où circule l'information de nos jours, on a l'impression que la planète est plus petite. St-Jude ne détenait pas l'exclusivité de la propagation rapide des nouvelles. Un jeune japonais contacta Nathan en privé au sujet de sa vision. Ils partageaient quelque chose en commun, la visite de Benkei, le moine yamabushi.

Le jeune homme, plus âgé que Nathan de deux ans, se prénommait Keigo Yamazaki. Sa vision lui était apparue le mois de février précédent. Comme l'avait fait sensei Nakamura, son sensei d'arts martiaux, lui avait fait faire le même exercice d'enseignement qu'avait effectué Nathan afin de vérifier les nouvelles connaissances acquises. Keigo vivait dans une petite ville de la préfecture de Gunma. Il lui fit parvenir quelques photos de lui et de sa famille. Nathan réalisa qu'il ne possédait aucune photo récente de lui et que la seule photo qu'il eut de sa mère était celle que M. Smith lui avait offerte. Au local d'Informatique, Nathan numérisa la photo du groupe où sa mère apparaissait. Il la rogna de manière à ne conserver que l'image de sa mère. Avec la webcam de son ordinateur, il se photographia et fit parvenir ces deux photos à son nouvel ami.

Nathan jeta un coup d'œil au profil des membres inscrits au forum. En regardant les différentes fiches, il comprit que la diversité de cultures, de langues, de pays et de milieux sociaux des membres faisait de Millepertuis un outil incroyablement puissant. Des ramifications dans autant de pays, des gens de cultures si différentes qui se complétaient, des connaissances dans tous les domaines Millepertuis avait dû participer à nombreux événements à travers les siècles. Millepertuis avait su comment s'affranchir des barrières culturelles, politiques et religieuses qui sapaient le monde moderne. Nathan se dit que Millepertuis était un phare dans la nuit pour les gens comme lui.

Buns avait fait du bon travail avec le forum. Déjà, par le nombre de sujets présents, ça devenait parfois tortueux de trouver ce que l'on avait lu auparavant, ce qui témoignait de l'intérêt et du succès du forum. Il répondait à un besoin de communiquer pour tous les jeunes de Millepertuis. Nathan alla dans la section « Questions » et appuya sur le bouton « Nouveau sujet ». Dans cet espace, il pouvait poser une question dans l'espoir que, collectivement, une réponse pouvait être trouvée. C'est sûr qu'il y aurait un grand nombre de réponses. Mais comme dans tous les forums et comme dans l'internet en général, il faut en prendre et en laisser, voire même en laisser beaucoup ! Nathan composa sa question : « Que se passera-t-il une fois que nous aurons fait nos deux années de cours ? »

Nathan regarda au bas de la page pour voir le nombre d'utilisateurs en ligne en ce moment. Le chiffre de 185 apparaissait. Ce grand nombre se justifiait par le fait que c'était la fin de semaine partout dans le monde. Les jeunes de Millepertuis devaient mener le même train de vie.

Il jeta ensuite un coup d'œil sur la section Budominton. Une sous-section y parlait de diverses techniques utilisées pour jouer. Nathan y vit la description d'une technique appelée « L'esquive de Joanna », une technique qui consistait à se jeter à genou à la dernière seconde pour faire culbuter l'adversaire. Nathan se posa la question à savoir si c'était Joanna elle-même ou une autre personne qui avait mis cette technique à l'index. Il remonta dans les échanges pour constater que ce fut Dennys lui-même qui baptisa cette technique du nom de l'esquive de Joanna. Nathan trouva ça sympathique de sa part, lui qui avait été le premier à goûter à cette terrible manœuvre.

Nathan revint à sa question, déjà trois réponses y avaient trouvé place. Deux des réponses se résumaient à je ne sais pas, on ne peut pas le savoir. La troisième fut plus complète et découlait d'un raisonnement logique. « S'il y a des gens plus âgés à Millepertuis, c'est qu'il y a une continuité dans la formation. Ce qui doit changer, ce sont les critères pour pouvoir y demeurer. Probablement que ça doit être plus sévère, plus difficile. Mais si je regarde les adultes qui sont ici à la vieille abbaye, ils me semblent heureux et épanouis. Je ne sais pas ce qui va nous arriver, mais je vais tout faire pour demeurer ici. » Le message portait la signature de Pedro du Pérou.

L'heure du dîner approchait à grands pas. Nathan referma le couvercle de son ordinateur et prit le chemin du réfectoire sans oublier d'aller frapper aux chambres de Buns et Joanna. Cette dernière prit un certain temps à répondre. Lorsque la porte s'ouvrit, Joanna tenait dans ses mains un gros ourson en peluche, qui semblait plus éveillé qu'elle-même.

– Je me suis éveillée vers quatre heures ce matin et je ne réussissais pas à me rendormir, j'en ai profité pour étudier. Mais vers huit heures, mes pauvres petits yeux se fermaient. Alors Frison, mon ours en peluche m'a tendu les bras, et je n'ai pas su résister. Quelle heure est-il ?

– L'heure d'aller au réfectoire, j'ai faim.

Venant de Buns, une telle déclaration n'avait rien de suspect. C'est le contraire qui aurait été surprenant.

– Frison, tu as vraiment appelé ton ours Frison ?

– Je m'habille et j'arrive, dit Johanna en fermant la porte au nez de Nathan.

Du ragoût était à l'honneur ce midi-là. Repas parfait pour un après-midi d'automne sombre et humide. Joanna sembla réconfortée par ce plat du midi. Elle soupira profondément.

– Ça ressemble au ragoût que fait ma mère. Je m'ennuie d'eux. J'ai bien hâte au temps des fêtes, je vais pouvoir aller passer deux semaines chez moi. Et vous, qu'allez-vous faire aux fêtes ?

– Je n'aime pas le temps des fêtes. Souvent ma mère organise des banquets où elle invite des gens avec qui elle travaille. Ça ressemble davantage à des dîners d'affaires qu'à des repas en famille. Ça ne fait pas très temps des fêtes et je n'aime pas être avec tous ces snobs. Et toi, Nathan, que vas-tu faire ?

Nathan sembla embarrassé, il ne s'attardait jamais à songer à ces semaines de congé.

– Je n'en ai aucune idée. Je n'ai pas le goût de retourner dans ma présente famille d'accueil. Je pense que je vais demeurer ici à St-Jude, si c'est possible.

– Tu peux venir chez moi si tu veux, il y a plusieurs chambres, et... je ne serai pas pris tout seul avec mes parents.

– Non merci, de la manière que tu en parles, je préfère rester ici.

Les jeunes quittèrent le réfectoire et, à la suggestion de Joanna, ils décidèrent d'aller arpenter le réseau souterrain de St-Jude, histoire de passer le temps. La plupart des bâtiments semblaient reliés par des passages souterrains, probablement les vestiges d'une époque où les religieux vivaient cloîtrés. La plupart des pensionnaires de St-Jude préféraient profiter de l'air de l'extérieur et passaient généralement d'un bâtiment à l'autre en utilisant les sentiers fleuris aménagés à l'extérieur. Maintenant que la chaleur du soleil se raréfiait en cette période de l'année, les souterrains commençaient à accueillir plus de gens. Les passages menant au dojo, au centre sportif, aux salles de classe et au réfectoire étaient bien connus. Aussi, ils décidèrent que l'exploration se ferait dans les zones les plus inexplorées de St-Jude.

Le réseau de tunnels se révéla très étendu avec de nombreuses ramifications.

– Ça y est, nous sommes perdus. Je n'aurais jamais cru que l'on trouverait autant de tunnels. C'est un vrai labyrinthe, dit Buns d'un ton effrayé.

Si une partie de sa vie se révélait ennuyante, elle avait été cependant, sécurisante, ne laissant aucune place à l'inconnu.

– Ne t'en fais pas, gros peureux, nous pouvons être certains que nous n'avons pas quitté St-Jude.

– Joanna dit vrai. Je me demande où tous ces souterrains conduisent. Il me semble qu'il n'y a pas tant d'édifices à la surface, pensa Nathan à voix haute.

Ils arrivèrent à un embranchement en Y. Les deux corridors ressemblaient à tous ceux qu'ils avaient traversés, à l'exception du corridor de droite dont l'éclairage différait. À la place de la lumière blanche, froide et dure des précédents passages, de courts tubes fluorescents projetaient une lumière jaunâtre, plus douce, plus chaleureuse.

– On va par là, dit Joanna sans aucune hésitation.

– Je ne sais pas si on a le droit, murmura Buns, plus inquiet.

– Que je sache, personne n'a vu d'écriteaux « Défense de passer ».

Nathan avait raison. Rien n'interdisait le passage des mystérieux souterrains. L'Idée de faire d'étranges découvertes le stimulait au plus haut point et ce n'était rien comparé à ce qu'éprouvait Joanna à la prospection des secrets de St-Jude. À cinquante mètres sur la droite, un corridor plus étroit donnait accès à une porte en fer. Au-dessus de la porte, gravé dans la pierre, ils lurent le mot « Crypta ». Une petite affiche noire en plexiglas fixée au mur à côté de la porte comportait des signes en langage cunéiforme.

– Quelle sorte de langage est-ce que ça peut bien être ? De toute façon, je ne vois rien qui nous indique que l'on ne peut entrer, dit Nathan.

La lourde porte grinça sous la traction des garçons. À l'intérieur, l'obscurité était maître des lieux. Joanna tâta le mur à droite de la porte. Ses recherches aboutirent rapidement. Après avoir écarté quelques toiles d'araignées, après avoir fait tomber quelques araignées qui marchèrent sur sa main, elle mit finalement le doigt sur un long bouton effilé qui devait être un commutateur. Plusieurs ampoules illuminèrent une grande salle où les décorations étaient totalement inexistantes. Les seules ornementations furent les toiles tissées artistiquement par la multitude d'araignées qui occupait les lieux. Les araignées parurent énormes aux yeux des jeunes.

– Wow ! Superbe. J'adore l'endroit, dit Nathan.

La salle construite en longueur comportait de nombreuses colonnes. Chacune des colonnes prenait appui sur un énorme socle en pierre. Les piliers construits de blocs de pierre taillée apportaient un cachet mystique à l'endroit. Reliés deux à deux par des arcs en grosses pierres taillées, les piliers offraient un passage pour aller jusqu'au fond de la salle. Entre ces colonnes, des alcôves donnant sur un mur de brique. D'immenses boîtes de pierre d'un peu plus de deux mètres de long par un peu plus d'un mètre de large s'y trouvaient.

– Des cercueils, ça ne peut être que ça. On doit se trouver sous la petite chapelle, dit Joanna en faisant un signe de croix.

Ils se trouvaient dans une crypte, là où reposaient les corps de quelques vieux moines de St-Jude.

– Mais pourquoi est-ce qu'ils ne sont pas dans le cimetière avec les autres ?

En réponse à la question de Nathan, Buns trouva l'explication qui devait être la plus logique.

– Ce devait être le privilège des dirigeants d'être enterré ici. Un peu comme les pyramides, réservées aux dignitaires. J'aimerais bien avoir une pyramide comme tombe.

Nathan et Joanna lui lancèrent un regard interrogateur. L'explication semblait logique. Les moines de plus haut rang, les dirigeants de St-Jude devaient se trouver ici pour leurs derniers repos. Ils progressèrent jusqu'au fond de la salle. Une statue occupait l'espace au fond d'une alcôve incrusté dans le mur de brique.

– C'est une statue de la Vierge Marie... mais elle est noire, je ne comprends pas.

Les origines catholiques de Joanna lui permirent d'identifier la statue. Elle ignorait que plusieurs cathédrales en Europe possèdent de telles statues d'une Vierge noire, effigie de Marie. Entre deux colonnes, une vieille porte de bois donnait accès à un escalier en colimaçon. Il devait remonter jusqu'à la petite chapelle. Mais comme ils avaient du temps devant eux, ils décidèrent de poursuivre l'exploration des souterrains.

Chapitre 32
Une cible à atteindre

Après avoir quitté la galerie menant à la chapelle, ils poursuivirent plus profondément l'exploration du corridor éclairé par les lumières jaunâtres. Des portes s'offraient ici et là, mais toutes étaient fermées à clé. Chaque porte affichait un petit panneau sur lequel de curieux signes cunéiformes défiaient la compréhension des jeunes.

Au moment où ils commençaient à désespérer de trouver quelque chose d'intéressant, Nathan arrêta ses compagnons et déposa son index droit en travers de ses lèvres. Des sons étouffés venaient d'un petit corridor de droite à quelques mètres d'eux.

– On dirait des coups de feu.

Dans l'une des familles d'accueil où Nathan demeura, la famille voisine avait été abattue par un voleur armé. Les cris de la mère entrecoupés du son des détonations ne s'effacèrent jamais de sa mémoire.

– Que faites-vous ici ? Vous êtes loin de vos salles de classe !

Un homme dans le début de la trentaine s'adressait à eux. D'un mètre quatre-vingt environ, son crâne rasé lui donnait une allure sévère. Vêtu d'un pantalon cargo noir, de bottes de combat de type militaire et d'un t-shirt noir sans le logo de Millepertuis, l'homme les regarda.

– Vous êtes du groupe violet, à ce que je vois. C'est sensei Nakamura qui vous supervise.

Nathan eut une intuition et se dépêcha de glisser quelques mots.

– Oui, mais M. Smith aussi s'occupe de nous.

Son intervention porta ses fruits. L'homme dévisagea Nathan et il leur dit de l'attendre là. Il alla vers la porte d'où venaient les coups de feu et revint au bout de quelques instants. M. Smith le suivait.

– Je constate que vous avez décidé de pousser plus loin l'exploration de St-Jude. Merci, Robert.

L'homme chauve retourna dans la pièce d'où venait M. Smith. Joanna se sentit obligée de défendre les garçons.

– Je suis la seule responsable, Monsieur, c'est moi qui ai entraîné les copains ici.

– Tu n'as pas à t'excuser, Joanna, est-ce que tu as vu des interdictions ? Lorsque ce n'est pas permis d'entrer, la porte est simplement fermée à clé.

Nathan ferma son poing et le ramena rapidement à la hanche en signe de victoire. Il avait remarqué que les coups de feu avaient cessé depuis que M. Smith se trouvait avec eux.

– C'est une salle de tir qu'il y a là, n'est-ce pas ? On peut aller la visiter ?

M. Smith sembla hésiter un instant, puis il fit signe aux jeunes de le suivre. Une salle très longue comportant six corridors de tir s'offrait à leurs yeux. Quelques personnes s'y trouvaient, préparant différentes armes. Une des cibles qui semblait très éloignée se rapprochait graduellement. Lorsqu'elle arriva à destination, Robert la décrocha et l'apporta à M. Smith.

– Votre cible, commandant.

Le centre de la cible en papier était pratiquement inexistant, un seul orifice à quelques centimètres du centre sembla avoir échappé à l'attraction de ce trou noir.

– Vous êtes commandant ? demanda Nathan.

– Oui, mais on pourra en discuter une autre fois. Que diriez-vous d'essayer de tirer avec nous ? Normalement nous ne sommes pas censés vous laisser manipuler les armes compte tenu de votre âge, mais je pense qu'ici personne ne nous dénoncera. Pas vrai, les gars ?

Les hommes acquiescèrent. Robert alla avec Joanna, un autre homme prit Buns en charge et M. Smith garda Nathan sous sa tutelle. Ils donnèrent au trio un cours de base sur les rudiments des armes à feu. Pour l'exercice, ils utilisèrent des pistolets de petit calibre afin d'éviter les accidents dus au recul. Tous trois réalisèrent assez rapidement que ce n'était pas aussi facile qu'il y paraissait au cinéma. Le centre de la cible immobile devait être plus petit que les cibles au grand écran, car il s'écoula un certain temps avant qu'un projectile laisse sa trace au centre de l'une d'elles. Ce fut Joanna qui eut l'honneur d'atteindre le centre en premier. Chacun des jeunes avait tiré un peu plus d'une centaine de projectiles lorsque M. Smith ordonna de ranger les armes. Joanna enleva ses protecteurs auditifs.

– Je pensais avoir peur de tenir une arme, mais ç'a été drôlement le fun.

– Et vous, les gars, avez-vous apprécié cette expérience ?

La réponse fut positive pour les deux. M. Smith demanda aux jeunes de ne pas raconter aux autres cet entraînement au tir. En théorie, ils étaient trop jeunes et n'auraient pas dû être là. Les trois firent la promesse de garder le secret. M. Smith les raccompagna, car ils auraient été incapables de retrouver le chemin par eux-mêmes.

– C'est quoi, ces étranges signes que l'on retrouve sur certaines pancartes ? demanda Nathan.

– Ça indique différentes salles. C'est écrit en sumérien.

– En sumérien, c'est quoi ce délire ? demanda Buns, utilisant son tact habituel.

– Ça vient probablement de l'un des fondateurs de Millepertuis qui devait apprécier cette langue. Par tradition, certains endroits sont encore inscrits dans cette langue. J'avoue que ça m'a toujours intrigué. Mais si c'est comme ça, c'est comme ça.

L'explication de M. Smith pouvait laisser perplexe. Au détour d'un corridor, Nathan vit un écriteau dans un langage qu'il connaissait bien. Un seul mot s'y trouvait inscrit : Lucy.

– Le bureau de Lucy. On peut la rencontrer ? Depuis mon premier soir à St-Jude, je suis curieux de la croiser.

M. Smith afficha un large sourire en regardant Nathan.

– Je pense que ça peut s'arranger.

Il se dirigea vers la porte, suivi des trois jeunes.

– Bonjour Lucy, mes trois amis ici aimeraient bien te rencontrer.

– Bonjour, M. Smith, bonjour, Nathan, bonjour, Joanna et bonjour, Buns. Vous pouvez entrer.

Un léger bruit indiqua que la porte venait de se déverrouiller, donnant accès à une salle un peu sombre, qui s'illumina automatiquement à leur arrivée.

– Je vous présente Lucy, dit M. Smith.

Derrière un mur vitré se trouvaient deux grandes structures, qui pouvaient ressembler à des armoires noires, assez hautes, trois lettres étaient inscrites sur la partie gauche de la structure. Les lettres IBM en gros caractères blancs ressortaient de l'armature. Sur la partie droite, plus petites, quatre lettres blanches apparaissaient, « LUCY ». Derrière les panneaux opaques, quelques diodes réussissaient à traverser le verre fumé des panneaux de protections.

– Lucy est un ordinateur, c'est pour ça que vous disiez qu'elle était pleine de boutons.

– Eh oui, Nathan, je te présente Lucy.

– Bonjour, Nathan, je suis enchantée de te revoir.

– Vous parlez, comment est-ce possible ?

– Depuis plus de deux ans, des chercheurs travaillent à développer mon interface vocale. Je comprends de plus en plus d'expression que les humains utilisent. J'apprends et je m'améliore de jour en jour. Alors, comment se passe ton séjour à St-Jude ?

– Bien, merci.

De tous les trois, c'est Joanna qui paraissait la moins surprise.

– Lucy, est-ce que tu connais tout le monde à St-Jude ?

– Oui, je suis relié au système vidéo de St-Jude. De plus, mon accès à vos dossiers me permet de connaître tout le monde.

– Mais, Lucy, pourquoi faut-il que tu connaisses tout le monde ?

La question de Buns paraissait pertinente.

– Mon but est d'aider et de protéger les gens qui demeurent à St-Jude.

– Bien, il faut que je vous raccompagne, interrompit M. Smith. J'ai un rendez-vous dans quelques heures avec un ami.

Les jeunes saluèrent Lucy qui retourna très poliment leurs salutations.

– Bonjour, vous tous, à bientôt j'espère, passez une bonne journée.

Le groupe reprit le chemin des corridors souterrains. Buns se montra intrigué par tout ce qui concernait Lucy.

– C'est le même type d'ordinateur qui avait battu Garry Kasparov aux échecs, n'est-ce pas ?

– Oui, mais Deep Blue, l'ordinateur qui l'avait battu en 1997, fait piètre figure comparé à Lucy. Vous connaissez peut-être Watson, un autre ordinateur qui s'est démarqué en jouant à *Jeopardy*. Lucy est de loin supérieure à Watson, elle est de la dernière génération de superordinateurs. Sa façon de penser se rapproche davantage du raisonnement humain, répondit M. Smith.

– Il faut que Lucy soit intelligente pour nous répondre comme ça ? dit Joanna.

– Pour un ordinateur oui, mais elle ne possède aucune conscience d'exister. Ses réponses sont simplement le fruit d'une programmation adéquate. Ne vous inquiétez pas, on est encore loin du film Terminator.

Buns voulait en savoir plus long concernant le réseau informatique de St-Jude.

– J'imagine que tout le réseau informatique de St-Jude passe par Lucy. C'est pourquoi nos recherches se font si rapidement sur les ordinateurs.

Buns avait rajouté cette phrase sur les recherches pour ne pas éveiller l'attention de M. Smith sur son idée de pirater le réseau.

– Oui, Buns, Lucy règle une grande partie de la vie de St-Jude.

Chapitre 33
Une ballade avec M. Smith

Cela faisait longtemps que Nathan n'avait pas mis les pieds ailleurs qu'à l'intérieur de l'enceinte de St-Jude. L'Idée d'aller faire une balade en ville avec M. Smith lui plut particulièrement. La veille, au moment de quitter les jeunes après la visite au champ de tir et la présentation de Lucy, M. Smith s'était arrêté, avait regardé Nathan et lui avait fait une proposition.

– Demain, il faut que j'aille en ville voir un ami. Aimerais-tu faire la promenade avec moi, Nathan ?

Avant même que Nathan ne réponde, il s'adressa à Buns et Joanna en ajoutant qu'il ne pouvait faire l'offre qu'à une seule personne, la voiture ne possédant que deux sièges.

Nathan regarda M. Smith avec suspicion. Il ne pouvait concevoir que M. Smith mentait. Nathan préféra penser que la petite Ford Fiesta serait pleine de bagages. Il idéalisait M. Smith. Peut-être avait-il mis la barre trop haute ? Le seul moyen de savoir s'il mentait fut d'accepter l'invitation. Comme prévu, Nathan se rendit au stationnement pour 9 heures le lendemain matin. Il chercha la petite Ford Fiesta, mais il ne la vit nulle part. Peut-être que M. Smith avait décidé de partir sans lui. Il attendit dix minutes de plus et s'apprêta piteusement à retourner rejoindre ses amis lorsque M. Smith arriva.

– Je suis, désolé de mon retard, Nathan. M. Whitterdale a demandé à me voir juste avant que je parte. Mais maintenant, je suis prêt, allons-y.

– Oui, mais je ne vois pas votre voiture, où est-elle ?

– On va prendre l'autre.

En disant cela, M. Smith se dirigea vers la Ferrari rouge.

– Nous prendrons celle-ci, aujourd'hui. J'ai prêté ma voiture à un ami. Elle est un peu plus voyante que ma Fiesta, mais ça devrait faire l'affaire. Alors, tu viens ou pas ?

L'état de contemplation dans lequel se trouvait Nathan devant le bolide lui fit oublier que même une Ferrari possède une porte pour que l'on puisse y accéder. Il finit par se positionner sur le siège de cuir. Il eut l'impression de s'asseoir au sol. Le galbe du siège le soutint sans qu'il ne puisse bouger au moment où M. Smith appuya à fond sur l'accélérateur. Nathan eut une sensation d'écrasement sous le nombre de G.

– Désolé, je suis un peu pressé, n'oublie pas d'attacher ta ceinture.

Nathan sourit à l'idée qu'il avait toujours cru que M. Smith était un pépère au volant. Que ce soit pour désarmer un truand, placer une balle au centre d'une cible, ou pour conduire une voiture sport avec maestria, M. Smith démontrait qu'il possédait de multiples talents. À la vitesse où les kilomètres déferlaient sous la voiture, les 120 kilomètres séparant St-Jude de la boutique où devait se rendre M. Smith se feraient en un temps record. L'occasion semblait rêvée pour que Nathan l'interroge.

– Je peux vous poser des questions sur ma mère ?

– Bien sûr.

– Quel genre de mission devait faire ma mère au sein de Sierra 2 ?

Nathan eut l'impression que la voiture venait subitement d'accélérer durant un court instant.

– Où as-tu pris cette information ?

En disant cela, M. Smith qui roulait à environ 170 km heure, délaissa la route de son regard, pour observer Nathan. Durant un instant, il eut ce regard qui paraissait si vide, mais en même temps, si pénétrant. Nathan lui raconta l'anecdote de la panne de courant et sa brève infiltration dans le réseau de Millepertuis.

– Malheureusement, je n'ai pas eu le temps de voir si le nom de ma mère figurait parmi ceux des membres assassinés. Ça confirmerait que la mort de ma mère n'était pas accidentelle. Que savez-vous de la mort de ma mère ?

– Lorsque ta mère eut son accident, je me trouvais à l'extérieur du pays. Je suis revenu environ six mois après. Je n'ai malheureusement pas pu aller à son enterrement. Mais tes découvertes m'intriguent. Je vais regarder de mon côté pour voir si je ne trouverais pas quelque chose.

– Pourquoi feriez-vous ça ?

– Ta mère m'a déjà sauvé la vie. Je lui dois bien ça.

– Vous n'avez pas trouvé ça suspect, son accident ?

– Non, je n'avais aucune raison de croire à un complot.

– Mais si ma mère travaillait officiellement comme policière, comment a-t-elle pu faire des opérations militaires en même temps, ça n'a pas de sens ?

– Certaines personnes ont parfois des statuts spéciaux. En cas de besoin, il est facile de prendre quelques semaines de congé du travail policier et de s'associer à une opération. Les corps policiers coopèrent sans problème lorsqu'il s'agit d'emprunter un agent de la sorte. En échange, ils utilisent parfois les services de renseignements de ces organisations.

M. Smith venait de répondre à plusieurs questions que Nathan se posait sur le chevauchement de certaines périodes de la vie de sa mère, entre ses occupations paramilitaires de Millepertuis et son travail de policier. Il continua de poser ses questions.

– Mais pourquoi quelqu'un aurait voulu assassiner ma mère et ses compagnons ?

– Je n'en sais pas plus que toi. Pour l'instant, on ne peut rien faire, mais je te promets que je vais enquêter pour en savoir plus.

Une auto de police apparut derrière la Ferrari. M. Smith rangea la voiture sur le côté droit de la route. Un policier sortit de la voiture. Les gyrophares attiraient l'attention de tous les véhicules qui passaient. La plupart des conducteurs de ces véhicules affichaient un large sourire en voyant le conducteur de la Ferrari se faire arrêter pour excès de vitesse. L'agent, un colosse de plus de deux mètres, demanda le permis de conduire de M. Smith. Il disparut quelques minutes dans sa voiture. La présence du policier ne sembla pas troubler M. Smith.

– Ne t'inquiète pas, ça ne devrait pas être long.

– J'ai l'impression que ça va vous coûter cher, à la vitesse où nous roulions.

En disant cela, Nathan secoua sa main droite près de son visage. Le policier revint avec le permis de conduire de M. Smith entre ses mains.

– Je m'excuse de vous avoir dérangé. Mais si vous pouviez ralentir un peu, ça serait grandement apprécié.

– Pas de problèmes, Monsieur l'agent, je vais faire plus attention et je vous promets de ralentir.

– Quoi, vous n'avez pas de contravention ? Vous rouliez à plus de 160 kilomètres dans une zone de 100.

– Oui, parfois la vie nous réserve quelques surprises comme cela.

La Ferrari reprit la route, mais ne dépassa pas 150 km heures cette fois-ci. Tel que promis, M. Smith conduisit plus lentement. Il devait être tout près de 11 heures lorsqu'ils arrivèrent à destination dans le quartier chinois. M. Smith gara la voiture dans un stationnement privé, près de la guérite. Le gardien, un chinois dans la cinquantaine, fit un accueil chaleureux à M. Smith. En prenant les clefs de la voiture, il donna une bonne tape amicale dans le dos de M. Smith. Ils échangèrent quelques mots que Nathan ne comprenait pas, et ils se mirent à rire bruyamment.

– Alors, tu viens ? Ce n'est pas loin, c'est juste de l'autre côté de la rue.

M. Smith pointa son index en direction d'une boutique qu'il aurait été difficile de classer. Peut-être un antiquaire, peut-être une bicoque qui vendait quelques mystérieuses potions sorties tout droit du film *Big trouble in little China*, un film où Kurt Russel était la vedette. Ou peut-être une boutique de gadgets en tout genre, il semblait impossible de classifier cette boutique. Excité de découvrir les secrets que pouvait receler cet endroit, Nathan poussa la porte décorée de quelques affiches publicitaires écrites en langue chinoise. À peine entre-ouverte, la porte frappa une clochette au timbre clair. Un vieux chinois dans les soixante-dix ans, vêtu d'une veste comme en portent les pratiquants de kung-fu, probablement pour faire plus exotique, regarda Nathan d'un air sévère. Il n'était pas rare que des jeunes entrent dans sa boutique en groupe dans le but de commettre quelques larcins. Son attitude changea aussitôt qu'il vit M. Smith derrière le jeune indésirable.

Nathan ne comprit rien dans les paroles qui s'échangèrent entre le propriétaire de la boutique et M. Smith. Le vieil homme et M. Smith firent une accolade qui, aux yeux de Nathan, ne laissait aucun doute sur l'amitié qui les liait. La plupart des gens font ce geste par convention ou politesse et non par sincérité de cœur. Seuls les gens ayant partagé de difficiles épreuves ou partagés des dangers menaçants pour leurs vies démontraient autant d'intensité lors d'une telle accolade. L'homme délaissa M. Smith et se tourna vers une porte cachée par tout le bazar se trouvant dans la boutique. Il haussa le ton en prononçant une phrase que Nathan pensait être du mandarin. Le seul mot que Nathan comprit fut le mot « Smith ».

Vêtue d'un long tablier jaune à motif fleuri, une minuscule dame âgée sortit de derrière la pile d'articles hétéroclites, accrochant ce qui sembla être un amoncellement de calendriers au passage. Elle saisit quelques boîtes, mais les laissa tomber sur le comptoir en regardant M. Smith. Ses yeux déjà bridés se refermèrent davantage en le regardant. Elle alla directement vers lui sans dire un mot, son sourire suffisait à transmettre ses émotions. Elle mit ses bras sur sa poitrine et se colla fortement contre la poitrine de M. Smith qui l'enlaça tendrement. Elle demeura là de longues secondes avant de se séparer de M. Smith qui lui donna des baisers sur chaque joue tout en lui parlant dans cette langue que Nathan ne comprenait pas. Le mari de la dame profita de ce moment pour tourner une petite pancarte en carton, indiquant la fermeture de la boutique.

– Alors, qui est ce beau jeune homme que tu nous amènes là ? dit la dame, d'une voix calme et décontractée.

Par politesse, ou par gentillesse, elle abandonna sa langue natale pour celle de son pays d'adoption. M. Smith fit les présentations. Lo Shen passa sa main dans les cheveux de Nathan, le colla à elle et lui donna un baiser sur le front avant de le presser fortement contre elle. Nathan n'était certes pas habitué à des familiarités aussi rapides. Il devint rouge. Les souvenirs sont périssables. Avec le temps, ils finissent toujours par s'altérer, se déformer et parfois s'effacer à un point tel qu'on ne peut les retrouver que dans les replis les plus profonds de notre subconscient. Parfois, un événement, un lieu, un contact ou une odeur fait resurgir l'ombre de ces souvenirs. C'est ce qui se passa avec Nathan lorsque Lo Shen le serra très fort dans ses bras. Le souvenir tactile de sa mère qui l'enlaçait, ce sentiment de sécurité que seuls peuvent donner les bras d'une mère, cette étrange sensation de pouvoir s'abandonner lui revint. Lo Shen venait de lui offrir un cadeau qui ébranla Nahan. Ses yeux s'humectèrent à la réminiscence de ce contact oublié depuis si longtemps.

Après toutes ces civilités, Lo Shen apporta une assiette avec différents *dim sun*, ces petits sacs de pâtes renfermant toutes sortes de choses délicieuses à manger. Avant leur arrivée, elle en avait cuisiné différentes sortes, dont un végétarien sur lequel Nathan jeta son dévolu. Il en essaya quelques autres, dont un savoureux aux fruits de mer, mais ses favoris demeuraient les végétariens. Lo Shen avait une façon bien à elle d'apprêter les légumes qu'elle y avait mis.

Durant ce temps, le mari de Lo Shen sortit d'un placard un étrange objet de couleur bronze. L'objet cylindrique, long d'environ quinze centimètres, possédait quatre branches recourbées à chaque extrémité qui en rejoignait une cinquième au centre. Ce *vajra*, nom qu'avait donné M. Smith au mystérieux objet, était un outil de méditation utilisé par les moines tibétains. Le centre légèrement bombé facilitait la prise en main de ce *dorje*. Trois petits anneaux en relief bordaient le centre arrondi du *vajra*. M. Smith remit de l'argent en échange du précieux objet. L'homme âgé voulut refuser l'argent, mais M. Smith s'adressa à lui en mandarin, et l'homme s'inclina respectueusement à plusieurs reprises avant de prendre les billets.

Après une bonne heure à discuter de choses et d'autres, M. Smith et Nathan quittèrent la boutique. Nathan ne partit pas les mains vides. Le couple lui fit cadeau d'un étrange objet. Un manche de bois sculpté auquel se trouvait fixée une espèce de cylindre argenté. Sur le contour du barillet, des caractères se trouvaient gravés. M. Smith expliqua à Nathan que ces idéogrammes étaient de langue tibétaine. Une chaîne avec une petite pesée fixée au barillet permettait à ce dernier de pivoter sur le manche de bois lorsque l'on donnait des mouvements de rotations à la chaînette. Une fois dans la voiture, Nathan s'amusait à faire tourner l'objet.

– C'est un magnifique cadeau qu'ils t'ont offert. C'est un moulin à prières tibétain. À l'intérieur du barillet se trouvent des prières. En théorie, on ne doit pas l'ouvrir. Mais comme il est difficile de résister à l'envie d'y jeter un œil, il faut prendre garde de ne pas laisser dérouler le parchemin qui s'y trouve. En agitant le barillet, tu peux demander aux esprits de t'aider et de te conseiller.

– Vous croyez à tout ça, ces choses-là ?

– Oui, je crois qu'il y a des forces supérieures.

– Ils ont l'air de drôlement vous aimer, ces gens-là. Comment les avez-vous connus ?

– Je n'ai pas fait grand-chose, je les ai simplement aidés à s'établir dans notre pays.

– En tout cas, ils semblent très reconnaissants. C'est quoi, l'objet que vous avez acheté ?

– C'est un *dorje* de méditation tibétaine. Lorsque les Chinois ont envahi le Tibet, plusieurs objets ont été, disons, perdus. Ce *vajra* appartenait à un moine qui fut un bon ami de mon père. Il a une valeur sentimentale très grande pour moi.

– Qu'allez-vous en faire ?

– Je vais simplement le mettre avec le reste de ma collection. Je possède suffisamment d'objets tibétains anciens pour que certains musées empruntent ma collection et les exhibent.

Nathan sembla impressionné, mais surtout intrigué par ce qu'il découvrait graduellement de M. Smith.

– Lorsque l'ordre sera revenu pour les Tibétains, j'ai l'intention de retourner tous ces objets dans des temples. Ça sera ma petite contribution pour aider à maintenir cette magnifique culture.

Le retour se fit plus lentement qu'à l'aller. Le Ferrari ne dépassa pas les 120 km à l'heure.

Chapitre 34
Second triangle

La nuit s'accompagna de quelques rêves où s'entremêlaient moulin à prières et *vajra*, ce petit objet de bronze servant à méditer. Dans son dernier rêve, Nathan se trouvait dans un temple au sommet d'une montagne enneigée. Un chien hurlait au pied du temple, il semblait appeler à l'aide, chacun de ses hurlements paraissait surgir d'un passé lointain, chacun de ses hurlements donnait l'impression de chercher de l'aide à travers non seulement l'espace, mais également à travers le temps. Plus le chien semblait appeler à l'aide, plus le temple se désagrégeait. Les colonnes sculptées et ornées des mots magiques nécessaires à protéger le temple tombaient une à une. Les tuiles du toit glissaient, entourant le chien qui tremblait en regardant le temple se disloquer. Le chien se tourna vers Nathan pour une dernière supplication, demandant une aide que Nathan ne pouvait donner. À la chute du dernier pan de mur, comme le temple, le chien se coucha. Il lança un hurlement final, laissant son regard imprégner l'âme de Nathan qui ne pouvait se détourner du regard suppliant du chien.

Le radio-réveil de Nathan brisa le fragile lien que le chien avait établi avec lui. Il appuya sur l'arrêt de l'appareil. Le silence envahit la chambre de Nathan à l'exception du hurlement d'un animal. Nathan se hissa jusqu'à sa fenêtre. Il eut l'impression de voir un loup au loin. L'animal regardait dans sa direction. Après que son regard eut croisé celui de Nathan, il cessa ses hurlements et disparut derrière des arbres. Nathan se doutait bien que ce n'était qu'un hasard, mais il avait l'intuition que ce dimanche serait assez particulier. Il prit dans ses mains le moulin à prières qu'il avait reçu la veille, le fit tourner et ferma les yeux, en une courte méditation dont lui seul connaissait l'objectif.

Après le petit-déjeuner, le groupe murasaki se rendit au dojo pour un cours qu'il appelait maintenant « cours irrégulier » avec sensei Nakamura. C'est ainsi que les étudiants nommèrent les cours-surprises qui leur étaient offerts de temps à autre, les fins de semaine.

Sensei Nakamura les fit asseoir sur le tatami.

– Nous allons maintenant nous entretenir sur le deuxième triangle. On a parlé quelques fois de l'importance de la technique, de la vitesse et de notre forme physique. Tout ça, c'est bien joli, mais en vieillissant, vous devrez changer ces paramètres si vous désirez vous améliorer.

Buns leva la main.

– Sensei, quand vous parlez de vieillir et de changer ces aspects de nos arts martiaux, à quel âge faites-vous allusion ?

– On ne peut mettre d'âge fixe, mais généralement à partir de, disons, trente-cinq ans, votre potentiel martial diminue pour toutes sortes de raisons. Des obligations sociales tels la famille ou le travail qui vous empêcheront de mettre autant de temps à l'entraînement, donc votre technique stagnera ou même régressera avec le temps. De plus, lorsqu'on se limite à mémoriser les techniques, cette façon de faire devient de moins en moins fiable en vieillissant. La mémoire diminue avec l'âge. Bon qu'est-ce que je disais, où en étais-je ?

En feignant ainsi un blanc de mémoire, sensei Nakamura savait qu'il déclencherait des rires au sein du groupe. Il reprit cependant rapidement le contrôle de la situation.

– Votre vitesse diminuera passé cet âge, la preuve, il y a peu de champions olympiques dépassant la trentaine. Pour ce qui est de la résistance physique, on n'a qu'à regarder les gens en haut de cette date de péremption pour constater que les bedaines se font de plus en plus grosses.

En disant cela, sensei Nakamura se mit à rire ce qui eut un effet d'entraînement immédiat chez les jeunes. Plusieurs se gonflèrent les bajoues pour démontrer l'effet de l'obésité.

– Pour compenser la technique, nous utiliserons le *feeling*, c'est le terme le mieux approprié pour décrire nos besoins à ce niveau. Apprendre les techniques est indispensable. Mais il ne faut pas demeurer prisonnier de la technique. La technique est comme la coquille d'un œuf. Elle est nécessaire pour construire la vie. Mais à un moment donné, l'oiseau doit briser la coquille pour s'envoler librement.

Sensei Nakamura prit une courte pause afin que chaque jeune puisse voir l'image qu'il voulait transmettre.

– Si vous devez défendre votre vie et que vous basez votre défense sur la technique, vous risquez de mourir. Si votre adversaire vous attaque exactement comme vous l'avez appris dans la technique, vous avez des chances de survivre. Mais les possibilités qu'il vous attaque différemment, même légèrement, sont beaucoup plus grandes. Votre technique qui repose sur une référence mnémonique n'aura pas le temps de s'adapter.

Le sensei prit une grande respiration en examinant les jeunes. Une fois de plus, ils étaient avec lui à cent pour cent. Sensei Nakamura laissa volontairement des pauses. En laissant le temps se dilater ainsi, il permettait aux jeunes de mieux assimiler son enseignement. La maîtrise du temps est un allié indispensable pour un expert en arts martiaux. Sensei Nakamura continua ses explications.

– Il faut apprendre à se fier à son *feeling*, les techniques ne sont que des outils qu'on utilisera en les adaptant à nos besoins. Votre *feeling* vous dictera comment vous positionner dans une attaque auquel vous n'aurez jamais été confronté. C'est un lien direct avec votre instinct animal et votre instinct de survie. Ça devient presque de la précognition, vous en arriverez à sentir ce que pourra faire votre adversaire, avant même que son corps ne bouge. C'est un peu comme un jeu d'échecs, vous en viendrez à placer les pions de telle manière que votre attaquant n'aura pas le choix d'effectuer les stratégies que vous voudrez bien lui laisser faire. Mais la stratégie passera par l'instinct et non par l'intellect.

Sensei Nakamura savait que ce qu'il venait de dire pouvait être difficile à comprendre pour des jeunes possédant aussi peu d'expérience de la vie. Mais il venait de planter une petite graine, qui un jour, à l'aide du temps, se développerait en une merveilleuse fleur de connaissance.

– Un deuxième côté de notre premier triangle est la vitesse. Mon professeur, qui fêtera ses 82 ans au début décembre, est beaucoup plus rapide que je ne le suis.

Joanna leva la main en agitant le bras. Elle voulait être certaine d'attirer l'attention.

– Oui, Joanna ?

– Sensei, vous voulez dire que vous avez un professeur, vous aussi, que vous continuez d'apprendre ?

– C'est exact, Joanna. Dans les arts martiaux traditionnels comme le nôtre, nous n'avons jamais terminé d'apprendre. Mon professeur apprend encore. Il découvre de nouveaux principes, de nouvelles stratégies, il ne cesse de s'améliorer.

– Comment peut-il faire cela, à son âge ? Il n'a certainement plus de professeur ?

– D'une certaine manière, on peut dire que tous les maîtres décédés avant lui continuent de l'influencer et de lui enseigner. Ils lui ont transmis des parchemins sur lesquels ils ont écrit leurs secrets. Mais ça va plus loin que ça, ils lui ont transmis et nous transmettent également à nous, une énergie qui nous permet d'évoluer davantage.

Joanna ne parlait plus. Mais si, à la place du cerveau, on avait un petit hamster qui court dans une roue d'exercice comme dans l'émission les Simpson, celui de Joanna courrait à fond de train. Sensei Nakamura reprit ses explications.

– La vitesse diminuant avec l'âge, on doit simplement la compenser par le *timing* dans nos déplacements et dans nos techniques. Je vais vous donner un exemple concret.

Il fit venir Dennys et Nathan à l'avant du groupe. Il demanda à Nathan de frapper Dennys le plus rapidement possible. Dennys recula en bloquant l'attaque de son avant-bras gauche d'un mouvement similaire à celui d'un essuie-glace de voiture, déplaçant le poing agresseur vers sa gauche. Il avança ensuite pour donner un coup de poing droit au plexus de Nathan. Il arrêta le coup pour ne pas blesser Nathan.

– Est-ce que vous avez remarqué la vitesse qui a été nécessaire à Dennys pour faire cette manœuvre ?

Tous furent unanimes pour dire que Dennys possédait une vitesse supérieure à la moyenne des gens. Sensei Nakamura demanda à Nathan de le frapper à une vitesse encore plus grande s'il le pouvait. Au moment où le poing arrivait, sensei Nakamura avança simplement sa jambe droite vers l'avant pour éviter le poing, sa main gauche se porta sur l'avant-bras droit de Nathan et de sa main droite, il mit deux doigts à la base du cou, ce qui fit tousser Nathan et le rendit incapable de se défendre de quelque manière que ce soit. Le déplacement de sensei Nakamura parut presque au ralenti comparé à celui de Dennys. Comme ce dernier était plus rapide que Nathan, il recommença la manœuvre avec lui. Même résultat à une exception près, sensei bougea encore plus lentement que la première fois.

– Il ne faut pas confondre impression de vitesse et vitesse.

Depuis le début, les jeunes éprouvaient de la fierté de pouvoir apprendre avec un professeur du niveau de sensei Nakamura. Mais cette fois-ci, il venait de gravir plusieurs échelons dans l'estime des jeunes. Dans leur esprit, sensei Nakamura était un grand professeur.

– Enfin, notre troisième côté du premier triangle, qui est la force, devra lui aussi être abandonné petit à petit. On substituera la précision à la force brute. Mon professeur n'a plus la force physique qu'il possédait dans sa jeunesse. Mais je peux vous assurer que lorsqu'il le veut, il peut générer une douleur incroyable. À mon dernier voyage, il agrippa une personne par la main. Cette personne se tordait de douleur sans que mon professeur ne lui fasse de torsion de doigts. Je croyais que l'étudiant qui subissait la technique feignait. J'ai fait la gaffe de demander à mon professeur d'exécuter la technique sur moi. Il m'a amené sur le bord de l'évanouissement. Des zones noires commençaient à apparaître dans mon champ de vision. Chaque fois qu'il me relâchait à mon grand soulagement, il récupérait un autre endroit et la douleur revenait, intense et profonde. La plupart des jeunes paraissaient mal à l'aise en écoutant ainsi sensei Nakamura raconter ses souffrances.

– Sensei, pourquoi est-ce qu'il fait mal à ses étudiants de la sorte ? Ce n'est pas logique, dit Émilie.

– Parce que la douleur nous permet de comprendre comment fonctionne la technique. Il faut faire attention cependant. On doit prendre soin de ne rien faire qui puisse laisser de dommages à long terme. J'ai trop vu de professeurs s'amuser à faire souffrir leurs étudiants en ignorant qu'à longue échéance, ces étudiants garderaient des traces de ces mauvais entraînements. Si un professeur fait mal à ses étudiants et que par cette douleur il évacue son stress, alors ça devient malsain. Par contre, si le professeur le fait pour l'étudiant et que celui-ci n'en garde aucune séquelle; dans ce cas, je ne vois aucun problème avec ça.

Sensei Nakamura demanda à Buns de saisir Joanna au collet. Elle riposta en donnant deux coups de poing sur les avant-bras de Buns pour le faire lâcher, un coup de genou aux parties, passa ses deux mains derrière la tête de Buns pour l'agripper, tira sa tête vers le bas et feinta de remonter son genou droit sur le visage de Buns. Lorsqu'elle relâcha Buns, ce dernier semblait complètement déstabilisé, il ne s'attendait pas à une réaction aussi intense de la part de Joanna. Tous les étudiants applaudirent Joanna pour sa prestation.

– La technique de Joanna est excellente, mais est-ce qu'elle pourra la refaire à soixante-dix ans ? Je n'en suis pas certain. Buns, agrippe-moi de la même manière.

Sensei Nakamura mit ses mains au niveau du pli des coudes de Buns. Ce dernier tomba à genou en se tordant de douleur. Il frappa ensuite légèrement sur le côté du cou de Buns, ce dernier se mit à chanceler. Sensei le récupéra et fit un point de pression au visage pour stimuler Buns avant qu'il ne s'évanouisse. La démonstration fut accompagnée de plusieurs exclamations des étudiants.

– Buns, peut-tu décrire ce que tu viens de vivre ?

– C'est difficile à dire, j'ai ressenti une douleur aux bras et subitement, mes jambes sont devenues complètement molles, comme de la guenille. Ensuite j'ai eu l'impression qu'on me touchait au cou, puis tout est devenu noir. Peu après, j'ai eu l'impression qu'une brise soufflait dans mon visage. J'ai perdu le cap durant un certain temps, je n'ai aucune idée du temps que cela a duré.

– Est-ce que vous avez eu l'impression que j'ai été obligé d'utiliser de la force physique pour arriver à ce résultat ?

Toutes les têtes firent signe que non. La plupart des étudiants semblaient toujours sur le choc de ce qu'ils venaient de voir. On pouvait maîtriser des gens aussi facilement, ça semblait irréel.

– J'ai simplement utilisé des points vulnérables du corps pour maîtriser Buns. Mais pour arriver à atteindre ces points, l'élément clef est la précision.

Sensei Nakamura prit une grande respiration, examina longuement les visages des jeunes et jugea qu'ils en avaient suffisamment à digérer pour le moment. Il n'alla pas plus loin dans ses explications martiales concernant le second triangle. Mais comme on peut appliquer les arts martiaux dans notre vie de tous les jours, il enchaîna de quelques remarques supplémentaires.

– Ces techniques peuvent se transposer au quotidien. Vous possédez votre commerce de vente d'orange et vous faites une grande campagne publicitaire dans tous les médias une fois par année, ça ne donnera probablement pas grand-chose. Vous devez plutôt chercher un public cible, par exemple les jeunes parents de 25 à 30 ans. Vous remplacez alors la force par la précision. Au lieu de faire une grande publicité une fois par année, vous en faites régulièrement dans ce groupe d'âge, alors les parents enseigneront à leurs enfants les bienfaits des fruits et les petits enfants en réclameront aux grands-parents.

Sensei Nakamura prit le temps de s'asseoir sur le tatami.

– Votre compétiteur fait une publicité sur ses oranges. Vous vous dépêchez de faire une contre-publicité. Vous utilisez la vitesse. Le *timing* sera plutôt de choisir le bon moment. Il y a une semaine de congé pédagogique pour les jeunes, ils seront à la maison plus souvent. Peut-être est-ce le bon temps pour faire votre publicité afin que les parents soient sûrs de ne pas manquer d'oranges. S'il y a pénurie d'oranges, peut-être que les enfants se retourneront vers les croustilles et le chocolat pour combler leurs fringales.

Sensei Nakamura regarda le sol, hochant légèrement la tête en cherchant les mots idéaux pour que les jeunes comprennent ce qu'il voulait dire.

– Enfin, vous pouvez certes utiliser toutes les techniques conventionnelles pour faire vos publicités, mais peut-être que, si vous écoutez votre instinct, votre *feeling*, vous aurez des idées nouvelles, innovatrices, pour transmettre votre information. Il faut apprendre à quitter votre coquille et à oser vous envoler.

Chapitre 35
L'ami d'Émilie

Pour ce dernier samedi de novembre, étudier figurait en première place à l'agenda de Nathan. Il sortit de sa chambre pour les repas, discuta un peu avec ses amis. Il retourna ensuite à sa chambre, la priorité étant consacrée aux leçons et aux travaux qu'il devait remettre dans la semaine.

Vers quatorze heures, on cogna à la porte de sa chambre. En entrouvrant la porte, il vit Émilie qui lui faisait un sourire. Ses longs cheveux bouclés semblaient plus emmêlés qu'à l'habitude. Derrière elle se tenait Simon, de l'équipe des rouges. Il avait dans ses mains son ordinateur portable, gracieuseté de Millepertuis.

– On peut entrer ? Simon pense qu'il peut s'introduire dans le réseau de Millepertuis.

Nathan ouvrit la porte, laissant entrer le couple le plus populaire de St-Jude et referma la porte en jetant un coup d'œil dans le corridor. Une conspiration ne demandait pas moins de précautions. Simon en vint rapidement au fait.

– Buns m'a parlé de Lucy. Avec ce type d'ordinateur, on ne pourra maintenir la connexion très longtemps. Pour éviter d'être repéré, je vais passer par des *proxys*, mais ça ne prendra pas de temps pour qu'ils nous déconnectent du réseau et ça sera plus difficile de recommencer par la suite. Je suis allé jeter un coup d'œil du côté de ce réseau caché. Je n'en avais jamais vu d'aussi bien protégé. Même les gouvernements n'ont pas de tels systèmes. Mais j'ai fait un petit logiciel qui pourra peut-être nous permettre d'y accéder si tout se déroule comme je le veux.

Pour Nathan l'ordinateur n'était qu'un outil. Le jargon technique si cher aux informaticiens ne l'intéressait pas ou peu. Pourvu que l'ordinateur effectuât ce qu'il lui demandait, Nathan s'en accommodait. Simon continua ses explications.

– Si on demeure connecté une seule minute, ça tiendra du prodige. Alors, pense à la question que tu mettras sur le moteur de recherche du site. Je pense que c'est ce que l'on peut faire de mieux pour le moment.

Nathan fit quelques pas dans la pièce, allant de l'ordinateur à la photo de sa mère. Émilie et Simon profitèrent de cet intervalle pour échanger quelques becs en riant. Nathan trouvait qu'ils allaient bien ensemble. Il gribouilla quelques mots sur une feuille. En s'appuyant le menton sur son poing, le stylo toujours à la main, il se fit une rayure bleue sur la joue. Après quelques minutes de réflexions, sa décision sembla prise.

– Allons-y, je suis prêt.

Les doigts de Simon se promenèrent rapidement sur le clavier de l'ordinateur. Le navigateur afficha une page blanche durant de longues secondes avant que n'apparaisse une page bleue accompagnée du logo de Millepertuis. Simon tapa rapidement quelques touches et un champ de recherche apparut.

– Vite, entre ce que tu recherches.

Nathan inscrit le nom d'Allison Blackson Bowman et les mots clés suivants : « dernier rapport », « état connu », « dernière mission ».

Un dossier au nom de sa mère apparut, la fenêtre déroula automatiquement vers le haut laissant apparaître une section où les mots « dernières missions » apparaissaient. Nathan lut rapidement les dernières lignes. « Allison Blackson a été déclarée portée disparue lors de sa dernière mission en Corée du Nord. L'équipe Sierra 2 avait pour objectif de faire libérer des personnes détenues dans ce pays. Officiellement, la Corée nie savoir quoi que ce soit au sujet de l'existence de ces prisonniers. Nous n'avons pas eu de nouvelles de Sierra 2 depuis plus de trois semaines. Des négociations ont... » une page blanche avec les mots accès refusé s'afficha. La communication venait de se rompre.

– Je suis désolé, Nathan, je n'ai pas pu faire mieux.

– Non, c'est déjà beaucoup, ce que tu as fait, crois-moi.

Émilie et Simon quittèrent la chambre de Nathan qui sourit en les regardant marcher dans le corridor. Ils n'osaient pas se prendre par la main, s'imaginant que personne ne pouvait voir l'affection qui les liait l'un à l'autre.

Nathan s'étendit sur le lit. Inutile de penser à étudier dans ces circonstances. Il se souvenait de la date écrite au-dessus du texte du rapport. Un rapport daté de deux ans après le décès dû à l'accident de voiture de sa mère. Il ressassa tout ce qu'il connaissait sur les circonstances entourant l'accident, mais il n'arrivait pas à avoir une vision cohérente de la situation. Il ne pouvait réaliser que son implication émotionnelle l'empêchait d'avoir une vision objective de l'ensemble.

Il sortit de sa chambre, alla récupérer Buns au passage et alla cogner à la chambre de Joanna. La vieille porte en bois s'ouvrit légèrement. Une tête d'ours en peluche apparut dans l'encolure. Une grosse voix demanda qui osait déranger Joanna dans ses études.

– Et dire que c'est moi que l'on traite de bébé, dit Buns, en effectuant de petits signes de négation de la tête.

Joanna laissa entrer ses amis. Buns saisit l'ourson en peluche au passage, le déposa face contre le lit en disant « couché ».

– Que je te vois maltraiter mon ourson, et tu peux être sûr que je te fais brûler vif ! dit Joanna en riant,

Nathan exposa les nouveaux développements concernant l'histoire incroyable de sa mère. Buns et Joanna écoutèrent attentivement les explications de Nathan.

– Donc la dernière fois que quelqu'un a vu ta mère vivante, c'est en Corée du Nord, souligna Buns. On peut en conclure qu'elle a survécu à l'accident de voiture. Mais ça n'arrange rien, personne ne peut aller dans ce pays sans y être constamment surveillé.

– Même si on y allait, nous n'aurions pas accès aux informations dont nous aurions besoin. C'est décourageant, dit Nathan.

– Oui, mais nous avons maintenant un réseau tout autour de la planète. Peut-être serait-il temps de l'utiliser. Qui avons-nous comme contact dans les pays proches de la Corée ?

Joanna n'affichait pas la résignation dont faisaient preuve les garçons.

– Peut-être est-elle encore vivante et si c'est le cas, ça nous prend des gens à l'intérieur du pays pour enquêter.

Joanna sembla remonter un peu le moral de Nathan.

– Ce n'est pas bête, ce que tu dis. Keigo, un ami japonais, m'a dit que, par affaires, son père doit aller en Corée du Sud occasionnellement. Peut-être qu'il pourrait nous aider ? Je vais essayer de ce côté. Mais je ne me fais pas grand espoir, une frontière difficilement franchissable sépare les deux Corées.

Buns prit l'ordinateur de Joanna, et fit traduire quelques mots clés comme : « espions », « touristes » « étrangers », « commando » associés à des mots comme : « prisonniers », « attrapés », « sécurisés », sans oublier bien sûr, « Corée du Nord ». Une fois les mots traduits, il fit une recherche en utilisant Google traduction pour décoder les pages.

Un grand nombre de pages trahissait l'aspect paranoïaque de ce gouvernement. On y parlait à plusieurs endroits de touristes qui dépassèrent la frontière par erreur. Le gouvernement concluait à chaque fois à des espions voulant dérober les secrets du pays. Nul endroit ne parlait de groupe militaire ou de commando venu délivrer des gens.

– Je pense que nous ne pouvons pas faire grand-chose de plus pour le moment, dit Buns.

– Je vais envoyer un message à mon ami japonais en lui expliquant toute la situation. Je pense qu'il va faire tout ce qu'il peut pour m'aider.

L'ourson en peluche fut tiré de sa prosternation par Joanna qui le prit par l'arrière et le présenta à la figure de Buns et de Nathan. Joanna devait aimer les marionnettes, car elle prenait plaisir à faire parler son ourson fétiche.

– Je pense, jeunes hommes, que vous devriez retourner étudier, la semaine qui suit va être difficile. Ma superbe et intelligente maîtresse vous rejoint tout à l'heure au réfectoire.

Chapitre 36
Gun

Un cours avec M. Smith, ça ne se refusait pas. Nathan espérait simplement être à la hauteur. Ce qu'il avait appris la veille sur la mission de sa mère en Corée du Nord l'avait tenu éveillé une bonne partie de la nuit. Il jeta un coup d'œil à ses messages Internet, mais rien de son ami japonais. Nathan se trouva un peu irréaliste de penser avoir des informations aussi rapidement. C'est sûr que ça prendrait des jours, sinon des semaines avant de recevoir quelques renseignements que ce soit, si jamais il y en avait.

Le cours devait se donner à 10 heures dans le grand gymnase du centre sportif. La plupart des jeunes pensaient que M. Smith désirait faire un entraînement de budominton, sinon, pourquoi avoir choisi le grand gymnase? C'est avec leurs sacs d'équipements que Nathan et tous les élèves se présentèrent dans la salle d'entraînement.

En voyant arriver tous les jeunes, traînant les lourds sacs d'équipements, M. Smith arbora un air désolé.

– Je m'excuse, j'aurais dû vous dire qu'on ne s'entraînait pas au budominton aujourd'hui. Notre attention va porter sur l'esprit guerrier.

Nathan s'assied au sol, ce qui eut un effet d'entraînement immédiat.

– Nous allons explorer le mode de pensée que peut avoir un guerrier.

Nathan redressa son dos. Ses yeux s'ouvrirent davantage, son cou s'étira légèrement vers l'avant comme pour se rapprocher de M. Smith.

– À Millepertuis, un guerrier est avant tout un protecteur. Il doit protéger sa vie et celle des gens qui l'entourent. D'après vous, quelle doit être la première étape qu'un guerrier doit cultiver pour développer cela?

Plusieurs mains se levèrent à la question de M. Smith.

– Avoir de bonnes techniques de combat, dit Mathilda.

– Oui, mais il y a des étapes plus importantes. Quelqu'un d'autre a une idée?

– Avoir une organisation puissante derrière lui, comme une armée, un service de renseignement, ou autre, suggéra Buns.

– Oui, en effet ça ne peut pas nuire, mais avant cela, il y a d'autres conditions essentielles.

Nathan spéculait sur différentes théories. M. Smith éliminait la question de la technique, la question organisationnelle. Certes, le choix de réponse diminuait, mais aucune idée ne lui venait en tête.

Plusieurs autres jeunes émirent différentes suggestions, mais elles furent toutes refusées par M. Smith

– Bien, j'avoue que ce n'est pas évident. La première étape consiste simplement à la prise de conscience de ce qui nous entoure, incluant les lieux, les gens et soi-même.

Les jeunes échangèrent quelques paroles et plusieurs dirent qu'ils étaient proches de la réponse. M. Smith reprit ses explications.

– Commençons par la prise de conscience des lieux. Sans me quitter des yeux, qui peut me dire où sont les sorties de secours, les lances d'incendie et les extincteurs chimiques ?

Quelques jeunes eurent une ou plusieurs bonnes réponses, mais personne ne trouva toutes les réponses. Plusieurs éléments manquaient à la plupart des participants. M. Smith continua ainsi différents exercices avec le groupe. Il fit diviser le groupe en quatre et, à tour de rôle, les jeunes durent évacuer le gymnase en urgence. Mais pour chaque évacuation, le scénario changeait. Une fois, un tireur fou, barrait le passage d'un côté, une autre fois, un incendie, limitait les options. Une bombe posée à un endroit stratégique obligeait une évacuation assez particulière et, finalement, un groupe eut à trouver une stratégie d'évacuation en imaginant que des lions enragés avaient été lâchés dans les corridors de l'endroit.

M. Smith souligna l'importance de remarquer tout ce qui pouvait nous aider à survivre dans n'importe quelle situation. Il expliqua que, les premières fois, on devait faire l'effort de remarquer tout ça, mais qu'après un peu d'entraînement, ça devenait naturel. Il poussa même l'information jusqu'à expliquer comment les situations pouvaient varier si, par exemple, on recevait des menaces de mort. Les jeunes appréciaient particulièrement ces zones sombres du guerrier, ces zones où la vie côtoie la mort.

M. Smith fit ensuite une proposition aux jeunes.

– Je vous offre deux choix, vous déciderez quelle option nous ferons. Première option, nous arrêtons tout ça là et vous avez la journée libre.

Il attendit pour voir la réaction des jeunes. Le silence fut la seule réponse à cette première option.

– Deuxième option, nous ferons un entraînement afin de vous familiariser avec les techniques de garde du corps. Nous verrons différentes formations, des évacuations ainsi que tout ce qui gravite autour de la profession.

Nathan fut le premier à se lever, en criant très fort.

– On prend la deuxième option, Monsieur !

– Super ! Je vois que tout le monde est d'accord avec Nathan. On ne pourra qu'effleurer le sujet dans le peu de temps dont nous disposons, mais ça vous donnera une bonne idée du travail d'un professionnel en protection de la personne.

M. Smith enseigna aux jeunes différentes formations et déplacements. Il enseigna les formations en losange, losange modifié ainsi que les boîtes. Les jeunes trouvèrent que ce n'était pas si facile que ça de se déplacer en escortant une personne à protéger. Ils réalisèrent très rapidement que le simple fait de traverser une porte pouvait devenir un obstacle difficile pour ces spécialistes de la protection. M. Smith expliqua que, fréquemment, des gardes du corps d'artistes et même d'hommes d'affaires ou de politiciens avaient refermé accidentellement une porte au nez de la personne qu'il devait protéger. Dans le langage du métier, on appelle la personne que l'on protège le « principal ». Il existait d'autres dénominations, mais M. Smith se contenta de celle-ci avec son groupe.

– Nous allons maintenant donner un défi de plus à nos formations. Je vous ai montré comment évacuer le principal, nous allons ajouter des attentats. Si l'un des gardes du corps voit une arme quelconque, que ce soit une arme à feu, un couteau ou une batte de baseball, il doit crier *gun* très fort. Les autres doivent apprendre à réagir instantanément. Il faut pouvoir évaluer immédiatement la situation. Ils doivent dans cette situation à haut stress, choisir la bonne direction pour évacuer le principal. Il faut trouver le chemin le plus sécuritaire pour évacuer la personne à protéger.

Buns leva la main.

– Mais, Monsieur, s'il a un couteau, on doit quand même crier *gun*, pourquoi ?

– Ce mot ne possède qu'une seule syllabe. Tous l'associent à une urgence, ce qui permet d'augmenter le temps de réaction des gens chargés de la protection.

M. Smith continua son enseignement. Il expliqua que la personne qui voyait l'arme devait adopter une position élevée, se faire le plus gros possible et s'interposer entre l'attaquant et le principal. S'il pouvait saisir l'arme, il devait tout faire pour garder l'arme au sol et laisser le temps aux autres gardes du corps d'évacuer le principal. Si les premières tentatives furent désastreuses, très vite les jeunes comprirent l'importance de la direction de l'évacuation. Ils apprirent rapidement comment envelopper le principal de leur corps de manière à ce que ce dernier soit caché à la vue de l'agresseur.

Les chorégraphies d'évacuation se succédèrent, à la grande joie des jeunes qui alternaient les différentes positions possibles. Les scénarios s'enchaînaient, offrant différentes expériences aux jeunes. Par exemple, quatre gardes du corps entourant le principal avaient pour mission de le protéger de personnes autour faisant office de badauds. Dans une autre mise en situation, ils devaient contrôler des admirateurs agités désirant un autographe de leurs idoles favorites. Dans d'autres canevas, ils devaient faire face à des gens mécontents de la personnalité politique que devenait le principal, mais, peu importe le scénario utilisé, le stress que ressentaient les jeunes jouant le rôle de garde du corps se révélait une source inspirante pour tous ces apprentis guerriers.

Ce fut au tour de Nathan d'être le chef de section. Il se tenait légèrement à l'arrière gauche de la personnalité qu'il devait protéger. Le groupe autour devait imiter des fans désireux de repartir avec l'autographe de leur idole favorite. Joanna occupait la position arrière, Buns à droite et Dennys occupait la pointe. Il avait fait le tour du gymnase entouré de cette horde de fanatiques qui exerçaient une pression constante sur l'équipe de protection. C'est Buns qui donna le signal.

– GUN !

Nathan mit sa main droite sur le côté droit du cou de Jeffrey qui jouait le rôle du principal. En exerçant une traction sur cette partie du cou, le principal n'a pas d'autres choix que de tourner le dos. Buns se plaça devant l'agresseur et saisit la main gauche de l'agresseur qui tenait le couteau d'entraînement. Nathan fit tourner le principal, Dennys recula pour aider Buns, Joanna alla au-devant du principal et se colla à Nathan. De l'angle de l'attaquant, il devenait impossible de voir le corps du principal. Tout ce que l'assaillant pouvait voir se résumait aux dos de Joanna et de Nathan, qui protégeaient le principal de leurs corps. Joanna avait placé sa main gauche sur le ventre du principal et, de sa main droite, elle appuya derrière son cou, le forçant ainsi à courir légèrement plié vers l'avant. Cette posture n'était pas confortable, mais elle avait le mérite de protéger la tête et la colonne vertébrale du principal. Dans l'espace de quelques secondes, ils franchirent ainsi la porte la plus près d'eux, permettant ainsi l'évacuation sécuritaire du principal. L'entraînement se poursuivit jusqu'au moment du repas.

Malgré le fait que St-Jude soit un univers fermé, les sujets de conversations ne semblaient pas faire défaut autour de la table. Au moment où Nathan déposa son verre de jus, il émit une réflexion intéressante.

– C'est quand même étrange.

– Quoi ? demanda Buns.

– Ce qu'on apprend ici. Une journée on discute de tyran, une autre journée on se promène dans un cimetière, le jour après on doit délivrer quelqu'un dans une maison piégée.

Joanna prit la relève.

– Un autre jour, on philosophe sur les gagnants et les perdants. On s'amuse comme des petits fous au budominton, pour s'entraîner au sabre peu de temps après. On se familiarise avec des structures organisationnelles un jour et, la veille, on était en train d'étudier les mandalas tibétains.

Buns se sentit obligé de continuer.

– Et c'est sans compter les discours de sensei Nakamura sur les ennemis du guerrier et notre apprentissage des arts martiaux. Et puis, tant qu'à y être, il ne faut pas oublier les rêves instructifs de ton ami *yamabushi*.

Buns sembla chercher dans ses souvenirs, mais avant qu'il n'eût repris la parole, Nathan enchaîna.

– Pour terminer par aller tirer du pistolet. Je pense que maintenant, plus rien ne pourra nous étonner à St-Jude.

Chapitre 37
Apprivoiser la bête

Apparemment, Nathan se trompait lorsqu'il disait que plus rien ne pouvait l'étonner à St-Jude. Comme tous les mercredis, Alex Grant enseignait l'histoire des civilisations. Ce dernier mercredi de novembre allait offrir une expérience unique aux étudiants du professeur Grant. La matière au programme qui devait porter sur quelques pays d'Afrique se transforma en un cours sur les traditions chamaniques. Si quelqu'un eut pris la peine de demander à M. Grant ou aux jeunes de murasaki comment ils en arrivèrent à parler chamanisme, probablement que personne n'aurait pu expliquer de quelle façon cette nouvelle bifurcation s'était produite. La seule certitude concernant cet étrange cours fut que tous les jeunes se retrouvaient accrochés aux paroles de M. Grant.

Toujours aussi remarquable, tant dans son langage gestuel que dans sa façon de raconter les choses, M. Grant parla des animaux guides à travers les différentes traditions chamaniques. Les moyens pour découvrir l'animal guide pouvaient différer d'une culture à l'autre, mais au final, tout se rejoignait. Il avança les mains dans les airs l'une après l'autre comme un prédateur fonçant sur la proie et fit une proposition aux jeunes.

– Aimeriez-vous que l'on fasse une méditation simple qui vous permettrait de découvrir votre animal guide ?

Si un vote eut été nécessaire pour départager le choix des étudiants, assurément que le taux de participation aurait été de 100 %. Mais il n'y eut rien à départager, tous se délectaient à l'idée de faire la rencontre de leur animal guide. M. Grant suggéra aux étudiants de s'asseoir confortablement, les avant-bras reposant sur les cuisses. Il demanda aux jeunes de fermer les yeux et de se concentrer sur leur respiration. Cette focalisation dura quelques minutes. Il utilisa ensuite une technique de relaxation simple qui consiste à prendre conscience des tensions accumulées.

– Vous allez maintenant prendre conscience du stress accumulé dans votre pied gauche. Remarquez la tension de vos orteils, de votre talon, de la plante de votre pied, du dessus de votre pied et chassez toute cette tension qui se trouve dans votre pied gauche. Relaxez chacun des muscles qui sont dans votre pied gauche, sentez comme votre pied se relaxe.

Il enchaîna, avec chaque partie du corps en remontant à la cheville, au mollet, au genou, à la cuisse, puis il refit le même exercice pour l'autre jambe. Il continua le même travail à partir de la main gauche jusqu'à l'épaule, puis l'autre bras. Il fit prendre conscience ensuite de la tension des muscles au bas du dos, des côtes, de la colonne, des omoplates ainsi que du ventre jusqu'à la gorge, puis il enchaîna avec le bassin sous tous ses angles pour terminer avec les muscles du cou, de la gorge, les petits muscles sous le cuir chevelu, les muscles des joues, de la bouche, des côtés du nez, du front et finalement des arcades sourcilières.

L'exercice se déroulait lentement, les paroles lentes, le ton de voix pesant, les mots qui s'écoulaient doucement. Toute la monotonie de l'ensemble amenait les jeunes à se retrouver dans un état de relaxation profonde, que peu de gens ont la chance d'éprouver au cours de leur vie. Bien sûr, M. Grant accompagnait le tout d'un langage gestuel approprié. Mais ici, avec les yeux fermés, la communication verbale était le principal outil de détente. M. Grant les guida jusqu'à ce qu'ils se retrouvent assis au sommet d'une montagne, les yeux fermés. Il compta jusqu'à trois et dit qu'ils pouvaient dans leurs têtes, ouvrir les yeux et contempler les montagnes.

Toujours dans ce voyage intérieur, il émit la suggestion de regarder leurs cheveux ou le chapeau qu'ils avaient s'ils en portaient un. Il leur indiqua de scruter leurs yeux, leur visage en demanda de bien observer l'état dans lequel ils se trouvaient, relaxé, joyeux ou contemplatif. Il leur demanda ensuite de contempler le paysage. Peut-être y avait-il d'autres montagnes, peut-être était-ce des forêts ? Après avoir profité du point de vue imprenable qu'offrait la montagne, il les fit se lever puis descendre un sentier pour aller au bas de la montagne. Il recommanda de porter attention à la descente, de remarquer si des pierres roulaient sous leurs pieds, s'il y avait des branches auxquelles s'agripper, bref tout ce qui peut aider pour effectuer une telle descente.

M. Grant dit qu'ils arrivaient au bas de la montagne sur un sentier principal, qui se prolongeait en droite ligne. En les guidant sur le sentier, il suggérait constamment de voir s'il y avait des oiseaux, des sons qui se démarquaient, des odeurs, de regarder la lumière à travers les arbres. Plus tard, M. Grant avait expliqué que lorsqu'une personne exécute un voyage intérieur de la sorte, plus elle voit de détails reliés au sens, plus son cerveau entre dans un état de relaxation profonde et plus l'expérience est bénéfique. Plus l'exercice de visualisation semble réel, mieux on peut communiquer avec son subconscient.

Il les conduisit de cette façon jusqu'à une traverse secondaire qui se trouvait sur la droite. Un chemin plus étroit, un sol un peu différent, le chemin menait à une clairière. Il les fit se mettre à genou dans cet espace dégagé. Pour les étudiants, habitués de s'agenouiller dans les cours d'arts martiaux, cette posture n'offrait rien d'incongru. Il fit plusieurs suggestions de relaxation, de se sentir bien. Il prépara ensuite les étudiants à découvrir leur animal guide.

– Vous êtes dans la clairière et vous entendez des bruits autour de vous. Vous savez qu'il y a des animaux qui sont là et qui vous regardent, mais vous n'avez aucune crainte, vous êtes en sécurité, il ne peut rien vous arriver. Il y a maintenant des animaux qui s'approchent et vous regardent, vous pouvez en voir quelques-uns.

M. Grant laissa le temps aux jeunes de voir les animaux. Il examinait les étudiants avec soin et, s'il voyait un des jeunes démontrer un peu d'anxiété, il réaffirmait que rien ne pouvait se passer, que les animaux étaient en harmonie et non agressifs. Il continua l'exercice.

– Maintenant, l'un des animaux va s'approcher davantage de vous. Il s'avance vers vous et vous le regarder dans les yeux. Vous sentez sa bienveillance et sa gentillesse. Vous sentez qu'il y a un lien entre vous. Il s'approche et met son museau sur vos genoux ou pour certains contre votre nez. Maintenant, avec vos vraies mains, celles de votre corps physique, vous pouvez caresser votre animal guide. Utilisez vos vraies mains et vous pourrez sentir le contact de votre animal protecteur.

Toutes les mains se levèrent et firent le geste de caresser un animal. Le plus étrange dans tout ça, fut sûrement les visages des jeunes qui réagirent au contact de cet animal inexistant, du moins sur ce plan-ci de l'existence. Des visages radieux, des sourires venus du plus profond de l'âme, des épaules détendues, se révélaient un excellent indicateur de l'état des jeunes. Après une minute, M. Grant reprit la parole.

– Vous allez maintenant replacer vos mains sur vos cuisses. Votre animal va s'en aller, mais ne vous inquiétez pas, il sera là pour vous lorsque vous en aurez besoin. Vous pouvez lui donner un nom si vous le désirez.

M. Grant refit le chemin inverse pour retourner au sommet de la montagne. Il suggéra de regarder le paysage une dernière fois.

– Je vais maintenant compter de trois à un et à un, vous ouvrirez les yeux en étant complètement relaxé, complètement détendu. Trois, prenez conscience d'être ici et maintenant, à St-Jude. Deux, prenez conscience que vous vous trouvez dans votre salle de classe, vous pouvez commencer à bouger. Un, ouvrez les yeux.

Les yeux s'ouvrirent lentement, les bras s'étirèrent avec paresse, les épaules roulèrent paresseusement, petit à petit, les chaises glissèrent sur le plancher, les bureaux commencèrent à se faire bruyants, la classe reprenait vie.

Alors, vous avez aimé l'expérience ? demanda M. Grant en se cognant le côté de la tête avec son index droit. Pourquoi ce geste, personne n'aurait pu le dire.

– Wow, j'ai adoré l'expérience, mais comment peut-on utiliser notre animal guide ?

L'enthousiasme que démontrait Joanna aurait sûrement inquiété son ourson en peluche, qui aurait eu peur d'être relégué au deuxième rang.

– Beaucoup de cultures utilisent les animaux guides comme des fétiches pour les protéger. Une amie un jour, me disait que lorsqu'elle se trouvait dans un autobus et qu'elle ne voulait voir personne à ses côtés, elle assoyait son animal guide près d'elle pour garder la place. Selon elle, ça fonctionnait bien.

En raconta ça, M. Grant sortit les doigts imitant des griffes.

– Un animal guide est un symbole, un lien qui nous permet de nous connecter à notre subconscient. On peut apprendre beaucoup de l'animal guide. La première question qu'il faille se poser est, pourquoi choisit-on notre animal plutôt qu'un autre ? Généralement, notre animal guide nous aiguillonne sur des facettes de notre personnalité sur lesquelles on doit travailler. Normalement, notre animal guide est secret. Mais pour les besoins de l'enseignement, quelqu'un peut partager avec nous l'identité de son animal guide ?

Les mains se firent hésitantes. Joanna leva la main la première, probablement pour avoir des réponses à ses questions.

– Un aigle est venu me voir, mes doigts pouvaient vraiment toucher à ses plumes, il s'est penché la tête pour que je le gratte sous les plumes sur le dessus du cou.

– Quelles sont les qualités d'un aigle ? demanda M. Grant.

– Je ne sais pas... Oui je sais, la liberté, sa vision supérieure, son aisance à bouger dans le ciel.

– Et selon toi, quelle serait la qualité de l'aigle que tu devrais acquérir ?

– Hum ! Son indépendance, j'ai toujours attendu après les autres pour faire quelque chose. C'est ici à St-Jude que pour la première fois je prends des décisions par moi-même. Je pense que l'aigle symbolise aussi le détachement.

– Je ne suis pas chamane, mais il est possible que ton aigle soit là pour t'aider à prendre conscience de ça. Est-ce que quelqu'un d'autre veut nous révéler son animal guide ?

– Moi c'est un peu gênant de le dire... C'est une tortue.

Toute la classe se mit à rire de l'animal de Buns. M. Grant s'étira le cou comme pour sortir la tête de ses épaules avant de parler.

– Quelles sont les qualités qu'une tortue peut avoir et que tu n'as pas ?

D'une voix timide, Buns ne dit que deux mots, mais personne ne mettait en doute cette qualité que Buns devait acquérir.

– Le calme.

– Je pense que ta réponse est judicieuse. Prendre le temps de réfléchir avant de parler ou d'agir. On peut mieux comprendre ton animal si on réfère à la fable du lièvre et de la tortue.

La fin du cours s'annonça. Les élèves se levèrent pour quitter la classe. Buns mit une main sur une de ses épaules de Nathan tandis que Joanna le saisit par un poignet.

– Toi, tu ne vas pas t'en tirer comme ça. C'est quoi, ton animal guide ? demanda Joanna.

– Tu n'es pas censé apprendre à être détaché de tout ça ? dit Nathan en riant.

Joanna déposa une main sur l'autre épaule de Nathan.

– D'accord ! Une superbe louve avec une fourrure soyeuse, drôlement agréable à caresser, m'a léché le visage. Elle a ensuite appuyé sa tête sous mon menton en se collant très fort sur moi.

– Et tu penses qu'il peut t'apporter quoi, ton loup ? demanda Buns.

– Je n'ai jamais eu de vrais amis, je pense que je dois apprendre à vivre en meute et apprendre à protéger la meute. Je me suis toujours pas mal foutu des autres, pour la première fois de ma vie, il y a des gens auxquels je tiens dans mon entourage.

Joanna et Buns regardèrent Nathan. Une petite larme refléta les lumières de St-Jude.

Chapitre 38
Maître de sa destinée

Les jeunes du groupe murasaki apprirent qu'un cours libre s'offrait à eux ce samedi-là. Depuis deux jours, le mois de décembre sonnait aux portes de St-Jude apportant avec lui ses signes avant-coureurs. Les journées devenant de plus en plus froides, les jeunes réfrénaient à aller à l'extérieur. Étudier devenait moins pénible dans ces conditions. S'il est véridique que c'est en forgeant que l'on devient forgeron, il semblait bien, qu'à St-Jude, c'est en étudiant que l'on devenait un meilleur élève. La plupart des étudiants ne refusaient jamais les cours libres de fins de semaine. Le goût d'apprendre se développait assez rapidement comme une seconde nature chez les pensionnaires de St-Jude. Alors, quelques cours de plus ne pouvaient rebuter les jeunes, surtout que ces cours se démarquaient de la routine et apportaient toujours quelque chose d'intéressant.

Ça faisait déjà un petit moment que Mme Barcklay n'avait pas enseigné ou pourrait-on dire, partagé un peu de sa philosophie avec les jeunes. L'enseignement dispensé par Millepertuis, poussait les jeunes à réfléchir davantage, à prendre conscience de ce qui les entoure, du milieu dans lequel ils évoluaient. Les résidents de St-Jude développaient une impression de travailler en préparation d'un but futur. Trop de gens n'ont pas d'objectifs dans la vie. Ils sont comme des épaves qui iront là où le courant les amènera. Les jeunes ne connaissaient pas l'aboutissement de tout ceci, mais ils savaient que leur vie serait utile aux gens qu'ils côtoieraient tout au long de leurs existences. Millepertuis arrivait à ce que ses étudiants se sentent importants sans cependant gonfler leur égo.

Tout le monde attendait Mme Barclay avec impatience certes, mais surtout avec curiosité. Quel serait le sujet de son enseignement ? Le fait de garder secret le contenu des cours devait sûrement jouer en faveur de la grande participation des étudiants. Elle arriva vêtue de son pantalon cargo kaki et d'un t-shirt de camouflage. Elle s'assit sur son bureau plutôt que d'utiliser la chaise. Cette posture mettait en évidence un étui fixé à sa ceinture et attaché à la cuisse. La forme présageait bien de la contenance du petit fourreau, il ne pouvait que contenir un couteau. L'étui noir était orné d'une petite broche couleur or. Le motif représentait une panthère marchant furtivement. Les étudiants la saluèrent, mais tous les regards convergeaient vers cet étrange objet pour un professeur.

– Je vois que mon étui vous intrigue. Ne vous inquiétez pas, je ne pense pas en avoir besoin contre vous. J'arrive tout juste de faire quelques lancés de couteau avec M. Smith. Ça faisait longtemps que je n'en avais pas fait. Alors, comment allez-vous ?

Elle laissa quelques étudiants répondre et se tournant vers Émilie.

– Et toi, Émilie, j'espère que tu n'es pas enceinte ?

Les autres jeunes taquinèrent Émilie en riant. Émilie joua le jeu et les traita de jaloux, qu'eux aussi lorsqu'ils seraient assez matures auraient une personne dans leur vie. Mme Barclay discuta de leur état d'âme et de tout ce qui touchait à la vie de St-Jude. Plusieurs jeunes, dont Nathan, avouèrent qu'ils se trouvaient chanceux de pouvoir être à St-Jude. Mme Barclay acquiesça.

– La vie à St-Jude peut paraître difficile, mais elle en vaut la peine. Elle nous donne l'avantage de prendre conscience que nous sommes vivants. Un de mes professeurs d'arts martiaux m'a dit un jour que beaucoup de gens sont déjà morts, mais qu'ils ne le savent pas. Joanna leva la main.

– Que voulez-vous dire par cela ? Je ne comprends pas.

– Rappelez-vous comment vous étiez avant de venir à St-Jude. Est-ce que vous pouvez dire que vous êtes la même personne qu'il y a quatre mois ? Je pense que non, vous avez changés et en mieux, j'espère. Vous avez évolué. Mais lorsque vous retournerez chez vous pour les fêtes et que vous reverrez certains de vos amis, probablement que plusieurs d'entre eux seront exactement au même point que lorsque vous les avez quittés.

Les jeunes approuvèrent. Ils ressentaient ces changements dont Mme Barclay parlait.

– Dans l'univers des adultes, ça saute aux yeux davantage. Beaucoup de personnes que l'on revoit vingt ans plus tard, ne présentent aucun changement, absolument aucune différence, même pour une période de temps aussi longue. D'accord, ils gagneront plus d'argent, ils auront eu des promotions, ils auront peut-être divorcé, mais leur façon de penser sera la même. Ils regarderont probablement les mêmes types d'émissions de télé, écouteront la musique de leur jeunesse sans prendre la peine de comprendre et d'apprécier les nouveaux genres. Ils continueront à se plaindre des gouvernements, de la société, de leurs voisins, sans rien faire pour changer tout cela. À la retraite, ils continueront sur la même lignée, sans avoir accompli grand-chose de leur vie. Ils n'ont pas évolué, ils sont comme figés dans le temps. Les mêmes préoccupations les hantent, les mêmes pensées politiques ou sociales les habitent. Je pense que nous sommes sur la terre pour évoluer et nous améliorer. Si rien ne se passe de ce côté, c'est comme si nous n'existions pas dans cette réalité.

Buns leva la main.

– C'est peut-être ce qui a donné naissance aux zombis.

Mme Barclay ne sut pas trop comment réagir à l'humour particulier de Buns. Elle enchaîna.

– Levez la main, ceux qui ont vu des changements dans votre personnalité.

Tous les étudiants sans exception levèrent la main. Mme Barclay désigna Jeffrey.

– Pour ma part, les cours sur l'histoire des civilisations et même tous les autres cours m'amènent à voir plus loin que je ne le faisais auparavant. Quand je regarde l'actualité sur mon ordinateur, je me pose des questions qui ne m'effleuraient même pas l'esprit auparavant.

– Peux-tu nous donner un exemple de ces questions ?

– Oui, sûrement... Par exemple, si je vois un jeune responsable d'une fusillade dans une école, je me pose plein de questions sur ses motivations. Pourquoi a-t-il agi comme ça ? Comment justifier un tel comportement ? Auparavant je regardais ça en me disant simplement « encore un malade ».

Plusieurs jeunes partageaient ce point de vue. Dorénavant, ils se posaient des questions plutôt que d'accepter sans compromis ce que les médias et la société en général disaient. Sensei Nakamura leur avait souvent dit de ne pas le croire, mais de vérifier si ce qu'il disait et enseignait semblait logique. La plupart des gens font office d'éponge et absorbent tout ce qu'on leur inculque. Les firmes de marketing et de publicité utilisent cette faille depuis longtemps pour influencer et manipuler les gens. Mme Barclay demanda si d'autres personnes ressentaient quelques changements depuis leur séjour à St-Jude.

– Qu'est-ce que tu as vu comme changement pour toi, Émilie ?

– Parler aux gens me terrorisait. Je suis moins pire, j'ai encore du chemin à faire, mais je sais que je m'améliore.

– Tu n'es vraiment pas la seule avec ce problème. Beaucoup de gens souffrent de ce malaise. Levez la main s'il y en a d'autres qui ont le même problème, ça peut être à différents degrés.

Les deux tiers du groupe levèrent la main.

– Souvent, ce qui nous retient de parler aux gens est simplement la timidité ou la peur. C'est dommage, mais ces deux facteurs nous empêchent d'avoir des échanges intéressants avec les gens. Lorsque je voyage à l'étranger, je prends souvent les trains et les métros pour me déplacer. Personne ne parle jamais à personne, s'il ne se connaissent pas. Eh bien moi, j'adore bavarder avec ces gens que je ne connais pas. J'ai eu des conversations savoureuses avec des étrangers qui, comme moi, avaient le goût de discuter, mais qui n'osaient pas amorcer la conversation de peur que je la refuse.

Mme Barclay jeta un regard vide au plafond. Elle donnait l'impression de remonter dans ses souvenirs.

– En tant que guerrier, vous ne devriez pas avoir ces peurs de l'échec ou du ridicule. Une fois, dans un train qui m'amenait d'Atago à Kashiwa au Japon, j'ai eu une discussion forte intéressante avec un professeur de kendo. Ça m'a permis d'avoir une vision différente de ce que je connaissais de cet art martial. Dans cette petite gare de train, la plupart des Occidentaux qui s'y trouvent sont là à cause d'une école d'art martial d'une grande renommée. Les Japonais savent pourquoi les Occidentaux vont à cet endroit. Au moment où je m'apprêtais à prendre le train, un monsieur dans la cinquantaine me salua respectueusement. Je répondis à son salut par un chaleureux « *kombanwa* », un bonsoir en japonais. Ce petit bonsoir fut suffisant pour amorcer une conversation qui dura tout le trajet. Cet échange m'a permis d'en apprendre davantage sur cet art martial, mais avec les yeux d'un professeur japonais.

Sans s'en rendre compte, Mme Barclay jouait avec sa dague entre les mains. Elle la manipulait avec dextérité. Tous les yeux des jeunes convergèrent vers l'arme. Elle réalisa soudain qu'elle s'amusait avec sa dague comme avec un jouet. Sans paraître nullement embarrassée, elle remit l'arme dans son fourreau et continua à parler.

– Il faut apprendre à lire dans le cœur des gens. Les apparences ne sont pas toujours la vérité. Par exemple, les gens timides, qui n'osent pas parler aux autres, projettent généralement une image dure. Ils regardent droit devant eux, ne cherchent pas à communiquer et peuvent projeter l'image de personnes ayant un sale caractère. Si vous osez les approcher et discuter avec eux, le plus souvent vous aurez du plaisir, car ce sont généralement des gens qui ont un excellent sens de l'observation et qui, en raison de leur solitude, je ne sais pas pourquoi d'ailleurs, ont tendance à développer une grande culture générale. Et si dans le pire des cas, l'une de ces personnes refuse de vous parler, tant pis, ça aura été un bon entraînement guerrier, vous allez probablement survivre à cela. Mais il ne faudra pas que cette expérience échouée vous laisse craintif pour recommencer.

Mérédith Barclay prit une bonne rasade du verre d'eau qu'elle n'avait pas encore touchée.

– Je me souviens d'un vieux film que j'avais vu étant jeune. Une comédie en noir et blanc dont l'action se déroulait à New York. Dans cette histoire, une jeune femme raconte à un ami l'importance de communiquer avec les autres. Elle souligna le fait que les gens aiment parler. Elle salua un homme à l'allure grincheuse qui passa près d'elle, un étrange personnage qui semblait regarder tout le monde avec mépris. Après l'avoir salué, l'homme la regarda de ses yeux exorbités, je m'attendais à ce qu'il l'engueule. Il la regarda et dit : « Ça fait trente ans que je prends le métro, ici à New York, et jamais personne ne m'a salué. C'est incroyable ! » Il se tourna en regardant son voisin qu'il ne connaissait pas et lui raconta ce que la jeune femme venait de faire. La nouvelle se propagea à travers la foule et finalement, par un effet d'entraînement, tout le monde parlait à tout le monde. Oui bien sûr, ce n'était qu'un film. Mais ce petit bout de scénario me fit réfléchir et a sûrement eu un effet sur ma personnalité actuelle.

Toujours assise sur le devant du bureau, Mme Barclay prit une pause, son regard changea, ses yeux s'agrandirent. Elle modifia la position de son corps, s'appuyant davantage sur sa fesse gauche, avançant le côté droit de son corps comme pour se rapprocher des étudiants.

– J'espère tout le monde que vous aimez les voyages ?

Personne ne parlait dans la classe, tous trouvaient un peu étrange sa question.

– Sensei Nakamura m'a demandé de vous prévenir que vous partez pour le Japon le 9 décembre prochain. Il doit aller voir son professeur et a décidé que votre groupe l'accompagnerait.

Personne dans la classe ne réagit à ce que venait de dire Mme Barclay. Lentement, les étudiants cessèrent de fixer Mme Barclay, se regardèrent entre eux, comme si l'un d'entre eux pouvait posséder la réponse.

– Eh, réveillez-vous tout le monde ! La Terre appelle la Lune. Vous partez pour le Japon dans moins d'une semaine.

Chapitre 39
Questionnement sur le voyage

Depuis l'annonce du voyage au Japon, la veille, l'excitation des jeunes atteignait des sommets indescriptibles. Le petit déjeuner de ce dimanche se déroula dans la bonne humeur. Sensei Nakamura rejoignit les jeunes pour le repas. Il se doutait bien qu'il aurait à répondre à une multitude de questions. Tous s'agglutinaient autour de lui. Les rires fusaient de partout, pas seulement du groupe murasaki, mais également des autres groupes. À ces mêmes dates, chaque groupe devait partir en voyage pour diverses destinations. La seule personne à ne pas démontrer autant d'enthousiasme fut Émilie. Sensei Nakamura l'observait depuis quelques minutes. Au rythme où elle mâchait ce qui se retrouvait dans sa bouche, elle se trouverait encore au réfectoire à la tombée de la nuit. La tête appuyée sur son petit poing, le regard perdu, chaque bouchée entrecoupée d'un long soupir, des indices qui en disaient long sur ses préoccupations du moment.

– Tu sembles triste, ça ne te tente pas de venir au Japon avec nous ?

– Non, je suis heureuse de pouvoir faire un tel voyage.

– Mais alors ?

Sensei Nakamura se doutait bien de ce qui tracassait Émilie. Il voulait simplement que ça soit elle qui le dise.

Émilie se montra hésitante, puis elle confia finalement ce qui la tourmentait.

– Bien, c'est que… je ne pourrai voir mon copain Simon durant tout ce temps.

– Oui, mais voit ça d'un autre angle. Pense aux photos que tu pourras lui montrer. Durant le voyage, tu découvriras plein de choses intéressantes. Pense à tout ce que tu auras à lui raconter à ton retour. Vous aurez tellement de choses à vous relater de vos voyages que vous en aurez pour des jours et des jours.

Émilie cessa de s'appuyer sur son poing. Elle remonta lentement la tête. Son expression changea de mélancolique à interrogateur. Ce nouveau point de vue pouvait peut-être concilier éloignement et sentiment.

– De plus, tu pourras lui offrir quelques souvenirs de ton voyage. Pense au plaisir d'offrir quelque chose de personnalisé aux gens qui nous sont chers.

– Mais comment puis-je lui montrer des photos ou acheter des souvenirs, je ne possède pas d'appareil photo et encore moins d'argent ?

– Millepertuis prévoit toujours un petit budget pour des souvenirs personnels. Vous aurez chacun un appareil photo numérique pour le voyage. Tu pourras rapporter des souvenirs intéressants, je te le promets. Crois-moi, tu pourras épater et faire plaisir à ton copain avec ce que tu lui ramèneras.

– Dans ma famille, jamais personne n'a possédé de passeport, souligna Joanna. Comment vais-je pouvoir embarquer dans l'avion sans passeport ?

– Vous recevrez vos passeports cette semaine. Ça fait déjà un bon bout de temps que vos parents et responsables connaissent tous les détails à ce sujet. Tout s'est fait en secret pour garder la surprise. Tous les papiers nécessaires à votre voyage se trouvent déjà sur mon bureau.

– Combien aurons-nous d'argent de poche pour les souvenirs ? demanda Mathilda.

– Pour les souvenirs, vous aurez entre les mains trois billets.

D'un regard comme seul Buns pouvait en lancer, il toisa sensei Nakamura et dit « trente dollars ?! Nous n'irons pas loin avec ça, sensei ! »

– Trois billets de dix mille yens, ça doit faire environ dans les 350 $.

Des exclamations fusèrent de partout. La plupart des jeunes du groupe n'avaient jamais eu une telle fortune entre leurs mains. Beaucoup rêvaient déjà de tout ce qu'ils pourraient acheter au pays du soleil levant.

– Sensei ?

– Oui, Dennys ?

– En me renseignant sur le Japon, on y parlait d'Akihabara. Pensez-vous que nous pourrons avoir le temps d'y aller ?

– Je ne retourne jamais au Japon sans faire un petit détour par Akihabara.

En levant les bras en l'air, Dennys lança un grand cri de joie. Tous les gens du réfectoire arrêtèrent de parler pour regarder dans sa direction.

– Qu'est-ce qu'il y a à Akihabara pour t'énerver autant ? demanda Buns.

– Mais c'est La Mecque de l'électronique, la capitale des gadgets, le royaume de l'informatique, les nouvelles technologies, les...

– OK, OK, je comprends ton énervement. Moi aussi je veux y aller.

Nathan leva la main afin d'attirer l'attention de sensei Nakamura.

– Oui, Nathan ?

– Pourquoi Millepertuis nous paye ce voyage ? Ça doit coûter terriblement cher, non ?

– Effectivement, ça coûte très cher. Vous connaissez l'expression, les voyages forment la jeunesse. Et bien, je peux vous dire que c'est vrai. Dans un premier temps, le voyage se veut culturel. Connaître d'autres cultures ne peut qu'élargir vos horizons.

– Et dans un second temps ? demanda Nathan.

– J'aimerais vous donner l'opportunité de rencontrer mon professeur. Nous pourrons nous entraîner sous sa supervision. Il est probablement l'un des derniers, sinon le dernier grand maître vivant au Japon. Pouvoir apprendre directement de lui va sans doute vous permettre d'augmenter énormément votre compréhension martiale. Lorsque l'on veut s'améliorer dans les arts martiaux, il faut se tenir avec des gens qui vibrent plus haut que nous. Présentement, personne ne vibre plus haut que mon professeur.

Nathan ne comprenait pas très bien ce que voulait dire sensei Nakamura avec l'expression « vibrer plus haut », mais il commençait à s'habituer à ses formulations. Il réalisa très vite que, parfois, ça pouvait demander des semaines avant de comprendre ce qu'il voulait dire, mais que, lorsque la lumière se faisait, cela débloquait toujours sur une meilleure compréhension non seulement de son art martial, mais de la vie en général. Une fois, M. Smith avait dit de sensei Nakamura, qu'il avait dû être un vieux sage dans une autre vie. Cette simple phrase avait suffi pour déclencher pas mal de questionnements chez les jeunes à propos de la réincarnation. Joanna reprit le fil de la conversation avec sensei Nakamura.

– Dans quelle ville irons-nous ? Va-t-on visiter Tokyo ?

– Nous dormirons dans une petite ville du nom de Kashiwa. Vous allez adorer, c'est plein de boutiques, de restaurants, vous verrez que « totemo nigiyaka desu ».

– Que c'est très animé, traduisit Joanna.

– Bien, je constate que vous avez fait vos devoirs au cours de japonais. Les cours auront lieu dans une petite ville qui s'appelle Noda. À partir de Kashiwa, ça prend environ 20 minutes en train pour s'y rendre. Vous verrez le temple d'Atago. Ce n'est pas le plus gros, mais il recèle des trésors historiques. Lorsque vous y serez, prenez le temps de bien examiner tout autour de vous, chaque pierre du lieu possède son histoire. C'est l'un des plus vieux temples du Japon. Lorsqu'on entre dans son enceinte on a l'impression que tous les bruits des deux routes qui bordent l'endroit s'estompent, comme arrêtés par une barrière magique.

Sensei Nakamura parlait avec une telle ferveur que les jeunes pouvaient presque ressentir la sérénité du lieu à travers les paroles de leur professeur.

– Ah oui, j'oubliais. Vous allez pouvoir disputer une partie de budominton contre la meilleure équipe de Millepertuis Japon.

Une courte période de silence fut rapidement envahie par une multitude d'onomatopées, plus exclamatives les unes que les autres. Apparemment, à St-Jude, on ne pouvait refuser une rencontre amicale de budominton, même si c'est à l'autre bout du monde.

Chapitre 40
Jusqu'à Kashiwa

Normalement, les semaines à St-Jude s'écoulaient rapidement. Le temps ressemblait à une rivière au courant puissant, que rien ne semblait pouvoir ralentir. Un proverbe japonais dit que l'on peut rester immobile dans le courant d'une rivière, mais pas dans celui des hommes. À St-Jude, généralement, on ne pouvait demeurer immobile très longtemps. Mais, durant les quelques jours précédant le départ pour le Japon, les lois de la physique changèrent : le temps s'écoulait lentement, chaque minute prenait plaisir à s'étirer au-delà des limites permises.

Même si le temps s'étire, se distorsionne, s'agrippe à chaque geste du quotidien pour ralentir sa course, il finit par arriver là où il doit se rendre. Si l'homme peut changer son destin, le temps lui n'a pas ce pouvoir sur sa destinée. Plus l'heure du départ approchait, plus cette monotonie se transformait en fébrilité. C'est avec une grande excitation que les jeunes bouclèrent leurs bagages et s'engouffrèrent dans l'autobus qui les conduisit à l'aéroport.

Les jeunes ne paraissaient nullement affectés par les heures interminables du vol jusqu'à l'aéroport de Narita. Entrecoupés de quelques siestes et de plusieurs visionnements de films sur les écrans individuels. Le film le plus écouté fut sans contredit « kung-fu Panda ». Les jeunes avaient retrouvé la concordance avec le déroulement du temps. Seul Buns gigotait, se tortillait et semblait ne pas apprécier le voyage.

– Mais qu'est-ce que t'as à bouger comme ça ? Demanda Joanna. Tu as des vers ou quoi ?

– D'habitude quand je prends l'avion, je suis en première classe. Je ne pensais pas que l'on pouvait être aussi cordé que ça dans un avion.

Il est inutile de relater ici les répliques de Joanna et de Nathan en réponse au comportement d'enfant gâté que Buns affichait. La plupart des jeunes, qui venaient de milieux défavorisés, se trouvaient déjà très chanceux de pouvoir faire un tel voyage. Alors, le peu d'espace qui leur était alloué était la moindre de leurs préoccupations. Que pouvaient désirer de plus ces jeunes ? En route pour le Japon, ils n'avaient à s'occuper de rien, un voyage de rêve pour la plupart.

L'avion atterrit en douceur, avec un seul regret pour Nathan : il devait rester un bon trente minutes jusqu'à la fin du film de Sherlock

Holmes. Une nouvelle preuve que le déroulement du temps laissait parfois à désirer.

Après les formalités habituelles, ils récupérèrent les valises. À la sortie de la grande salle des carrousels, les portes coulissantes donnaient accès au hall d'entrée du terminal. Un homme tenant une pancarte violette ornée de la petite fleur jaune attendait le groupe. Le nom de St-Jude écrit à l'encre jaune contrastait sur le fond de l'affichette.

Un petit autobus nolisé conduisit tout le monde à l'hôtel. À l'extérieur, la température avoisinant les 15 degrés se révélait très confortable en comparaison de la température de St-Jude à cette période de l'année. Des gens chargèrent les bagages dans les soutes du véhicule situé en bas, sous le niveau des passagers. Le fait de déposer les pieds sur la terre ferme avait quelque peu stimulé les jeunes, qui commençaient à donner des signes de fatigue après ces quelque vingt heures de balade depuis le départ de St-Jude. Partis le vendredi matin, ils arrivèrent à l'hôtel le samedi soir aux alentours de 19 heures.

L'affichage publicitaire, les indications de routes en kanji, les palmiers en plastique cherchant à attirer les regards chez les concessionnaires automobiles eurent un effet presque hypnotique chez les jeunes. Malgré la nouveauté du panorama qui s'offrait à eux, la plupart ne purent résister à l'attrait des bras de Morphée. Ce devait faire presque deux heures qu'ils roulaient depuis l'aéroport, lorsque l'autobus se stationna devant un magnifique hôtel. Sensei Nakamura s'empressa de dire :

– Ce n'est pas notre hôtel, nous devrons marcher environ cinq minutes pour nous y rendre. « *Genki desu ka ?* », demanda sensei Nakamura.

– *Genki desu*, répondirent les étudiants.

Sensei Nakamura venait de demander s'ils étaient en forme, ou dans ce contexte, s'il leur restait suffisamment d'énergie. Le soleil avait capitulé depuis plus d'une bonne heure déjà lorsque le groupe se mit en marche. Sensei Nakamura prit la tête du petit groupe en compagnie de Mme Barclay, M. Smith fermant le peloton. Ils longèrent le trottoir en demeurant du même côté de la rue. Ils passèrent devant une vitrine aux pâtisseries appétissantes. Les magasins Takashimaya existent depuis 1829 au Japon. Fondé par Iiad Shinshichi, ce magasin vendait, à l'origine, des vêtements et du coton. On y trouve maintenant un peu de tout.

Une loi de la physique dit que la vitesse de déplacement d'un groupe comme celui de St-Jude est inversement proportionnelle aux nombres de boutiques qui s'offrent aux regards. L'hôtel se révéla davantage à vingt minutes à pied qu'aux cinq minutes suggérées par sensei Nakamura. Il est vrai que sensei prenait plaisir à voir les jeunes contempler ce nouvel univers. Il ne désirait pour rien au monde que ces moments fussent gâchés d'une quelconque façon. Le groupe arriva finalement à l'hôtel. Le personnel reçut Sensei Nakamura avec une courtoisie qui impressionna les jeunes. Il le salua et s'inclina plusieurs fois pour témoigner son respect. Nathan s'adressa à Joanna et Buns.

– Ils ont salué les autres clients de l'hôtel avec respect, mais jamais comme ils viennent de le faire avec sensei.

– Je me trompe peut-être, mais ils semblent honorés de la présence de sensei Nakamura. Je suis certaine qu'ils le connaissent, suggéra Joanna.

Les jeunes furent placés deux par chambres. Buns et Nathan partagèrent la même chambre alors que Joanna se retrouva avec Émilie. Buns entra dans la petite chambre. Il essaya d'activer l'éclairage, mais seule la lumière à l'entrée s'ouvrit. Rien ne semblait fonctionner à l'intérieur de la chambre. Il essaya une lampe, puis une autre sans obtenir de résultat. Nathan demanda à Buns de lui remettre la clef de l'hôtel. Il examina le curieux porte-clés en forme de bâton long et mince. Le nom de l'hôtel, le numéro de téléphone ainsi que le chiffre 2641 y figuraient. Il jeta un coup d'œil vers le commutateur et il vit une plaque avec un trou de la grosseur du porte-clés. Il introduisit le petit bâton dans l'ouverture de la plaque. Aussitôt que le bâton atteignit le fond de l'embrasure, la chambre s'illumina.

– C'est génial, comme ça, il n'y a pas de gaspillage d'électricité. Sensei nous a dit de laisser la clé au comptoir si on sortait. Ça empêche de laisser les lumières allumées inutilement. J'aime ça.

Buns trouva logique l'explication de Nathan. Deux lits simples, une petite table basse et deux chaises occupaient l'ensemble de la pièce. À la tête de l'un des lits, un radio-réveil et un panneau avec des boutons permettaient de contrôler la température de la pièce. Buns se dépêcha de prendre ce lit. Sur le mur de côté, un petit comptoir sur lequel se trouvaient un téléviseur et une lampe de travail. Une prise ethernet autorisant la connexion d'un ordinateur était adjacente à une prise de courant. Sans dire un mot, Buns alla prendre un câble d'ordinateur et une boîte dans sa valise. Il avait avec lui une borne sans fil, permettant ainsi aux deux ordinateurs de pouvoir se connecter à l'internet sans être obligé de relier l'ordinateur à un câble. Nathan se réjouit de l'initiative de Buns.

Une porte donnait sur une salle de bains très compacte. Un bain court, mais profond occupait le fond de la pièce. Une douche téléphone, pouvant s'accrocher à deux niveaux différents, se connectait au lavabo. La toilette se trouvait près du lavabo, occupait ainsi le moins d'espace possible. Bien que très petite, la chambre se révéla d'une propreté sans faille comme seuls peuvent en offrir les Japonais dans le monde de l'hôtellerie. Sur le mur du fond au pied des lits, deux panneaux de bois coulissants donnaient accès à la lumière du jour et offraient une protection contre le verre cassé en cas de tremblement de terre. La fenêtre donnait sur une petite rue, surmontée d'une arche circulaire en métal. Au centre de l'arche, une horloge incrustée indiquait l'heure. Plein de gens déambulaient dans la rue. Nathan jeta un nouveau coup d'œil à la chambre.

– J'aime bien cette chambre.

– Habituellement, lorsque je descends dans un hôtel, la salle de bains est la même grandeur que notre chambre.

– Cesse de pleurnicher et de faire ton petit bourgeois. Un guerrier peut se contenter de n'importe quel espace. Après tout, on ne vivra pas dans la chambre, ce n'est que pour dormir.

Buns prit la télécommande, alluma le téléviseur et fit rapidement le tour des canaux disponibles.

– Quoi ? Seulement une douzaine !

Nathan regarda Buns en souriant et se dépêcha d'aller prendre une douche. Dans vingt minutes le groupe devait se réunir dans le lobby de l'hôtel pour aller bouffer. Le poulet au curry qu'il avait mangé dans l'avion n'était déjà plus qu'un vague souvenir. Après quelques minutes, Nathan sortit de la douche et Buns prit la relève. Nathan regarda un manga qui passait à la télé. Il comprenait quelques mots ici et là, mais il avait l'impression que le peu de la langue japonaise qu'il connaissait lui échappait. Il paniqua à l'idée de ne pouvoir s'exprimer. Il repensa ensuite à ce qu'avait dit Mme Harris, sa professeure de japonais.

– On apprend une langue en la parlant, non en la lisant dans un livre. Les deux ou trois premiers jours vous déstabiliseront un peu et c'est normal. Ne vous en faites pas, ça va revenir. L'important est d'essayer de parler avec le plus de gens possible. Si vous fuyez les opportunités de pratiquer votre nouvelle langue par peur d'avoir l'air incompétent, vous n'apprendrez jamais.

Buns fut enfin prêt à partir. Nathan ramassa la clé de la chambre toujours attachée au bâtonnet porte-clés. Il nota soigneusement le numéro de la chambre située au sixième étage de l'hôtel, le 2641. Ils retrouvèrent le groupe qui attendait dans le lobby. Il ne manquait que Joanna et Émilie pour pouvoir aller manger. Alors que la plupart des jeunes du groupe donnaient, d'évidents signes de fatigue, Joanna et Émilie qui venaient d'arriver, ne paraissaient nullement touchées par le décalage et les longues heures que dura le voyage.

Ils sortirent de l'hôtel, et prirent la ruelle à droite, celle que Nathan pouvait voir de sa chambre. Ils croisèrent une rue transversale, dépassèrent le bureau de poste pour entrer dans un petit restaurant. Sensei Nakamura fit coulisser une porte et se pencha pour passer sous le *noren*, un petit rideau en tissus que l'on retrouve souvent dans les portes des petits commerces traditionnels au Japon.

Des « *irrashaimase* » fusèrent de différents endroits du restaurant à l'entrée du groupe. Chaque membre du personnel signala ainsi la bienvenue au groupe par ce petit mot que l'on entend dans presque tous les commerces au Japon. Les employés du restaurant apportèrent aux jeunes un petit livre de photos illustrant les différents plats. Visiblement, ce petit livre avait été fait à l'intention des Occidentaux qui devaient aller manger là fréquemment. Nathan regardait les photos de vedettes de films occidentaux accrochées au mur.

Une photo d'un des mets attirant davantage l'attention de Nathan. Il décida de faire une tentative de communication en japonais.

– *Kore wa nan desu ka.*

– *Sore wa tamtam me desu, oishii desu.*

– *Kore ni shimasu.*

La première tentative de Nathan pour communiquer en japonais se révéla un succès total. Il venait de commander son premier plat, du *tamtam me*, une soupe-repas aux nouilles à saveur fortement épicée, dans laquelle on retrouvait quelques morceaux de porc, de pousse de bambou, de ce qui pourrait ressembler à du steak haché, mais qui n'en était pas. Pour Nathan, sa première réussite fut de bon augure pour son voyage.

Tous mangèrent avec appétit. Le projet de visite que plusieurs avaient eu avant le repas tomba rapidement dans l'oubli. La seule priorité à l'agenda était de se glisser le plus rapidement possible entre les couvertures douillettes du lit.

Chapitre 41
Une journée libre

À 7 h 30, le groupe devait se retrouver au restaurant de l'hôtel pour le petit déjeuner. Il ne devait pas être plus de 6 heures lorsque les premières têtes de jeunes Occidentaux commencèrent à déambuler dans les rues adjacentes à l'hôtel. À cette heure matinale, à l'exception des restaurants, la vie commerçante se révélait quasi inexistante. Le soleil se montrait paresseux, s'adaptant au rythme de vie des ruelles entourant l'hôtel. Ce n'est qu'avec parcimonie qu'il réchauffait le béton de ses rayons. Mais pour les jeunes de St-Jude, cela n'avait pas d'importance. Le bonheur de vagabonder dans les rues du Japon se révéla suffisant pour réchauffer leurs cœurs.

Pour la circonstance, le trio se transforma en quatuor, s'accordant en parfaite harmonie. Émilie partagea l'intimité du petit groupe. Ils quittèrent l'hôtel et se rendirent au bout de la petite ruelle du restaurant où ils avaient mangé la veille. Dans aucun autre pays, il n'aurait été possible qu'ils se promènent seuls, sans être escortés ou, pourrait-on dire, sans être protégés par un adulte. Mais ici, au Japon, ils se trouvaient en totale sécurité. La pire chose qui pouvait arriver était qu'ils se perdent. Et si jamais le cas se présentait, il ne manquerait pas de gens charitables pour les aider. Au bout de la petite rue, ils s'arrêtèrent pour prendre des photos. Un restaurant PFK exhibait sur un petit balcon au second étage, une statue grandeur nature du Colonel. Habillé en père Noël, il donnait l'impression de garder un œil sur la ruelle.

Ils vagabondèrent au gré des rues, s'attirant de nombreux sourires de la part des gens qu'ils croisaient. Il faut dire que Joanna suivait les conseils de Mme Barclay à la lettre. Elle ne manquait pas une seule occasion de saluer de la tête les gens qu'ils rencontraient. Tous les passants qu'elle salua lui rendirent la politesse d'un signe de la tête et généralement, accompagnaient ce salut d'un sourire amical. Joanna se doutait bien qu'un jour ou l'autre, elle rencontrerait quelqu'un qui serait hostile, mais en faisant la moyenne, elle savait que son effort en valait la peine.

Sur un coin de rue, un *tori*, cette porte qui s'ouvre sur le monde des esprits, présentait un passage entre deux édifices modernes. Cette entrée dans le monde des esprits, ou des *kamis* en japonais, comportait deux poteaux de bois, positionné à la verticale, supportant deux poutres espacées, légèrement courbées vers le haut. Un petit temple offrait aux jeunes la sérénité de l'univers des esprits. Un îlot paisible au milieu d'un monde tumultueux.

Après le repas, les jeunes prirent le chemin de la gare. Sensei Nakamura regroupa toute la meute autour de lui.

– Je vais donner à chacun une carte *pasmo*. On peut l'utiliser presque partout pour prendre les trains, les autobus et même pour effectuer des achats dans certains commerces et dans les machines distributrices que vous allez voir un peu partout.

M. Smith et Mme Barclay, qui accompagnaient le groupe, se mirent à distribuer ces petites cartes de plastique grises où le mot *pasmo* se retrouvait écrit en couleur orange. Sensei Nakamura poursuivit ses explications.

– Nous avons déposé 10000 yens sur chacune de vos cartes. Chaque fois que vous prendrez le train ou ferez un achat quelconque, le montant sera soustrait de votre carte. Vous pourrez voir le montant qu'il reste sur votre carte. Vous devriez pouvoir faire six jours avec votre carte. Cela inclut les transports et un peu d'achats. Si vous défoncez le montant de la carte, vous aurez à payer la différence avec votre argent de poche. Il vous appartient de gérer votre budget. Nous remettrons à nouveau le même montant dans 6 jours.

Avant de partir, chaque jeune reçut ses trois billets de 10000 yens, dont il pouvait disposer comme bon lui semblerait. Les repas seraient remboursés, mais s'ils manquaient d'argent pour la fin du voyage, sensei Nakamura ne pouvait rien faire pour les aider. Ils devaient apprendre à gérer leurs finances eux-mêmes.

Le groupe prit le train pour Ueno. Sensei Nakamura voulait que cette première journée pour les jeunes soit une activité plaisante. Un entraînement aurait été du temps perdu. Trop d'excitation génère souvent le même effet que pas assez de motivation. Canaliser ce trop-plein d'énergie par une promenade à Ueno serait l'idéal. La station de train d'Ueno est construite au cœur d'une petite colline. Ses sept étages de trains transmettaient l'impression de ce que pouvait être la vie au sein d'une fourmilière.

Sensei Nakamura indiqua l'emplacement du train pour retourner à Kashiwa. Tout le monde devait se retrouver sur le quai de la gare à 17 heures. Était-ce par un des caprices que réserve le destin ou simplement par l'attirance que projetaient les pandas ? Toujours est-il que presque tous les jeunes se retrouvèrent au zoo d'Ueno. Dans le parc, avant de franchir l'entrée du zoo, un vieil homme nourrissait une bande de corbeau. Ses mouvements lents semblaient rassurer les oiseaux agglutinés autour de lui. Le soleil projetait ses rayons au travers des oiseaux, accordant au vieil homme une aura presque mystique. Les oiseaux ne se montraient nullement agressifs comme pouvaient l'être les goélands. Ils donnaient l'impression de respecter l'homme et d'apprécier ce qu'il faisait pour eux. Le spectacle captivait le quatuor, qui resta plusieurs minutes à regarder la scène.

À l'intérieur du Jardin zoologique, sous l'impulsion de la gent féminine, le groupe se retrouva devant la cage du panda. Divers pandas vivent dans l'espace protecteur du zoo d'Ueno, mais celui qui attira le plus l'attention fut incontestablement le grand Panda.

– *Kawaii*, qu'il est beau, on aurait le goût de le serrer contre nous, dit Émilie.

Lorsque quelque chose est mignon, ou joli, c'est le qualificatif de *kawaii* que les Japonais utilisent le plus. Émilie trouvait le panda très mignon. Nathan freina l'enthousiasme d'Émilie, lui ramenant un peu les pieds sur terre.

– Oui peut-être, mais regarde ses griffes, ça demeure un animal et tu ne peux jamais prévoir comment ça va réagir.

– Je suis certaine qu'il ne ferait pas de mal à une mouche.

En disant cela, le panda leva sa grosse patte et tenta de happer un papillon jaune qui s'accrochait encore à l'automne. Le papillon eut juste le temps de remonter, tout en continuant de virevolter hors de la portée des griffes du panda. En regardant cela, les quatre jeunes s'esclaffèrent de rire. Émilie ne s'avoua cependant pas vaincue.

– Oui, mais un papillon jaune doit être plus appétissant qu'une mouche.

Nathan examina Émilie, laissa échapper un soupir.

Le Jardin zoologique d'Ueno se divise en deux parties. Ils prirent le monorail pour aller dans la seconde partie. La visite du parc se poursuivit ainsi durant une bonne heure. Ils quittèrent ensuite l'endroit pour aller flâner derrière les boutiques de la rue principale. Ils découvrirent le marché américain, une myriade de petites boutiques offrant des produits... américains. Chaussures sport, manteaux griffés, sacs à dos, couteaux, parfum, bref, on pouvait y acheter une multitude de produits que l'on pouvait retrouver partout en Occident. L'intérêt pour cette partie d'Ueno ne dura pas très longtemps. Ils retournèrent sur la rue principale, passèrent devant une effigie grandeur nature de Frankenstein et continuèrent à remonter en direction de la station. Depuis plusieurs minutes déjà, aucune parole ne s'était échangée. Chacun semblait sous le charme de ce quartier populaire. Joanna brisa ce silence presque méditatif.

– Je ne peux pas croire que je marche ici présentement. Je pense que personne de mon quartier n'a mis les pieds si loin.

– Sans Millepertuis, nous ne serions pas ici. Mais que va-t-il se passer après, si nous quittons St-Jude ? La vie ne sera plus jamais la même.

– Bof, ça nous laisse du temps pour y penser, ne te casse pas la tête avec ça, Nathan.

– Facile à dire pour toi, Buns. Tu pourras toujours continuer à voyager et à visiter la planète sans que ça n'affecte trop le portefeuille de tes parents. Mais pour nous...

– Si je fais le tour de la planète, ça ne sera certainement pas à cause de mes parents. Je ne veux plus rien savoir de leur argent. J'ai l'intention de tout faire pour demeurer au sein de Millepertuis, même après les deux ans.

Joanna se montra un peu plus terre-à-terre.

– Peut-être que tu ne veux plus rien savoir de l'argent de tes parents, mais apprécie au moins le fait qu'ils payent pour que tu étudies à St-Jude.

Buns n'avait pas vu ça sous cet angle. Nathan enchaîna.

– Si on regarde sensei Nakamura, M. Smith et Mme Barclay, la vie au sein de Millepertuis ne doit pas être si horrible que ça. Je ne pense pas que ça les ait traumatisés. Je pense comme toi, Buns, je vais tout faire pour demeurer au sein de Millepertuis.

Chapitre 42
Une première journée de cours

La veille, les jeunes avaient marché toute la journée. Après s'être rejoints à la gare, ils eurent droit à une visite guidée dans le quartier de Shibuya. La marée humaine qui traverse l'intersection devant la gare est un spectacle inoubliable pour les touristes. Tous les jeunes se firent prendre en photo près de Hachiko, le chien le plus fidèle et aussi probablement le plus célèbre du Japon, sinon de la planète. Hachiko était le chien d'un professeur d'université qui habitait à Shibuya. Chaque matin, il accompagnait son maître jusqu'à la gare et retournait le chercher le soir. Lorsque son maître mourut, durant dix ans, Hachiko continua chaque jour d'aller attendre son maître à la gare. Il mourut près de la gare en mars 1935. Tous les gens du quartier étaient émus par Hachiko.

En s'éveillant, sensei Nakamura s'attendait à ce que quelques jeunes traînent la patte pour cette première journée de cours. Les longues marches de la veille amenèrent sensei Nakamura à réaliser l'emprise du temps sur son corps et particulièrement sur ses genoux. Il rejoignit M. Smith et Mme Barclay qui attendaient l'ascenseur. À sa grande surprise, tous les jeunes patientaient depuis plusieurs minutes dans le vestibule de l'hôtel. Le groupe se dirigea vers la gare pour prendre la ligne Tobu en direction d'Omiya.

Ce lundi matin les plongea dans l'univers des travailleurs japonais, un univers totalement différent de ce qu'ils avaient vécu la veille. La station de Kashiwa débordait de gens qui arrivaient de toutes les directions. En l'espace d'une minute, le dernier train libéra les quelques milliers de passagers qu'il gardait entassés en son ventre. Les jeunes eurent à traverser cette horde humaine qui cherchait à transférer de train.

– C'est hallucinant, j'aime ça ! cria Nathan à ses amis.

Joanna fut coupée du groupe par un monsieur qui, sans la voir, la bouscula un peu au passage. Sans paniquer, Joanna se faufila entre les gens composant la traine de cette vague humaine. Elle rejoignit ses amis. Au bas de l'escalier roulant, deux trains attendaient. L'un rempli quasi à capacité maximale, l'autre presque vide. Sensei Nakamura indiqua le train vide d'où venait de débarquer la meute d'humains pressés, qu'ils avaient dû d'affronter à l'étage au-dessus. Sensei Nakamura évita de prendre le premier wagon. Ce wagon, jusqu'à 9 heures du matin, était interdit à la gent masculine.

– Lorsqu'on va revenir, à partir d'ici, est-ce que tout le monde peut retrouver l'hôtel ? demanda sensei Nakamura au groupe.

Deux ou trois hésitèrent, mais la plupart des jeunes affirmèrent pouvoir le faire sans problèmes.

– Bien ! Il se peut que nous ne revenions pas avec vous ce soir. Ceux qui ne sont pas certains, vous n'aurez qu'à suivre vos compagnons.

Le train s'emplissait de plus en plus. Les sièges libres se comblaient. Chacun jouait à se faire le plus petit possible, à se tasser afin de réussir à créer une place assise supplémentaire. Le train quitta la gare, prenant à son bord de plus en plus de personnes dans les premières stations. Ce ne fut qu'à la station d'Unga que le train commença à vraiment se vider.

Le groupe de St-Jude descendit du train à la station Atago. Après avoir traversé un long parc où des vélos stationnés occupaient un espace impressionnant, ils se dirigèrent vers le dojo. Un ami de sensei Nakamura enseignait ce matin-là.

Le cours débuta avec d'étranges roulades comme seul pouvait en enseigner ce professeur. Sensei Nakamura avait prévenu les jeunes de ne pas se dévaloriser, que personne ne réussissait à bien faire les roulades de son ami les premières fois. Après quelques essais infructueux, Nathan regarda Buns et Joanna.

– Je roule comme une casserole. Il va falloir qu'on retravaille ça en arrivant à St-Jude.

– Mais non, les gars, ce n'est pas si difficile.

En disant cela, Joanna effectua la roulade avec grâce et élégance. Exécuté par elle, ça semblait facile. Buns observa les mouvements de Joanna.

– Ça y est, j'ai tout compris. C'est simple !

En effectuant une nouvelle tentative de roulade, son corps tomba de côté, exécutant un étrange pivot que plus personne ne pourrait jamais reproduire.

Le professeur japonais enchaîna sur des principes de déséquilibre. Il fit sentir la technique à chaque étudiant. Lorsque ce fut le tour de Nathan, ce dernier donna un coup de poing au sensei qui esquiva et appuya très légèrement sa main droite derrière le coude de Nathan. Légèrement déséquilibré, Nathan transféra son poids pour recouvrer son équilibre. Au même moment, l'enseignant effleura la hanche de Nathan provoquant un nouveau déséquilibre dans une autre direction. Chaque mouvement que fit Nathan pour reprendre le contrôle de son corps l'enfonçait davantage vers une inévitable chute au sol. Dans un dernier espoir, Nathan tenta de se relever, son adversaire déposa le bout des doigts sur son épaule et Nathan se retrouva étendu sur le dos, sans qu'aucune force physique n'ait été utilisée.

Tout le cours se déroula de cette manière. À chaque nouvel enseignement, le professeur faisait ressentir la technique à chaque personne présente sur le tatami. À 11 heures le cours se termina. Les étudiants remercièrent l'ami de sensei Nakamura. Il regarda les jeunes et en fermant ses deux poings, il leva les pouces vers le haut, signalant ainsi aux jeunes qu'ils venaient de faire du bon travail. Il donna une bonne poignée de main à sensei Nakamura, ce qui est assez inhabituel chez les enseignants d'arts martiaux japonais. Il donna une poignée de main amicale à chacun des jeunes qui allèrent le remercier.

Le groupe marcha jusqu'au Jusco, un petit centre d'achats à environ quarante minutes du dojo. Au coin-restaurant, il y en avait pour tous les goûts. M. Smith donna un billet de 1000 yens à chacun des jeunes.

– Ici, ça ne devrait pas dépasser ce montant. Vous pourrez garder la monnaie s'il en reste. Allez vous promener dans le centre commercial si ça vous tente, mais à 13 h 15, soyez ici.

L'enseignement tel que donné à St-Jude sensibilisait les jeunes à l'importance de la ponctualité. Être en retard à un rendez-vous indique un manque de respect ou, plutôt, de considération pour la personne que l'on doit rencontrer. Tout le monde affichait présent à l'heure dite. Le groupe repartit à pied, mais pour une autre direction. Ils marchèrent vers la résidence du professeur de sensei Nakamura. Ils montèrent un escalier étroit les amenant au second étage dans un dojo où peu de gens avaient accès. Sensei Nakamura quitta le groupe, laissant M. Smith et Mme Barclay en compagnie des jeunes.

– J'espère que ça va être aussi le fun que l'autre cours, dit Joanna.

– Tu ne le réalises peut-être pas, Joanna, mais tu vas t'entraîner avec celui qui est probablement le plus grand maître d'arts martiaux vivant de notre époque, dit Mme Barclay.

– Monsieur Smith, vous et Mme Barclay l'avez déjà souvent rencontré, comment est-il? demanda Nathan.

– C'est quelqu'un de très gentil. Mais autant il peut être gentil, autant il peut être parfois impitoyable quand il enseigne.

– Oui, mais il ne fait jamais rien pour rien. Ne vous inquiétez pas, vous allez l'adorer. Il n'est pas encore arrivé, mais il ne devrait pas tarder, il accordait une entrevue pour un poste de télévision allemande, dit sensei Nakamura qui venait de rejoindre le groupe.

On venait d'Allemagne pour l'interviewer, cette nouvelle impressionna Nathan. Une voiture s'arrêta devant la porte du dojo. Enfin, ils allaient rencontrer le professeur de sensei Nakamura. Le sensei était plus grand que la moyenne des Japonais de son âge. Sa démarche démontrait plus d'assurance que la plupart des gens du même âge. Une grande gentillesse émanait de cet homme au regard sage. Sans même regarder à l'intérieur de la salle d'entraînement, il se dirigea en direction de sensei Nakamura. Il s'adressa à lui comme s'il continuait une conversation débutée quelques minutes auparavant. Des rires fusèrent des deux hommes. Après plusieurs minutes d'échanges visiblement très amicaux, sensei Nakamura présenta son professeur. Ce dernier ne perdit pas de temps, il désigna Nathan et lui demanda de faire une technique, n'importe quelle technique.

Nathan prit quelques secondes, puis demanda à Buns de lui donner un coup de poing. Au moment où le poing droit de Buns arrivait en extension, Nathan avança son pied droit, et contrôla le bras gauche de Buns avec sa main droite. De la gauche, il captura le bras droit de Buns et le propulsa sous son aisselle droite. Puis, il saisit la main gauche de Buns à deux mains pour faire une torsion de poignet. Buns lâcha un petit cri de douleur, plus par peur que par souffrance.

Le *Soke*, titre que possédait le professeur de sensei Nakamura et qui indiquait sa légitimité à transmettre les connaissances d'écoles d'arts martiaux traditionnels, regarda Nathan avec intérêt. Il ordonna aux gens de pratiquer cette technique. Moins d'une minute plus tard, il demanda à Nathan de l'attaquer. Il refit la même technique, mais de façon un peu différente. À maintes reprises par la suite, il refit différentes variations du même principe. Il amena la technique enseignée par Nathan à des niveaux de simplicité qui paradoxalement, se révélait incroyablement complexe.

Il fit ressortir le point important de son enseignement.

– Si vous vous positionnez à la bonne distance, vous n'aurez pas à utiliser de force musculaire. Dans cette technique ce qui est important c'est ce que l'on fait du vide qu'il y a autour de l'attaquant.

Le *Soke* demanda ensuite à Joanna de démontrer une technique. Au moment où Nathan lui donna un coup de poing, elle se déplaça en croisant la jambe droite devant sa gauche pour éviter l'attaque et se retrouva rapidement derrière Nathan, elle mit ses deux mains sur les épaules de Nathan, puis sauta dans les airs en donnant simultanément deux coups de pieds aux creux des genoux, forçant ainsi Nathan à tomber sur le dos.

Soke parla rapidement en japonais à l'intention de sensei Nakamura. Les deux hommes partirent à rire.

– *Soke* a simplement dit qu'il plaint l'homme qui pourrait essayer de te battre. C'est un beau compliment que tu viens de recevoir là.

Joanna se contenta d'exposer de belles joues rouges.

Cette fois-ci, c'est Joanna qui attaqua *Soke* pour les démonstrations. Autant il pouvait créer des douleurs insupportables, autant il se révéla doux avec Joanna, ce qui n'empêcha pas Joanna de visiter le sol à un grand nombre de reprises. Il expliqua que ce genre de technique ne requiert aucune force physique. Il parla de nouveau de l'espace, de pouvoir bouger librement dans cet espace. Il compara l'attaquant à un ballon que l'on peut faire rebondir dans l'espace.

Le cours se termina dans la bonne humeur. Le *Soke* se laissa volontiers prendre en photo avec chacun des jeunes. Avant de descendre l'escalier, il leva la main qu'il agita en direction des jeunes.

– Je suis fier du travail que sensei Nakamura a fait avec vous. *Gambatte* !

Chapitre 43
L'attentat

Les journées qui suivirent furent relativement semblables à la première journée de cours. Des entraînements avec différents professeurs, entrecoupés de quelques visites touristiques et d'un peu de temps libre, donnaient l'impression que le sable du sablier descendait sous pression. Outre *Soke*, les jeunes eurent le privilège d'apprendre avec cinq différents professeurs. Chacun d'eux possédait son style d'enseignement bien à lui. Nathan apprécia particulièrement l'un des professeurs, qui avait apporté de son jardin des concombres japonais afin que les jeunes puissent y goûter. Ses techniques reposaient beaucoup sur l'alignement des os.

Un des autres professeurs se révéla comme une usine de fabrication de techniques. Pratiquement à toutes les soixante secondes, il changeait de technique, et ce, sans arrêt durant toute la durée du cours. Un autre professeur d'allure plus costaud fit des variations toutes plus intéressantes les unes que les autres. Enfin, un autre amusait beaucoup les jeunes, car il semblait chercher constamment ce qu'il venait de faire, mais sous cette apparence trompeuse se cachait une maîtrise martiale d'un très haut niveau.

Pour Nathan, la soirée du mercredi se termina par la découverte d'une épicerie qui écoulait le reste de ses sushis à des prix dérisoires. Une partie de la monnaie qui lui restait de ses repas se transforma en ces délicieuses bouchées de riz vinaigré entouré de différents morceaux de poissons.

Le lendemain matin, Jeffrey rejoignit le quatuor à la table du restaurant de l'hôtel.

– Je regarde toujours l'actualité sur Internet chaque matin. On y parlait de M. Whitterdale. Je pense qu'il s'agit de notre monsieur Whitterdale.

Joanna se montra la plus curieuse.

– Qu'est-ce qu'il a fait ?

– Quelqu'un a tenté de l'assassiner.

Le silence se fit autour de Jeffrey.

– Apparemment, quelqu'un a placé une bombe dans sa voiture. Il s'apprêtait à quitter le stationnement d'où il venait de donner une conférence. Au même moment, une petite fille en vélo s'est fait accrocher par une voiture. M. Whitterdale est descendu de sa voiture pour aller porter secours à la fillette et, quelques secondes plus tard, sa voiture explosait.

– Wow! Ça tient du James Bond cette histoire-là, dit Buns.

– L'article disait que ça faisait moins d'une minute que sa voiture était démarrée lorsque la bombe a sauté. Il a reçu quelques éclats, mais rien de grave. L'enfant n'a pas été touché, mais le conducteur qui a frappé la fillette, lui, a reçu des morceaux au visage.

– La petite fille lui a sauvé la vie... dit Joanna en cherchant du regard les adultes responsables.

– Il faut annoncer ça à M. Smith et aux autres, dit-elle.

Comme tous les jeunes du groupe, elle connaissait le numéro des chambres de sensei Nakamura, de M. Smith et de Mme Barclay, précaution indispensable en cas de problèmes. Jeffrey et Nathan l'accompagnèrent à celle de sensei Nakamura, mais personne ne répondit. Ils jetèrent leur dévolu sur celle de M. Smith. Ils arrivèrent près de sa chambre. La porte n'était pas fermée complètement, le loquet de sécurité empêchant qu'elle ne se referme de manière étanche. Il entendit la voix de M. Smith qui discutait avec sensei Nakamura.

– Ça remonte loin, ça s'est passé lors d'une opération de sauvetage de bénévoles de la Croix Rouge il y a presque dix ans. Une partie du groupe fût fait prisonnier par les soldats de la Révolution. Comme ils tuaient un otage par jour et que le gouvernement ne pouvait intervenir, c'est nous qui y sommes allés.

M. Smith parlait à voix basse, Nathan dut se rapprocher davantage de la porte.

– Oui, je me souviens de cette opération. Ça n'explique pas pourquoi Logans veut tuer Whitterdale, dit le sensei.

– Sa fille travaillait pour la Croix rouge internationale, elle faisait partie du groupe fait prisonnier.

– Oui, mais quel rapport avec Whitterdale?

M. Smith continua ses explications.

– Lorsque l'équipe fut parvenue jusqu'au lieu de détention, la fille de Logans avait déjà été assassinée. Il a toujours clamé que si notre équipe n'était pas intervenue, il aurait pu sauver sa fille par des négociations. Logans a pété un câble à la mort de sa fille.

– Mais Whitterdale, dans tout ça?

– C'est lui qui supervisait l'opération. L'équipe envoyée répondait directement à ses ordres.

Un silence se fit. Nathan recula de peur d'être perçu. Mais sensei Nakamura reprit le fil de la conversation.

– Comment Logans a-t-il pu savoir que c'était cette unité de Millepertuis qui a agi? Toutes ces opérations sont censées être secrètes.

– Je ne faisais pas partie de l'opération, mais je sais que l'extraction des prisonniers s'était faite avec l'appui du gouvernement. Le ministère de la Défense avait fourni un hélicoptère pour l'opération. Probablement que c'est de cette façon qu'il a pu retrouver les membres du commando de Millepertuis. Il est possible qu'une vidéo de l'intérieur de l'hélico ait échappé au nettoyage.

– Oui, mais Whitterdale ne devait pas être présent, non ?

– On ne sait trop comment, mais on peut être certain que Logans a eu accès à de l'information sur les agents utilisés lors de cette mission de sauvetage. Les dossiers des opérations passés ont été informatisés, il y a deux ans environ. Le mois de mai dernier, nos archives ont été piratées, malgré le haut niveau de notre sécurité. Seules des équipes de haut calibre, travaillant habituellement pour des gouvernements, peuvent réussir à traverser nos protections. Logans est un haut gradé militaire, il a accès à ces technologies. C'est probablement ainsi qu'il a découvert Whitterdale.

M. Smith soupira suffisamment fort pour que Nathan puisse sentir son désarroi. Sensei Nakamura ébaucha une théorie toute simple.

– Est-il possible que Logans ait pu nous infiltrer d'une façon autre que par l'informatique ?

– Tout est possible. J'ai déjà eu à travailler avec lui, cet homme est instable émotionnellement, mais il possède une intelligence remarquable.

Mme Barclay qui se contentait d'écouter jusqu'à maintenant émit une hypothèse.

– Il reste à savoir si on lui a facilité la vie de l'intérieur. Peut-être a-t-il des complices au sein de Millepertuis ?

Nathan sentit qu'on le tirait par un poignet, Joanna fit signe aux garçons de se diriger vers les ascenseurs. Elle appuya sur le bouton pour appeler l'ascenseur. La porte s'ouvrit, elle tira les gars à l'intérieur.

– Quoi ? On aurait pu en apprendre plus, pourquoi t'as fait ça ?

En disant cela, la porte se referma. La voix de M. Smith se fit entendre. Ils n'eurent que le temps d'entendre quelques mots.

– Je vais contacter…

Déjà, deux étages faisaient obstacle aux paroles de M. Smith. Les jeunes se précipitèrent vers la table où les attendaient Buns et Émilie.

– Alors, comment ont-ils pris ça ? demanda Buns.

– Il ne faut pas parler de ça maintenant, parlons d'autres choses. J'ai hâte à samedi pour la partie de budominton contre le Japon, dit Joanna en haussant son ton de voix.

Au même moment, M. Smith passa sans sembler voir qui que ce soit. Son pas rapide reflétait sa prise de décision. Il fallait faire quelque chose et il ferait ce qu'il faut. Voilà l'image qu'il projetait au moment de passer devant les jeunes.

– Il n'a pas l'air de bonne humeur.

Buns ne se trompait pas. Ce qui différenciait M. Smith d'une personne ordinaire, c'est qu'il ne prenait pas le temps de s'apitoyer sur ce qui se passait. Son esprit guerrier le portait vers l'action et non vers un attendrissement émotionnel, qui n'aurait rien donné dans une telle situation.

Émilie décida d'aller faire quelques emplettes, ou du moins de fureter dans les magasins avoisinants. Jeffrey l'accompagna. Comme beaucoup de gens qui se tiennent informés, Jeffrey possédait plus l'âme d'un spectateur que d'un acteur de l'actualité. La plupart des gens regardent ou écoutent les nouvelles, se plaignent à tous les gens qui les entourent des malheurs qui les oppriment, mais ne font jamais rien pour changer les choses.

Nathan, qui semblait songeur depuis plusieurs minutes, fit une remarque.

– Vous vous souvenez quand Bartholomew téléphonait sur son cellulaire dans le boisé ?

– J'ai toujours trouvé ça louche, son comportement.

Buns ne l'avait jamais vraiment aimé. Nathan reprit sa pensée.

– Il parlait d'obtenir des informations le plus rapidement possible. Peut-être que ça a un rapport avec l'attentat qu'a subi M. Whitterdale ? Peut-être qu'on devrait en parler à M. Smith ?

– Lui parler de cela maintenant, ce serait presque avoué que nous l'avons espionné et ça, j'aime mieux pas, dit Joanna.

– Pour l'instant, on ne peut rien faire. Je remonte à la chambre me brosser les dents et on va se promener. D'accord ? dit Nathan.

Buns passa sa main dans ses cheveux, donnant l'impression d'une personne cherchant son chemin.

– Ouais, je suis partant. De toute façon, le prochain cours n'est qu'à sept heures ce soir.

– Est-ce qu'Émilie va pouvoir nous rejoindre au dojo ce soir ? demanda Joanna.

– Ne t'en fais pas pour elle, dit Nathan. Elle est pas mal plus débrouillarde qu'on peut le penser. On se rejoint dans le hall d'entrée dans quinze minutes. Apportez votre sac, il fait beau, on va en profiter pour visiter le temple d'Atago. Comme ça, on sera rendu dans le coin pour ce soir.

Chapitre 44
Visite à Atago

Le train venait à peine de quitter la station de Nodashi que, déjà, Buns se levait pour prendre son sac à dos sur la tablette au-dessus des sièges. Un peu avant d'arriver à la station d'Atago, Joanna se leva à son tour, prit son sac et se retourna vers le siège en face pour saluer deux dames âgées à qui elle avait adressé quelques mots auparavant.

Au moment de s'asseoir, les deux dames regardaient Joanna, ou plus précisément ses cheveux, et l'une d'elles échangea quelques mots en mettant sa main devant sa bouche. En voyant que les dames parlaient d'elle, Joanna leur adressa un beau bonjour. Elle enchaîna en déclarant sa nationalité et en disant qu'elle aimait le Japon. Les dames lui firent un compliment sur ses cheveux. Heureusement que Joanna ne possédait pas un tempérament paranoïaque. À regarder Joanna comme elles la regardaient, l'attitude des deux dames aurait aisément pu être mal interprétée. À l'arrêt, les deux dames saluèrent Joanna et les garçons avec un chaleureux « *ki o tsukete* », « prenez soin de vous ».

À la sortie de la gare, le petit groupe tourna à droite sur le trottoir réservé aux piétons... et très souvent aux vélos. À plusieurs reprises, des gens à vélo faisaient résonner le son clair de leurs clochettes. Laisser passer le cycliste en se tassant sur le bas-côté était la norme dans ce pays où la politesse n'était pas un art perdu. Au moment où ils arrivèrent à l'intersection, là où se trouvait l'entrée principale du temple d'Atago, un son d'oiseau indiquait aux piétons qu'ils pouvaient traverser de l'autre côté.

Sans prendre le temps de penser ou de demander leur avis, Nathan fit signe à ses amis de le suivre. Plutôt que de prendre le chemin de l'entrée du temple, il alla de l'autre côté de la rue. Buns et Joanna coururent après lui. Ils marchèrent sur une courte distance, puis s'arrêtèrent à la seconde boutique. Nathan ne connaissait pas les lieux, mais son intuition l'avait guidé de ce côté.

– Vous voyez ce que je vois ?

Une petite bicoque de moins de trois mètres de large par peut-être quatre mètres de profond se trouvait à cet endroit. La devanture de la boutique dérobait un peu d'espace au trottoir. Sur un présentoir, on pouvait y voir des *tabis*, ces chaussures où le gros orteil est séparé des autres. Malheureusement, la semelle fabriquée en caoutchouc différait de celles que portait sensei Nakamura. Un monsieur assis au fond de la boutique se leva de sa chaise et les invita à entrer plus profondément dans son antre. Il prit une paire de *tabi* avec des semelles en tissus et la montra aux jeunes. L'homme savait ce qu'ils cherchaient.

Dans la boutique, tout semblait entassé. Des chapeaux dignes des grandes soirées des années 50, des bas de laine, des guêtres et des *tabis* de toutes grandeurs et de toutes sortes résumaient le contenu du commerce. Buns regarda un panneau sur lequel s'affichaient les cartes professionnelles d'un grand nombre d'écoles d'arts martiaux de différents pays.

– Regardez, il y a la carte de sensei Nakamura.

En pointant la carte, Buns regarda l'homme et lui dit.

– *Watachitachi no sensei desu.*

L'homme, déjà très courtois, redoubla de politesse en constatant le lien qui les unissait à sensei Nakamura. Il appela son épouse et lui rapporta ce que venait de dire Buns. La dame s'inclina à plusieurs reprises afin de les saluer.

Ils essayèrent différentes grandeurs de ces chaussures d'intérieures en tissus. Il semblait évident qu'une partie des trois billets qu'ils possédaient serait dépensée ici. Nathan et Buns achetèrent chacun trois paires de *tabis*. Malheureusement pour Joanna, il ne restait que deux paires de tailles 24. Après avoir salué l'homme et sa dame, ils continuèrent dans la même direction. C'est Joanna qui prit l'initiative du chemin, Nathan et Buns se contentèrent de la suivre. Elle vit une librairie un peu plus loin à droite. Buns et Nathan se regardèrent avec une moue qui en disait long. Buns observa Joanna d'un air amusé.

– Une librairie, je ne veux pas te faire de peine, mais je pense que notre japonais n'est pas suffisant pour lire un livre dans cette langue.

– Ça ne fait rien, je veux aller voir. Attendez-moi, ça ne sera pas bien long.

Elle fit le tour de la petite librairie. Elle s'arrêta près d'une étagère sur le mur de droite. Quelque chose la retenait là, mais les gars ne pouvaient voir ce que c'était. Elle prit un livre et passa à la caisse. Joanna ne pouvant s'empêcher de glisser quelques mots de japonais, la transaction parut une éternité aux yeux de Buns qui fit une tentative d'humour lorsqu'elle fut de retour.

– Qu'est-ce que tu as acheté comme album à colorier ? Le dernier livre de Pokemon ou un livre de poupée japonaise ?

Joanna n'ouvrit pas la bouche et ne répondit pas aux sarcasmes de Buns. Elle regarda les gars avec condescendance, fit un petit sourire et se contenta simplement de sortir de son sac à dos le livre qu'elle venait d'acheter. Buns et Nathan se regardèrent, puis il y eut une courte confrontation à savoir lequel réussirait à entrer le premier dans la librairie. Heureusement pour eux, il restait plusieurs exemplaires du dernier livre de *Soke*. Ils espéraient avoir la chance de lui soutirer un autographe.

Ils retournèrent sur leurs pas afin d'aller au temple. Le son de l'oiseau indiqua qu'ils pouvaient traverser. Le carrefour où ils se trouvaient devait donner sur des artères importantes. Le flot continu de véhicules, le grand nombre de camions qui passait par là indiquait que des autoroutes ne devaient pas se trouver loin. Ils passèrent sous le portique du *tori*, cette porte donnant accès à l'univers des esprits. Ils eurent instantanément l'impression qu'ils entraient dans une autre dimension. Contre toute attente, le cerveau ne s'occupait plus des bruits extérieurs. L'état de conscience qu'inspiraient les lieux amenait les jeunes vers un état spirituel où les bruits et la réalité du monde extérieur furent relayés au second plan. Instantanément, sans qu'ils aient eu besoin d'échanger la moindre parole, tous trois savaient qu'ils partageaient le même bien-être.

– Ce qu'on peut se sentir bien ici.

En disant cela, Joanna haussa les épaules et s'étira les bras, loin vers le haut. À droite, un bassin de bois contenait de l'eau. Long d'un mètre vingt, le bassin était surmonté d'un dragon sculpté dans la pierre où de l'eau se déversait par la bouche. Des louches de bois y étaient accrochées.

– Je veux une photo de moi devant ce dragon, dit Nathan.

Il prêta son appareil photo à Buns qui prit deux clichés de Nathan. Un couple de Japonais dans la cinquantaine qui passait par là tendit leurs mains en direction de l'appareil photo. Nathan sembla hésitant de confier sa caméra à des étrangers.

– Venez, dit Joanna. On va prendre une photo de nous trois ensemble devant le dragon.

Pour la première fois, Nathan avait une photo de lui avec ses amis. Il ne se souvenait pas d'avoir possédé beaucoup de photos de lui-même auparavant et encore moins avec des amis. Ils continuèrent la visite du temple.

Joanna ferma les yeux, ses lèvres prirent l'allure de ce qui pouvait être un sourire. Elle ne se souvenait pas d'avoir été aussi détendue dans les dernières années. Elle ouvrit les yeux en contemplant le vieux temple en face d'elle. Un bâtiment pas très grand déroulait au pied de ses cinq marches un trottoir en dalles de béton. De chaque côté du trottoir, deux monuments aux formes arrondies et, un peu plus loin, deux autres aux formes plus angulaires bordaient l'allée.

Les jeunes prirent de nombreuses photos des lieux. Les caméras numériques fournies par Millepertuis ne chômaient pas. Ils se promenèrent ensuite jusqu'à un autre bâtiment plus récent. Au centre, une grosse corde suspendue permettait aux pèlerins de demander l'aide des esprits. En agitant la corde reliée à un grelot, en s'inclinant et en tapant des mains deux fois, les gens peuvent demander la faveur des esprits du temple. Naturellement, une petite offrande sous forme de pièce de monnaie favorise l'aide des esprits du temple. Nathan tournait lentement sur lui-même, donnant l'impression qu'il ne voulait rien manquer.

– Je trouve ça étrange, le calme qu'il y a ici. Ça fait du bien, on dirait que le temps refuse de passer.

– Oui, si le temps devait se figer un jour, je ne détesterais pas être ici quand ça arrivera.

Joanna partageait le sentiment de Nathan à l'égard du vieux temple. Buns pensait un peu différemment.

– J'adore l'endroit, j'aime le visiter, mais je pense qu'une fois qu'on en aura fait le tour, ça sera suffisant.

– Ce que tu peux être barbare ! répondit Joanna.

En examinant les pierres au sol, ils s'aperçurent que la plupart possédaient des gravures qui, effacées par la main du temps, devenaient de moins en moins visibles. Combien d'années faut-il au temps pour effacer une gravure dans la pierre ? Aucun des jeunes n'aurait pu le dire. En marchant, ils découvrirent la statue d'un moine. Nathan s'arrêta de longues minutes pour la contempler. Pour la plupart des touristes, cette effigie n'était qu'une œuvre d'art parmi tant d'autres; pour Nathan, c'était le souvenir d'une expérience spirituelle.

Un peu plus loin, un sentier jusqu'aux abords d'un cimetière. Chaque détour, chaque marche, chaque pierre où l'on posait le pied étaient positionnés savamment, apportant l'angle de vision nécessaire à une réflexion, à un questionnement.

Le trio arriva à la fin du sentier, une tonnelle aux plantes abondantes saluait la fin du parcours.

– Si on s'assoyait et qu'on faisait une petite méditation, qu'en dites-vous ?

– Excellente idée, Joanna, je suis partant, et toi, Buns ? Ça ne te fera pas de mal de méditer un peu.

Les jeunes s'installèrent confortablement sur le sol. Ils fermèrent les yeux, prenant de grandes respirations. Le chant des oiseaux incitait leur esprit à se détacher du monde des hommes. Buns prit l'initiative de guider la méditation.

– Nous nous adressons aux esprits du temple, s'il vous plaît, aidez-nous dans notre quête, donnez-nous un signe de votre bienveillance.

Une petite voix se fit entendre, légère comme le chant des oiseaux.

– Ah, vous êtes là.

Émilie, accompagnée de Jeffrey, les avait rejoints.

Chapitre 45
Les arts martiaux et la vie

Les jeunes rejoignirent sensei Nakamura dans la ruelle devant le dojo. La température plus sèche accentuait la chaleur des rayons du soleil de décembre. Bien que n'y étant pas obligé, personne du groupe ne voulait manquer cette opportunité de s'entraîner avec *Soke*.

– Avant d'aller au dojo, nous allons visiter le bureau de mon professeur. Faites attention où vous mettez les pieds.

Nathan se questionna sur cette recommandation. Ils entrèrent dans l'immeuble. Nathan se dit qu'il ne devrait pas y avoir de piège à ours ou quelques autres dangers du genre. Sensei Nakamura ouvrit la porte coulissante, et aussitôt, il fut accueilli par quelques jappements accompagnés par de sourds grognements. Deux représentants de la race canine, visiblement des amalgames de différentes races, firent office de réceptionnistes. Du fond d'une des pièces, le *Soke* invita le groupe à entrer. Il semblait être en train de préparer des nouilles de soba. Il mit le tout de côté et vint à la rencontre du groupe.

À l'intérieur de la grande pièce avant, décrire la couleur des murs paraissait impossible. Chaque centimètre carré exhibait une photo, une décoration étrange, une médaille ou des objets dont il aurait été difficile d'expliquer la provenance. Le sol, pour sa part, n'offrait qu'un sentier étroit entre un nombre incroyable d'objets et de reliques de toutes sortes. L'endroit lui-même aurait fait l'envie de bien des conservateurs de musée. En regardant tout ce fourbi, Nathan se demanda pourquoi ces objets ne se retrouvaient pas à la casse. Cette pensée de jeter un objet à la poubelle ne devait pas effleurer l'esprit de *Soke*. Ici, chaque morceau devait avoir son histoire, sa raison d'exister. Peu importe où se déposait le regard, une partie de la vie d'un ou d'une inconnue existait ici, dans cet étrange endroit. Une plaque à l'effigie du FBI américain exprimait des remerciements pour les nouvelles techniques que *Soke* avait apportées. Des photos de lui avec des artistes de réputation internationale amenait l'observateur à se poser des questions. Une autre plaque indiquait des remerciements du Vatican sans donner aucune explication. La pièce débordait de ce genre de témoignage.

Répertorier tout ce qui se trouvait là nécessiterait probablement plusieurs mois de travail. Le plafond n'échappait pas à cette profusion d'objets hétéroclites. Du capteur de rêves au tambour amérindien, on y trouvait différentes choses à l'utilité insoupçonnables. La visite du bureau de *Soke* ne pouvait que rester graver à tout jamais dans l'esprit des jeunes. Et c'est sans parler des armes de nombreuses cultures traditionnelles que Nathan pouvait apercevoir. Ces présents lui avaient été donnés par des gens venant de tous les pays. Que ce soit pour son anniversaire ou simplement par gratitude pour son enseignement, des gens de toutes les nationalités lui offraient des présents reliés à l'histoire de leur pays ou de leur culture.

– Ça n'a pas de sens, on se croirait dans la caverne d'Ali Baba.

Buns se permit cette comparaison un peu boiteuse. Certes cette pièce renfermait des trésors, mais rien qui ne s'apparentait à de l'or ou à de fabuleux bijoux. La richesse exposée s'exprimait en valeur humaine et culturelle.

Pendant que les jeunes se promenaient à travers cette jungle de souvenirs, sensei Nakamura discutait avec son professeur dans une pièce plus petite où *Soke* gardait le répertoire des gens qui étudiaient sous sa tutelle. On peut penser qu'une grande partie des parchemins qu'il accumulait depuis si longtemps devait se trouver dans cet antre. Sensei Nakamura sortit de la petite pièce avec une grosse enveloppe brune sous l'aisselle.

– Venez, on va aller attendre *Soke* dans le dojo. Il ne va pas tarder à nous rejoindre.

Tout en se dirigeant vers le dojo privé de *Soke*, Buns questionna sensei Nakamura au sujet de tous ces objets.

– Sensei, est-ce que toutes les pièces sont comme ça ?

– Pense que *Soke* est l'héritier de 900 années d'accumulations d'héritages. La majeure partie de sa collection se trouve dans un musée.

– Pourquoi est-ce qu'il garde tout ça ? Qu'est-ce que ça lui donne ?

– Je suis bien embêté de te répondre là-dessus, Joanna. Peut-être que tout ça va terminer dans un autre musée un jour. Je ne peux le dire.

Sensei Nakamura prit l'enveloppe brune rapportée du bureau de *Soke* et l'ouvrit.

– J'ai ici des certificats attestant que vous avez maintenant le degré de 9e kyu. Félicitations tout le monde.

Sensei Nakamura remit à chacun des jeunes du groupe, un certificat complètement écrit en langue japonaise. Sur le certificat, rédigé en kanji, on retrouvait les noms des écoles ou ryu qu'enseignait *Soke*, le nom de l'étudiant en katakana, ce syllabaire permettant de traduire phonétiquement les mots occidentaux en japonais, le nom de *Soke*, l'année et la date ainsi que le degré obtenu. Les jeunes rangèrent avec précaution les précieux parchemins dans leurs sacs à dos.

Tous les jeunes s'étirèrent un peu en attendant le *Soke* qui d'ailleurs, ne tarda pas à arriver. Il s'adressa rapidement à sensei Nakamura qui se mit à rire de bon cœur. Le *Soke* gardait un cœur d'enfant malgré son âme de guerrier. Avant de commencer, il demanda si quelqu'un avait une question. Nathan leva la main.

– Dans les arts martiaux, on parle souvent du tigre et du dragon. Pourriez-vous nous expliquer ce que cela signifie ?

En posant cette question, Nathan songeait à la canne de M. Whitterdale plutôt qu'aux arts martiaux. Mais il pensait que les deux univers, celui de Millepertuis et celui des arts martiaux, devaient être reliés à un certain niveau.

– Très bonne question, le tigre et le dragon sont des références importantes pour les Asiatiques en général. Le tigre représente ce qui est visible, concret, ce qui est sur terre, alors que le dragon symbolise davantage ce qui est dans les airs, ce qui se trouve caché, ce qui est plus abstrait. Dans le cadre d'une guerre, le tigre représentait les combats terrestres ou souterrains. Par exemple, durant la guerre du Vietnam, les soldats se servaient des tunnels qu'ils avaient creusés pour effectuer leurs attaques. Il symbolise également le combat corps à corps, en opposition avec le dragon où on utilisait les armes de jet comme les flèches et catapultes.

Le *Soke* fit une pause en examinant le groupe. Nathan pensa qu'il devait se questionner sur leur capacité à assimiler toute cette information. Il continua ses explications.

– Dans les arts martiaux, le tigre représente notre capacité à maîtriser les techniques de base, les mouvements mécaniques du corps et l'accumulation de nos connaissances. Le dragon, lui, va bien au-delà. Il donne accès à la maîtrise de principes comme l'utilisation du vide, la capture d'énergie plutôt que l'action-réaction. Il nous enseigne les principes de contrôle du mental d'un adversaire, de ne pas se limiter à contrôler seulement son corps physique. Le tigre représente la force brute, la puissance musculaire, l'utilisation de techniques basiques alors que le dragon nous enseigne à ne plus utiliser de force brute, à ne plus utiliser nos muscles, à aller au-delà des techniques.

Le *Soke* garda le silence durant un long moment. Son visage n'exprimait plus la jovialité qui devait lui être si coutumière. Visiblement, pour lui, le tigre et le dragon devaient occuper une place importante dans sa vie. Il enchaîna.

– On peut dire que le dragon représente le niveau que l'on devrait espérer atteindre. Il possède les griffes du tigre, l'agilité et le magnétisme du serpent, la vitesse de la panthère ou du léopard, l'équilibre et le contrôle des airs que la grue représente. Le dragon exprime également les éléments terre, eau, feu, vent et vide. Le dragon est complet en lui-même. Le tigre attaquera directement sans laisser de doute alors que le dragon tournera autour de sa proie et attaquera en douceur. Mais il ne faut pas s'y tromper, le résultat sera dévastateur pour l'ennemi du dragon. Bon, assez de philosophie pour le moment.

Soke s'adressa en japonais à sensei Nakamura, trop rapidement pour que les jeunes puissent comprendre ce qu'il venait de dire. Sensei Nakamura regarda Nathan et Dennys.

– Nathan, prends un *bokken* et attaque Dennys en effectuant un *do kiri*, une coupe transversale.

Nathan prit un *bokken* en bois et fit un pas, en allongeant les bras pour atteindre Dennys. Ce dernier fit un long saut vers l'arrière pour éviter la lame. *Soke* commenta la technique en regardant Dennys comme si ses explications ne s'adressaient qu'à lui.

– Bien que tu aies évité la lame, ton saut arrière te positionne trop loin de l'attaquant pour prendre le contrôle de l'arme. À la deuxième attaque, l'agresseur va devenir plus prudent et, de ce fait, ça deviendra de plus en plus difficile de prendre le contrôle de son arme et, donc, de l'adversaire lui-même.

Soke demanda à Nathan de l'attaquer. Il recula ne laissant que l'épaisseur d'une feuille de papier entre lui et le bout de la lame. *Soke* expliqua aux étudiants ce qu'il venait de faire.

– Que ce soit dans la vie réelle ou derrière chaque technique martiale, il existe des secrets.

Nathan trouva le *Soke* audacieux de comparer la vie réelle avec une attaque au sabre. *Soke* continua ses explications.

– Le premier secret se résume en un mot : distance. Lors d'une attaque, gérer les distances peut faire la différence entre la vie et la mort. Si on ne recule pas assez, on meurt et si on recule trop, on va probablement mourir dans peu de temps. La distance adéquate va nous permettre de prendre le contrôle de l'arme.

Il refit une démonstration avec Nathan. Aussitôt que la lame passa devant lui, il avança sur le côté droit de Nathan, déposa sa main gauche sur la main droite de Nathan, et enchaîna d'une frappe de sa main droite sur le dessus de la main de Nathan. La main droite de Nathan s'ouvrit, relâchant ainsi la poignée du sabre. *Soke* déposa ensuite sa main droite sur le dessus de la lame, de sa main gauche, il agrippa le centre de la poignée qu'il tira vers le haut exécutant ainsi un mouvement de coupe qui, avec un vrai sabre, aurait eu un effet dévastateur sur la future progéniture de Nathan. *Soke* enchaîna ensuite sur la vie réelle.

– Si quelqu'un désire vous faire du mal, il faut prendre une distance pour se protéger. Pas une distance physique, mais une distance psychologique. Comme pour la technique martiale, il faut apprendre à ne pas se laisser toucher. Les deux se trouvent intimement liés. Si quelqu'un vous attaque physiquement et qu'il réussit à atteindre votre mental, il atteindra probablement votre physique. Vous aurez la rage, la peur ou une autre émotion qui jouera contre vous. Capturer le mental de l'adversaire se révèle un atout précieux en situation de confrontation.

Il faut éloigner notre mental, mais demeurer suffisamment proche ou alerte pour pouvoir réagir si ça devient nécessaire.

Le *Soke* fit prendre un *bokken* à Dennys et demanda à Nathan de faire une attaque à la verticale. Dennys se déplaça à gauche et, du bout du sabre, simula une coupe faite sur la main de Nathan. *Soke* prit ensuite le *bokken* de Nathan et il se mit en position pour attaquer Dennys. Au moment où Dennys tenta de couper la main de *Soke*, ce dernier retira légèrement les deux mains et effectua un mouvement de coupe transversale au ventre de Dennys. Avec de vraies lames, Dennys ne serait plus qu'un souvenir. *Soke* demanda à Dennys de reproduire la même technique qu'il venait de faire. Au moment où la lame de Dennys tomba, il retira ses mains vers l'arrière comme l'avait fait *Soke*, mais, à sa grande surprise *Soke* se trouvait trop loin pour qu'il puisse le couper au ventre comme il l'avait fait. *Soke* en profita pour couper les mains de Dennys et pour enchaîner d'un mouvement de coupe à la gorge.

– Si la distance est importante, il ne faut cependant pas négliger les angles d'attaque et d'esquive. Si vous vous déplacez dans un mauvais angle, vous perdrez votre combat, ou vous devrez compenser par de la vitesse et toutes sortes de contorsions exigeantes en énergie. Dans la vie, il faut regarder l'attaque personnelle sous différents angles. Pourquoi fait-il cela, quelle raison le pousse à faire ça, a-t-il des motivations ? Bref, il faut se poser plein de questions. Si on peut prévoir la façon qu'une personne va nous attaquer, même verbalement, on peut préparer des défenses, et même créer des pièges où la personne s'enlisera dans ses mots.

Le *Soke* laissa les jeunes s'entraîner et pratiquer la technique qu'il venait de démontrer avec Dennys. Après un certain temps, il demanda cette fois à Joanna de faire une technique contre une attaque au poing. *Soke* désigna Buns pour attaquer Joanna. Il prit une position d'attaque appelée *seigan* et, en avançant sa jambe droite, donna un coup de poing de toutes ses forces. Buns se sentait intimidé devant le *Soke* et il ne réalisa probablement pas la puissance qu'il avait mis dans son attaque. Joanna se déplaça simplement vers la gauche en laissant passer le poing de Buns, elle croisa sa jambe droite par-dessus la gauche pour se retrouver dans son dos. Elle passa ensuite son bras gauche sous l'aisselle gauche de Buns, elle se trouvait dos à dos avec lui. Sa jambe gauche appuyée contre l'arrière de la jambe gauche de Buns, elle n'eut qu'à tirer Buns par l'arrière pour l'amener sur le dos. *Soke* eut un grand sourire en voyant Buns se retrouver dans cette posture.

– Je suis impressionné par la technique que vous venez de faire, c'est excellent.

Joanna devint toute rouge suite au compliment qu'elle venait de recevoir.

– Dans un combat, vous aurez besoin de précision. Cette précision vous évitera d'avoir à frapper inutilement.

Il demanda à Buns de le frapper. Buns qui ne voulait pas déplaire, mit toute son énergie dans son attaque. Le *Soke* se tassa à gauche comme Joanna, mais plaça simplement sa main droite sous le triceps droit de Buns et sa main gauche sur son épaule gauche. Lorsqu'il déplaça le bras de Buns dans un certain angle et tira délicatement son épaule, Buns tourbillonna pour finir la figure écrasée au sol.

– Ici, en plus de la précision, le synchronisme a facilité la technique. Dans la vie, si vos propos ne sont pas précis, qu'ils manquent de clarté, vous serez constamment en train d'argumenter. Mais si vos paroles sont exactes, qu'elles ne laissent aucune ambiguïté, vous vous épargnerez énormément de temps en dialectique. Mais il faut apprendre à dire les bonnes choses au bon moment.

Les jeunes pratiquèrent la technique enseignée par le *Soke*. Nathan réussit à projeter Dennys avec facilité. Le *Soke* lui fit plusieurs signes de la tête, confirmant ainsi que Nathan se trouvait sur la bonne voie. Le *Soke* parla de l'alignement des os, cet art étrange de bien positionner son ossature pour un maximum de puissance de frappe. *Soke* enchaîna sur le sujet.

– Il en va de même dans la vie, si vos arguments ne sont pas logiques, bien alignés, il est sûr que ce que vous direz ne sera pas pris au sérieux. Il ne faut pas que vous vous contredisiez lorsque vous utilisez une argumentation. Trop de gens parlent trop et se contredisent, souvent dans la même phrase.

Soke fit asseoir les jeunes en cercle autour de lui.

– Sensei Nakamura m'a dit que vous suiviez tous des cours de japonais. C'est bien, car plus vous pouvez comprendre la langue d'origine d'un art martial, plus vous pouvez comprendre cet art. Très souvent, dans notre art, le nom de la technique nous aide à la comprendre. *Oni kudaki* par exemple, qui est une technique de dislocation d'épaule, peut se traduire par briser la corne du démon. Si l'on cherche le démon, sur le moment on ne le trouve pas, mais si l'on imagine que le démon est l'adversaire, on peut facilement comparer son bras à une corne. Pour attaquer, il a besoin de le lever. Son bras prendra alors la forme qu'une corne peut avoir sur la tête d'un démon. Il expliqua que c'était le même secret pour une attaque personnelle, connaître le nom de l'attaque pouvait nous aider. L'attaque portera probablement un nom comme la colère, la haine, la frustration, la jalousie, l'envie ou même la peur.

Chapitre 46
Akihabara

Buns et Nathan discutèrent très tard dans la soirée des principes appris durant le cours de *Soke*. Ils imaginèrent différentes situations où les techniques martiales dont il avait parlé pouvaient s'appliquer. Ils réalisèrent que, très souvent, la voie martiale et la vie ne faisaient qu'un. Après avoir éteint les lumières, Nathan peinait à s'endormir, réfléchissant à tout cet enseignement. Étrangement, le léger ronflement de Buns eut un effet calmant sur Nathan. Il réussit finalement à tromper son intellect, ses pensées se synchronisant au ronronnement monotone de son ami.

Buns regardait la météo à la télé au moment où Nathan ouvrit les yeux.

– Je viens tout juste de me réveiller, moi aussi. Déjà 9 heures, on va passer sous la table pour le petit déjeuner.

Comment Buns pouvait-il penser à la bouffe en se réveillant ? Nathan rabattit les couvertes par-dessus sa tête en se retournant et appuya son visage contre l'oreiller. Cette position ne devait pas se révéler idéale pour se rendormir, car Nathan n'y demeura pas très longtemps.

– Qu'est-ce qu'ils annoncent à la météo ?

– Nuageux avec quelques risques de précipitations, mais ça devrait se dégager en milieu d'après-midi.

Le système de pictogrammes qu'utilisent les télévisions japonaises pour indiquer la température a l'avantage d'être compréhensible même lorsqu'une personne ne comprend strictement rien à la langue japonaise. Buns prit le chemin de la salle de bains. Après que la chasse d'eau de la toilette chuinta, ce fut autour de la douche de briser le fragile silence de la chambre. À travers la porte, dans le corridor, on pouvait entendre le personnel qui se préparait au nettoyage des chambres.

Nathan s'arracha de son lit et ouvrit son ordinateur, un nouveau message l'attendait.

« Bonjour Nathan, je serai dans la région de Tokyo aujourd'hui. J'aimerais bien te rencontrer en personne. Que dirais-tu de me retrouver devant le temple d'Asakusa vers 15 heures ? Fais-moi savoir si ça te convient. *Mata ne*, Keigo »

Nathan lança une recherche sur Internet afin de localiser le temple d'Asakusa. S'y rendre lui paraissait assez facile. Il répondit par l'affirmative. Cette journée du vendredi était justement laissée libre afin que les jeunes puissent se promener, visiter davantage. De plus,

Akihabara ne se trouvait pas tellement éloignée d'Asakusa, de quoi faire une pierre deux coups. Nathan s'empressa de répondre à son ami.

Une fois la toilette matinale terminée, Buns et Nathan allèrent cogner à la porte de la chambre de Joanna et d'Émilie. Les filles étaient déjà parties. Buns démontra un peu de frustration.

– Eh! relaxe. Elles ne sont pas à notre service. Si elles ont envie d'aller se promener, elles n'ont pas de permission à demander. Et puis, je pense que j'ai entendu quelqu'un cogner vers 7 h 30 ce matin, ça devait être elles.

– Tu n'as pas répondu?

– J'avais l'impression d'être entre deux mondes. J'ai levé la tête, et pouf, je me suis rendormi. Mais ne t'en fais pas, survivre sans nous ne devrait pas être trop difficile pour elles.

– Ouais, c'est juste que je ne voulais pas qu'elles pensent qu'on se sauve d'elles.

L'ascenseur les conduisit au hall d'entrée de l'hôtel. Nathan déposa sa clef sur le comptoir en saluant le personnel d'un «Ohayo gozaimasu» dit avec entrain. Ils sortirent de l'hôtel et se dirigèrent vers l'escalier mécanique qui permettait d'accéder aux terrasses surplombant les rues. Au moment d'entrer dans la gare, des mains s'abattirent sur leurs épaules. Joanna et Émilie les avaient croisés par hasard en revenant de leur promenade. Joanna s'adressa aux garçons.

– Où allez-vous?

– On va à Akihabara et ensuite à Asakusa. Mon ami Keigo y sera vers 15 heures. Vous venez avec nous?

– C'est sûr, Asakusa figurait dans ma liste d'endroits à visiter. J'ai bien peur qu'une partie de notre argent de poche y passe.

Buns et Nathan ne semblaient pas trop comprendre pourquoi Joanna disait cela. Ils savaient que le temple fut célèbre dans tout le Japon, mais ils ignoraient qu'une myriade de petites boutiques feraient tout ce qui est humainement possible pour leur arracher quelques précieux yens en échange de quelques souvenirs à tendance un peu commerciale.

Les quatre amis prirent le train en direction d'Ueno jusqu'à la station Kita-Senju. De là, ils prirent la ligne Tsukuba Express et allèrent directement jusqu'à Akihabara. À la sortie de la gare, les écrans géants, l'abondance d'affichages criards, la multitude de boutiques et surtout la quantité impressionnante de gens marchant dans les rues ravirent les yeux des apprentis touristes de St-Jude.

Buns et Émilie partirent de leur côté. En apercevant le magasin *Yodobashi*, Buns sut qu'ils trouveraient à cet endroit tous les derniers gadgets en matière d'électronique et d'informatique. Émilie l'accompagna, espérant trouver le souvenir idéal qu'elle pourrait rapporter pour l'élu de son cœur. Ils se donnèrent rendez-vous à l'entrée de la gare de train pour 13 heures.

– Bon bien, où va-t-on ?

Joanna se tourna vers Nathan, haussa les épaules et leva les mains de chaque côté du corps, paumes vers le haut.

– C'est toi le gars, c'est toi qui décides.

Nathan n'en revenait tout simplement pas que Joanna puisse être guidé par ces vieux préjugés que l'homme doit commander à la femme.

– Quoi ? C'est quoi, cette histoire-là ? Tu te crois encore au Moyen-Âge ? L'égalité des sexes, qu'est-ce que t'en fais ?

– Désolée, tu n'es pas dans la bonne voie. Habituellement, ce sont les gars qui raffolent des gadgets électroniques. Alors, je te suis.

– Je dois être plus yin que yang. J'aime ça, les gadgets électroniques, mais je ne vire pas fou avec ça.

Après quelques boutiques de babioles hi-tec, l'intérêt commença à diminuer. Les commerces se ressemblaient, les produits vendus se révélaient assez similaires. Quelques magasins offraient une section souvenir du Japon. Nathan trouva une boîte ninja. Un magnifique ouvrage d'ébénisterie, où pour accéder au contenu de la boîte, on devait déplacer quatorze languettes de bois, avant de pouvoir l'ouvrir. Près de la moitié de l'un des précieux billets de 10000 yens y passa. Les motifs des différentes essences de bois qui recouvraient la boîte elle-même tenaient de l'œuvre d'art. Certes, on pouvait à l'aide d'un marteau ou d'une hache révéler le contenu de la boîte, mais si on désirait y accéder sans que son propriétaire le sache, la tâche devenait beaucoup plus compliquée.

L'édifice de Sega parut comme un incontournable pour Nathan et Joanna. Sept étages de jeux vidéo de toutes sortes ne pouvaient qu'être intéressants pour des adolescents. Mais le temps fuyait et ils prirent le chemin de la gare pour rejoindre Buns et Émilie.

Ils attendaient devant l'entrée de la gare. Chacun d'eux tenait un sac de plastique du *Yodobashi* à la main. Visiblement, les emplettes avaient été fructueuses. Émilie s'était laissée tenter par un lecteur MP3 tout intégré dans un casque écouteur. Naturellement, il s'agissait d'un cadeau pour son copain. Buns, quant à lui, avait fait l'acquisition d'un casque écouteur Bluetooth pour fonctionner avec son iPod. Nathan ne put s'empêcher de glisser un commentaire sur le sac qu'il tenait à la main.

– Il est bien gros, ton sac, pour un si petit écouteur. Qu'as-tu acheté d'autre ?

Buns sortit un appareil photo réflexe numérique de Canon, un modèle encore indisponible en Occident. Pour accompagner le tout, un objectif de 75-300 mm.

– Impossible ! Tu n'as pas pu acheter ça avec l'argent qu'on nous a donné.

Buns marmonna faiblement quelques mots.

– Désolé, Buns, mais je ne comprends rien de ce que tu baragouines.

– J'ai utilisé la carte de crédit que me laisse ma mère en cas d'urgence. Je pense que c'en était un. Ça faisait longtemps que je rêvais d'un bon appareil photo.

L'occasion fait le larron. Cette vieille expression convenait bien à Buns pour la circonstance. En disant cela, il montra sa carte de crédit. Nathan la saisit et examina le visage de Buns. Nathan sembla très surpris.

– Qui est Josuah ? La carte est à son nom.

– C'est mon vrai nom, mais je préfère qu'on m'appelle Buns. S'il vous plaît, ne le dites pas aux autres.

– Tu ne ressembles vraiment pas à un Josuah. On te promet de garder le secret, pas vrai les amis ? dit Joanna.

Nathan et Émilie acquiescèrent. Nathan remit la carte à Buns.

– Pour ce qui est de l'argent, tu n'as pas à te sentir mal à l'aise de ça. Tu as de l'argent et nous le savons. C'est comme ça et même si tu te sens coupable, ça n'y changera rien, dit Nathan.

Joanna prit la relève.

– On t'aime comme tu es. Alors, nous, ton argent, on s'en fout. Si ça te permet d'être plus heureux et que tu ne nous nargues pas avec ça, alors je suis bien contente pour toi.

– Bon maintenant que Buns ne se sent plus coupable, que diriez-vous de prendre le train pour Asakusa et d'aller trouver un bon restaurant dès que l'on y sera ? Je commence à avoir drôlement faim, nous n'avons pas encore bouffé moi et Buns, dit Nathan.

Chapitre 47
Rencontre de son ami

Ils reprirent la ligne de la Tsukuba Express jusqu'à Asakusa. À la sortie de la gare, ils empruntèrent une petite ruelle où des pictogrammes indiquaient le chemin pour se rendre au temple. Une longue file de gens, la plupart au-dessus de la cinquantaine, se tenait sur le trottoir. En regardant les affiches au coin de la rue, Nathan pensa qu'il devait s'agir d'une pièce de théâtre.

– Wow, vous avez vu la file de gens pour ça !? Je ne dis pas en soirée, mais en début d'après-midi c'est un peu étrange, dit Buns.

– Pourquoi pas, ces gens doivent être à la retraite. Ils n'ont que ça à faire, et c'est tout de même mieux que de rester chez eux assis devant la télé.

Nathan n'avait pas tort. Trop de gens confondent la retraite avec une salle d'attente pour la morgue. Joanna se dépêcha de traverser en direction d'un petit muret surplombé d'un arbre. Un immense corbeau regardait la foule de façon presque arrogante. Joanna prit plusieurs photos de l'oiseau qui, pour la circonstance, exposa ses plus grands airs de dignité.

– Si vous avez besoin de toilettes, c'est le temps, moi j'y vais.

Buns bifurqua vers la droite pour se diriger vers les toilettes publiques. Dans la plupart des pays, dans un endroit aussi achalandé qu'ici, les toilettes auraient dû dégager des odeurs nauséabondes soutenues par des images un peu répugnantes. Ici, au contraire, les toilettes, bien que sobres, étaient d'une propreté où même Buns ne trouva rien à redire. Lorsqu'il sortit des toilettes, ses amis s'amusaient à se photographier. Sur un panneau de bois étaient peints différents personnages de théâtre traditionnel. Des trous permettaient d'y passer la tête, permettant ainsi d'incarner divers personnages du folklore japonais. Ce fut au tour d'Émilie de photographier les têtes de Nathan et de Joanna à travers ces peintures.

En continuant la promenade, ils arrivèrent sur le côté du vieux temple. Un escalier d'une dizaine de marches donnait accès au temple. En son centre, une grosse lanterne rouge ne manquait pas d'attirer l'attention. Constamment, des gens montaient ou descendaient l'escalier. En face du temple, un gros chaudron dégageait des nuages d'encens. Les gens attrapaient la fumée avec leurs mains et, dans un geste de purification, attiraient les émanations vers eux. Les jeunes s'approchèrent près du chaudron et reproduisirent les mêmes gestes.

– On prend une photo de nous devant le temple, dit Joanna.

Au moment où Nathan s'apprêtait à prendre une photo de ses trois compagnons, une dame tendit la main vers son appareil photo en disant « *dozo* ». Nathan lui donna son appareil et ceux de ses amis. La dame prit des photos à l'aide des quatre appareils. Le quatuor la remercia chaleureusement. La dame ne put s'empêcher de passer sa main dans les cheveux de Nathan en leur disant de bien s'amuser. Après la visite de l'intérieur du temple, les jeunes arrivèrent devant les boutiques.

– Non, non, non et non, on va bouffer en premier, dit Buns.

Ils traversèrent les kiosques de vente d'objets religieux et passèrent dans l'allée centrale des boutiques. À maintes reprises, les gars durent motiver Joanna pour continuer. Ils arrivèrent à la porte avant de l'entrée du temple, où une autre immense lanterne rouge trônait. Buns vit un restaurant Denny's de l'autre côté de la rue.

– Je propose d'aller là. Ce n'est peut-être pas traditionnel, mais ça va laisser plus de temps pour faire les boutiques après.

Même si l'argument était bidon pour aller manger dans un restaurant occidental, Buns savait que toutes les excuses seraient bonnes pour que Joanna retourne aux boutiques le plus rapidement possible. Buns et Nathan gravirent deux à deux les marches conduisant au deuxième étage. Comme toujours, Joanna termina de manger la dernière. Pour elle, manger rapidement semblait tenir du tour de force.

Revenir aux kiosques de souvenirs étant prioritaire, le quatuor se retrouva à vagabonder de boutique en boutique. Une suite de petits commerces avec étalage sur l'extérieur s'offraient aux touristes de toutes nationalités qui venaient visiter le plus célèbre temple du Japon. L'accès aux boutiques ne permettait généralement pas à deux personnes d'entrer à l'intérieur en même temps. On ne pouvait y entrer qu'à la file indienne. Joanna acheta cinq petits ours en tissus, vêtus de costumes traditionnels. Elle en prit un de chaque couleur. Le tissu à motifs apparentait ces oursons porte-clefs à de petites œuvres d'art. Les autres jeunes se contentèrent chacun d'un seul, à l'exception d'Émilie qui n'oubliait pas son amoureux.

– Quinze heures moins dix, je vais aller au-devant du temple. Vous venez avec moi ou on se rejoint plus tard ?

Comme les jeunes connaissaient l'histoire de Nathan, ils n'auraient manqué pour rien au monde la suite des événements. C'est en groupe que Nathan alla à la recherche de son nouvel ami. Nathan scrutait la foule devant le temple, dans l'espoir d'y trouver Keigo. Il peut être parfois difficile de reconnaître au premier coup d'œil une personne que l'on n'a vue qu'en photo. Mais Nathan n'eut pas à chercher longtemps, c'est son ami qui le retrouva. Il faut dire que le petit groupe se démarquait des gens présents devant le temple.

– Nathan *san*, je suis content de te rencontrer.

Nathan fut surpris que son ami parlât si bien sa langue.

– *Keigo san, O genki desu ka.*

– *Genki desu, Nathan san wa.*

– *Totemo genki desu.*

Nathan trouva que le minimum de politesse qu'il pouvait faire était de saluer son nouvel ami dans sa langue maternelle. Nathan fit ensuite les présentations de ses coéquipiers.

– Alors, comment trouvez-vous le Japon ? demanda Keigo *san*.

Tous quatre ne pouvaient tarir d'éloges sur les qualités de ce pays.

– Suivez-moi, on va allez discuter en prenant un jus de fruit. Je connais un bon endroit pour ça.

Comme Nathan et ses amis, Keigo *san* faisait partie d'un des nombreux groupes Millepertuis de couleur violette. Cependant, Keigo *san*, plus âgé de deux ans que Nathan, était classé niveau deux au sein de Millepertuis. Durant un instant, Nathan eut l'idée de demander ce qui se passait après les deux premières années. Keigo *san* le savait, puisqu'il relevait d'un échelon supérieur. Mais Nathan se retint, il ne voulait pas créer de malaise entre lui et son nouvel ami. Connaître la vérité sur sa mère demeurait l'objectif principal.

Keigo *san* les conduisit dans des ruelles recouvertes, où, de chaque côté, des boutiques plus grandes que celles du temple s'offraient en offrande aux yeux de Joanna. Mais elle se retint d'entrer, se promettant bien de se reprendre au retour. Tout le monde se regroupa autour de deux petites tables.

À la demande de Keigo, Nathan raconta sa vision de Benkei. Leurs visions se révélèrent assez similaires. Seuls quelques exercices différaient. Ils échangèrent quelques techniques liées à l'enseignement du moine yamabushi. Nathan savait qu'au Japon, on entrait rarement dans le vif du sujet. On parlait de n'importe quoi d'autre, histoire de laisser à l'interlocuteur le temps de mieux nous connaître. Mais après un certain temps, Nathan n'y tint plus. Il amena le sujet de discussion sur sa mère. Il transmit à Keigo *san* toutes les informations qu'il avait amassées depuis le début.

– Il y a bientôt un an, mon père a été nommé à un poste de diplomate pour notre gouvernement. Il va régulièrement en Corée du Sud. Il m'a promis qu'il essaierait d'obtenir de l'information sur ta mère. Il a toujours eu un faible pour la Corée et a de nombreux amis en Corée du Sud.

– Oui, mais ma mère a été capturée en Corée du Nord, comment pourra-t-il avoir de l'information à partir de l'autre Corée ?

– Il ne faut pas oublier qu'anciennement, il n'y avait qu'une Corée. Beaucoup de familles se sont débrouillées pour garder le contact, m'a expliqué mon père. Pour obtenir de l'information, mon père ne pourra pas passer par les voies officielles. Mais comme ses amis ont encore de la famille qui vit là, il pense qu'eux pourront avoir les contacts nécessaires. Il doit revenir dans le courant de la semaine prochaine et il a dit qu'il m'informerait aussitôt qu'il aura des renseignements.

– C'est idiot, je devrais m'en foutre, car je ne la connais pas, mais je ne sais pas pourquoi, plus je pousse mes recherches à son sujet et plus je désire la retrouver.

– C'est normal Nathan *san*, c'est ta mère. Pour nous, au Japon, la famille est importante. Il est encore fréquent que trois générations vivent dans la même maison.

– Oui, je sais, mais comme elle a disparue deux ans après son pseudo accident de voiture, cela veut dire qu'elle m'a abandonné. Malgré ça, je désire la voir. Je ne sais pas si je pourrai lui pardonner de m'avoir laissé comme ça, mais au moins ça mettra fin à mes questions.

Keigo *san* et les autres jeunes observèrent Nathan en ne sachant quoi dire. Ils venaient de réaliser le fait qu'effectivement, Nathan aurait pu être avec sa mère durant les deux années qui suivirent cet accident.

Chapitre 48
Un match serré

Les kamis ou esprits devaient être du côté des joueurs de budominton ce samedi matin là. Une journée ensoleillée, un peu fraîche, mais sans aucun souffle de vent. Le quatuor de St-Jude se coucha tôt la veille afin d'être en forme pour le match tant attendu. Il faut dire que la promenade d'Akihabara et d'Asakusa avait gobé pas mal d'énergie. Personne n'avait souffert d'insomnie cette nuit-là.

Un petit autobus vint prendre les jeunes à l'hôtel. Plus le voyage en autobus avançait, plus la ville cédait le pas à la campagne. Millepertuis avait élu domicile dans la préfecture de Chiba. Situés près de la ville de Misato. Les bâtiments de Millepertuis Japon, tout comme ceux de St-Jude, revêtaient une architecture traditionnelle. La vie semblait s'être organisée autour du vieux temple. Ici également, de somptueux jardins égayaient la vie des résidents. Nathan souleva le fait qu'il se sentait aussi bien ici qu'à St-Jude. Que le même type d'énergie se dégageait des lieux.

Un grand étang, traversé par un chemin de bois, participait à la sérénité des lieux. Des *koi aka-bekko*, ces grosses carpes japonaises orangées avec des taches noires nageaient en groupe sous une des larges planches de bois faisant office de pont. Les hautes herbes, bien réparties, donnaient l'impression d'un autre univers. Des grues blanches se laissaient paresseusement ballotter sur l'onde miroitante.

Keigo *san* ne résidait pas dans ce sanctuaire. Millepertuis possédait un autre sanctuaire dans sa région natale. Comme il était natif de Gunma, Nathan présuma que l'autre sanctuaire devait se trouver dans cette région.

À l'arrivée de l'autobus, la responsable de cette unité de Millepertuis Chiba s'empressa de venir saluer le groupe. La dame semblait bien connaître sensei Nakamura et Mme Barclay. Cette dernière la serra très fort dans ses bras. Mme Yoshida rougit délicatement à cette étreinte inhabituelle pour une personne de son rang. Malgré cette gêne passagère, elle paraissait très heureuse de voir Mme Barclay. Buns s'apprêtait à prendre en photo Mme Yoshida avec son nouvel appareil quand M. Smith mit sa main sur l'objectif.

– Pas de photos de Mme Yoshida, c'est impoli.

– Je m'excuse, Monsieur.

La petite dame, vêtue d'un kimono traditionnel aux motifs de fleurs de cerisiers, s'inclina lentement devant le petit groupe. Les jeunes mirent les mains sur leurs cuisses et s'inclinèrent plus profondément, indiquant ainsi le niveau supérieur qu'ils accordaient à Dame Yoshida. Mme Harris, la professeure de japonais, les avait bien formés sur les convenances de politesse à adopter. Bien que ces règles ne fussent obligatoires, elles n'en demeuraient pas moins très appréciées des Japonais.

L'avant-midi touchant à sa fin, les jeunes furent invités à manger en compagnie des résidents du sanctuaire. Sensei Nakamura désirait que ses protégés puissent mieux connaître la culture japonaise. Il demanda au groupe de St-Jude de se mélanger à celui du Japon. La plupart ne demandaient pas mieux que de se faire de nouveaux amis. Une jeune fille de l'âge de Nathan vint à sa rencontre.

– Keigo *san* m'a demandé de m'occuper de vous, Nathan *san*. Keigo *san* est un bon ami à moi. Je me nomme Sayaka.

La jeune fille affichait un large sourire. Nathan la trouva tout de suite sympathique. Une allure enjouée à la bonne humeur contagieuse la caractérisait. En l'écoutant parler, Nathan songea que les Japonais avaient décidément un don pour les langues.

– Comment se passe la vie à votre sanctuaire ? demanda-t-elle.

– Nous vivons dans un ancien monastère, un lieu habité anciennement par des prêtres. La vie est agréable, bien que ça manque un peu de loisirs. Je ne sais pas comment ils s'y prennent, mais c'est devenu presque agréable d'étudier.

Sayaka *San* rit en entendant son commentaire sur les études.

– Chez nous, ça ressemble à ce que tu décris. Études, études, et un peu de budominton au travers. Ah oui ! J'oubliais, nous nous entraînons beaucoup aux arts martiaux. D'ailleurs, tu savais que nous pratiquons le budominton à cause des arts martiaux ?

– Non, je ne vois pas très bien le rapport.

– Tu sais ce qu'est le *tachi* ?

– Non.

– Le *tachi* est l'ancêtre du *katana*, le sabre du samouraï. Ce sabre utilisé par les cavaliers se tenait à une main. Beaucoup de motion de coupe s'apparente au budominton. Je pense qu'ils ont choisi ce sport pour nous garder en contact avec la maîtrise de ce sabre.

Nathan trouva fort intéressant ce parallèle entre le budominton et le sabre.

Le repas se passa dans la bonne humeur. Nathan jeta un coup d'œil en direction de ses amis. Une Japonaise aux longs cheveux poussa sur l'épaule de Buns en riant. Il semblait avoir beaucoup de plaisir à discuter avec elle. Joanna, quant à elle, discutait avec un jeune homme aux lunettes particulièrement stylisé, comme seuls des artistes peuvent en afficher. Pour ce qui est d'Émilie, Nathan se dit qu'elle devait parler de son amoureux au jeune homme qui l'écoutait attentivement, sinon poliment.

Après le repas, les jeunes eurent du temps libre pour visiter le site en compagnie de leurs nouveaux amis. Vers 13 h 30, tout le petit clan de St-Jude se regroupa en préparation de la partie de budominton. Sensei Nakamura expliqua aux jeunes que les deux groupes seraient mélangés. Plusieurs jeunes parurent déçus. Mais le plaisir de jouer une partie effaça rapidement cette courte déception. Des équipements de protection furent prêtés aux étudiants de St-Jude. Les responsables départagèrent les deux équipes. Buns et Joanna se retrouvèrent dans le camp adverse. Buns regarda Joanna. Afin de départager les équipes tous deux de couleur violette, un dossard de sécurité démarqua les joueurs d'une des deux équipes. Un gros X jaune sur le devant et à l'arrière ne pouvait laisser aucun doute sur l'appartenance du joueur. Joanna fut désignée comme capitaine de l'équipe des dossards alors que Sayaka dirigeait l'équipe murasaki. M. Smith se tenait derrière le banc des joueurs au gros X jaune alors qu'un instructeur japonais occupait l'espace de l'équipe violet.

– J'espère que Nathan va nous pardonner, dit Buns.

– De quoi ? répliqua Joanna.

– De l'horrible défaite que nous allons lui faire subir.

– Ne vends pas la peau de Panda avant de l'avoir tué, dit Joanna.

– C'est la peau de l'ours qu'on dit, la peau de l'ours.

– Je sais Buns, mais j'ai adapté le proverbe à nos besoins. N'oublie pas que les pandas sont de la famille des ursidés. Si tu prenais le temps de lire les écriteaux au zoo, tu saurais que les pandas sont des ours.

Un invité d'honneur devait effectuer le premier lancer. Le professeur de sensei Nakamura effectua ce premier. *Soke* en personne assistait à cette partie de budominton. Peut-être que son implication dans Millepertuis était plus grande que ce que Nathan ne le supposait.

Il ne restait aucune place assise dans les estrades. Un grand nombre de spectateurs étendirent des couvertures sur l'herbe, pour s'isoler de la fraîcheur du sol de décembre. La température environnant les 15 degrés se révélait idéale pour une partie de budominton. Une fois les muscles bien réchauffés, cette température offrait la meilleure zone de confort possible pour un match difficile.

L'arbitre lança la pièce de monnaie, l'équipe de Nathan pouvait choisir le côté de départ. À la suggestion de Sayaka *san*, l'équipe débuta face à l'est. Selon elle, il y avait possibilité d'une brise légère en fin d'après-midi. Les gardiens prirent leurs positions.

Soke fit la mise au jeu officielle. Un coéquipier de Joanna captura le volant. Le numéro 5 des X dépassait d'une tête la plupart des joueurs, brisant ainsi la légende voulant que les Japonais soient plus petits que les Occidentaux. Il enchaîna d'une passe à Joanna qui retransmit le précieux, expression qu'utilisait Buns pour désigner le volant, à une coéquipière. En un temps record, le volant se retrouva en zone des buts de l'équipe murasaki. Le numéro 4 fit une passe à Joanna qui se trouvait dans un angle idéal pour marquer. Elle se doutait bien que le gardien déplacerait le filet, elle feinta de faire un smash direct dans le filet, mais au lieu de cela, elle fit une passe à un joueur de son équipe. Comme prévu le gardien déplaça le filet, offrant ainsi une ouverture au coéquipier de Joanna. Le premier but venait d'être compté en moins de trente secondes. Joanna reçut plusieurs compliments en japonais qu'elle ne put comprendre, ce qui ne veut pas dire qu'elle n'en était pas moins fière.

À la vitesse où le volant se déplaça tout au long de la partie, nul doute que les vents divins furent avec lui. Joanna et Nathan marquèrent chacun un but. Après que Nathan eut contourné Buns pour marquer son point, Joanna chuchota à l'oreille de Buns « prends garde au panda ».

La partie offrit un divertissement captivant aux spectateurs. De l'action rapide, un jeu de passe subtil, des feintes intelligentes, en résumé, du budominton à son meilleur. Il ne restait que deux minutes à jouer à la quatrième période, le tableau indicateur affichait : X 4 - murasaki 4. Joanna se préparait à prendre le volant lorsqu'elle vit Nathan foncer sur elle. Au moment où Nathan s'apprêta à la plaquer, elle se jeta sur le sol dans l'espoir de le faire culbuter. Il avait feinté en amenant son épaule vers l'avant, mais au lieu de faire une tentative de placage, il sauta par-dessus Joanna pour récupérer le volant. Mais ça ne fut pas suffisant pour marquer le point si recherché, nécessaire à la victoire. La fin de la quatrième période s'annonça. Du temps supplémentaire serait nécessaire pour départager le gagnant. L'équipe qui compterait le premier but serait gagnante.

Durant la pause, l'instructeur japonais élabora une nouvelle stratégie.

– Ils jouent trop offensif, nous allons utiliser du *kyojutsu*, nous allons aller dans le même sens qu'eux.

Il expliqua de faire des passes très courtes et d'amener le jeu en direction du but des violets, du moins durant les premières minutes. Probablement qu'à un moment donné, tous leurs joueurs se retrouveront du côté de murasaki, laissant leur territoire avec moins de défense.

La période débuta avec la mise au jeu. Le grand numéro 5 prit le volant et de passe en passe, il s'approcha de la zone des buts de murasaki. Nathan réussit à reprendre le contrôle du volant. Il fit une passe à Sayaka, qui fit elle-même une passe à un coéquipier, qui repassa à Nathan et ainsi de suite. Rendu au centre du terrain, Sayaka fit une passe en territoire des violets et l'action, comme prévu, se déroula davantage dans la direction du territoire de Nathan. Graduellement, les joueurs de l'équipe des X se déplacèrent sur le territoire murasaki. Sayaka fit une passe à Nathan et elle cria «OK» de toutes ses forces. Alors, tous les joueurs de l'équipe de Nathan remontèrent en territoire adverse, il ne restait qu'un joueur de défense pour protéger le territoire. Il fut rapidement débordé par les événements. Sayaka et Nathan se firent plusieurs passes rapides devant le but. Sayaka manqua son lancer en direction de Nathan, qui n'eut d'autre choix que de plonger pour récupérer le projectile. Au moment d'arriver au sol, il pivota son corps en sens horaire, transférant ainsi toute l'énergie de la chute dans son bras droit. Il frappa fortement le volant, la trajectoire passa sous le bras du gardien avant qu'il n'eut le temps de le redescendre, le but était compté.

Chapitre 49
Illusion

Après la victoire de l'équipe murasaki, les séances de photos furent incontournables. Le repas se déroula sous le signe de la bonne humeur. En même temps, on projeta sur un écran géant au fond de la salle, le film d'Akira Kurosawa « Les sept samouraïs ». Ce film raconte l'histoire d'un petit village japonais du Moyen-Âge qui subissait les attaques répétées d'une bande de pillards. Sept samouraïs n'ayant plus de maître à servir acceptèrent de défendre les paysans des attaques de ces brigands. Nathan garda les yeux rivés à l'écran. Sayaka *san* expliqua à Nathan que ce film était un classique parmi les films de samouraïs.

Nathan détachait son regard de l'écran avec peine lorsqu'il devait répondre aux questions de sa nouvelle amie. Rien n'aurait pu le sortir de son état contemplatif, lorsque les paysans refermèrent la barrière derrière les quelques truands qui croyaient avoir enfin réussi à passer les défenses des samouraïs. Séparés ainsi du principal de leurs forces, ils devenaient des proies faciles pour les paysans.

Après la projection, les jeunes disposèrent d'environ une heure avant de reprendre l'autobus qui devait les ramener à l'hôtel. La température légèrement plus fraîche n'empêcha pas Nathan et Sakaya *san* de se promener dans les jardins du sanctuaire. L'éclairage discret créé par des projecteurs disposés judicieusement contribuait à l'aspect intemporel des lieux.

C'est le cœur gros que les jeunes de St-Jude se séparèrent de leurs nouveaux amis. Buns étreignit la jeune fille jumelée avec lui. Sakaya *san* abaissa les yeux et s'inclina devant Nathan pour le saluer.

– Nous allons sûrement avoir la chance de nous revoir un jour, Nathan *san*. Si tu le permets, j'aimerais bien rester en contact avec toi.

– J'allais te faire la même proposition, Sakaya *san*. Par le forum ça sera facile de communiquer. Grâce à toi, j'ai beaucoup appris sur ta culture, *domo arigato gozaimashita*.

– *Do itashimashite*, Nathan *san*.

Sur le trajet du retour, rapidement le chahut des étudiants se transforme en chuchotement, puis en ronronnement. Nakamura sensei tapa des mains pour réveiller les jeunes. Personne ne se fit prier pour aller au lit.

Le froid et l'humidité de la chambre éveillèrent Nathan avant l'heure. Trop fatigués, la veille, ils avaient oublié de régler le chauffage de la chambre. Heureusement pour lui, le système répara cet oubli rapidement. Buns fut plus chanceux, rien ne semblait pouvoir perturber son sommeil. La douche chaude transforma rapidement la salle de bains en sauna. Lorsque Nathan sortit de la pièce, il entendit Buns marmonner des mots étranges, des phrases incohérentes. Sa voix semblait paniquée, sa respiration courte et rapide présageait bien de ce qui se passait, Buns faisait un cauchemar. Nathan se demanda bien quel cauchemar pouvait hanter un gars comme Buns. Au moment où Nathan s'approcha du lit pour le sortir de son rêve, le réveil sonna.

– Quoi, hein, c'est quoi ?

– Réveille Buns, tu faisais un cauchemar. À quoi rêvais-tu ?

– J'étais attaché sur l'anneau d'un but de budominton et tout le monde tirait des volants très fort sur moi.

Nathan qui s'apprêtait à mettre un t-shirt s'arrêta net en regardant Buns.

– Le moins que l'on puisse dire, c'est que tes cauchemars sont bizarres. Je croyais qu'un panda te courait après.

– Ha ! Ha ! Très drôle.

– Dire que l'on retourne à St-Jude demain, ça fait drôle d'y penser. J'aime ça, ici. Je demeurerais bien au Japon pour un bout, moi, pensa Nathan à voix haute.

Après avoir pris le petit déjeuner, le groupe reprit la route pour un dernier cours avec le professeur de sensei Nakamura. Le vieux maître se trouvait déjà dans le dojo au moment où les jeunes entrèrent. Il regarda Nathan et glissa quelques mots à l'oreille de sensei Nakamura.

– *Soke* vient de me dire qu'il a été impressionné par ton dernier but d'hier. Il a dit que tu utilisais bien le *juppo sessho*. Disons, pour faire simple, que tu bouges bien dans toutes les directions, incluant l'axe vertical.

– *Soke*, est-ce que je peux vous poser une question ?

– *Mochiron*, dit le *Soke*.

– L'entraîneur hier nous a fait utiliser du *kyojutsu* pour gagner la partie. Pourriez-vous nous donner quelques exemples ? J'ai compris la stratégie parce que Sakaya *san* m'a expliqué ce que je devais faire, mais le *kyojutsu* demeure quelque peu mystérieux pour moi.

Soke se positionna devant Nathan et lui demanda de donner deux coups de poing. Nathan donna un coup de poing droit. *Soke* recula sa jambe droite à l'arrière en déposant délicatement sa main gauche sur le poignet droit de Nathan. Au moment où Nathan lança un coup de poing gauche vers la figure de *Soke*, la cible qui s'offrait à lui disparut. *Soke* avait transféré son poids sur la jambe avant en repoussant le bras droit de Nathan et en tirant son bras gauche vers l'avant, ce qui avait eu pour effet de projeter Nathan au sol. *Soke* demanda ensuite à Nathan ce qu'il avait ressenti.

– C'est étrange, j'étais sûr que rien ne pouvait empêcher mon second poing d'atteindre votre visage. La cible paraissait pourtant tellement évidente.

– C'est ça le *kyojutsu*. Donner une fausse réalité à l'adversaire. C'est ce que vous avez fait durant la partie d'hier lorsque vous rameniez constamment le volant de votre côté. L'équipe adverse a cru que vous donniez des signes de faiblesse, ce qui lui a été fatal. Donner de fausses informations à l'adversaire afin qu'il fasse ce que l'on veut, l'arnaquer en quelque sorte, ça résume une partie du *kyojutsu*.

Nathan comprenait maintenant la stratégie utilisée lors de la partie de la veille. *Soke* enchaîna.

– Par contre, il faut que ça soit subtil, si c'est trop évident, l'adversaire va se méfier et vous ne pourrez pas utiliser cela contre lui. Il se peut même que ça se retourne contre vous.

Le professeur enseigna plusieurs techniques utilisant ce principe. Nathan en retint une en particulier. Au moment où votre opposant s'apprête à vous faire une projection, on devance le mouvement pour entraîner l'adversaire dans ce tourbillon d'énergie qu'il vient de créer lui-même.

Le vieux maître accorda une pause. Sensei Nakamura s'adressa aux jeunes.

– *Soke* va faire des calligraphies pour vous. Pensez à un sujet que vous aimeriez avoir en calligraphie.

Sensei Nakamura étendit des couvertures sur le sol afin de protéger les tatamis des taches d'encre. *Soke* s'assit au sol, les jambes croisées. Il déposa différentes brosses et pinceaux à sa droite. Il prépara l'encre à partir d'un bloc solide. Les étudiants se mirent en file pour faire leur demande.

Joanna demanda les *kanji* de *kyojutsu*. Le *Soke* s'exécuta, après avoir terminé la calligraphie, sensei Nakamura apposa les estampes de *Soke* authentifiant sa composition. Buns se montra particulièrement original dans sa demande.

– J'aimerais avoir la calligraphie de l'infinie.

Soke exécuta la calligraphie rapidement. Il dessina simplement un cercle sur la feuille de papier blanc. Nathan sourit en voyant la figure de Buns, qui semblait dire « c'est tout ? ». En japonais, l'infini est représenté par un cercle. La calligraphie de Buns avait l'avantage d'être zen. Nathan attendit à la toute fin pour faire sa demande.

– J'aimerais un Daruma.

Soke regarda Nathan et chuchota quelques mots à sensei Nakamura qui alla dans le petit bureau à l'entrée du dojo et revint avec un papier roulé entre deux bâtons de bois. Retenu par ses extrémités, le papier reposait sur un fond marbré ocre. La surface pour peindre devait faire un peu plus d'un mètre. *Soke* débuta son œuvre en utilisant une large brosse sur le papier vierge. Il eut été difficile de dire à ce stade ce qu'allait devenir l'encre sur ce magnifique papier parchemin. Un contour apparut, puis des yeux, de grands yeux blancs, que *Soke* compléta d'un gros point noir dans chaque œil. Il dessina un nez, ainsi que ce qui pouvait s'apparenter à une barbe. Quelques coups de pinceau à l'encre plus diluée donnèrent du relief au front et la tête. *Soke* dessina trois grosses lignes en forme de chiffre sept inversé, qui s'emboîtaient sous l'énorme visage. Le mot *sanshin*, les trois cœurs, vint immédiatement à l'esprit de Nathan en voyant ces lignes apparaître sous le gros pinceau. *Soke* signa ensuite son travail. Sensei Nakamura rajouta l'estampe authentifiant ainsi l'oeuvre de *Soke*.

– Nathan, ton Daruma est superbe, dit sensei Nakamura.

– Sensei, c'est quoi, un Daruma ? demanda Buns.

– Daruma est le nom japonais de Bodhidharma, le fondateur du bouddhisme, répondit sensei Nakamura.

Les jeunes demandèrent également à *Soke* d'autographier les livres qu'ils avaient achetés quelques jours auparavant. Sur une page noire du manuel, *Soke* dessina une calligraphie de couleur or, à l'aide d'un pinceau spécial qui disposait de sa propre réserve d'encre.

Après les calligraphies, *Soke* reprit l'enseignement, au plus grand plaisir des jeunes. Il approfondit le *kyojutsu*, en insistant bien sur le fait que ce principe pouvait s'utiliser autant dans la vie réelle que dans les arts martiaux. Comme toujours, le temps venant jouer le trouble-fête, la fin du cours arriva. *Soke* s'adressa aux jeunes.

– Je suis agréablement surpris du niveau martial que vous avez atteint en si peu de temps. Je vois que vous avez travaillé très fort, félicitations pour votre persévérance. Je ne sais pas si je vais vous revoir, car à mon âge, il peut être difficile de faire des prévisions à long terme.

En disant cela, *Soke* partit à rire. Il enchaîna.

– Mais il y a quelque chose dans mon cœur qui me dit que oui. À l'an prochain, *mata rainen*.

Chapitre 50
Le retour à St-Jude

Le vol de retour, prévu pour 17 heures, n'affichait pas de retard. Mais avant d'embarquer, les jeunes avaient quelques heures à tuer bien qu'il soit douteux que l'on puisse « abattre » le temps. L'aéroport de Narita offre aux voyageurs un grand nombre de boutiques où, en attendant le départ, on peut dépenser les derniers yens qui trainaient au fond de nos poches.

Joanna dépensa les siens pour une multitude de petits souvenirs allant du porte-clés samouraï à une paire de bas *tabi* aux dessins magnifiques. Buns, quant à lui, avait investi le reste de son argent dans l'achat d'insectes électroniques. Ces curieuses petites bestioles, apparentées à quelques mystérieux cafards, se déplaçaient de manière inquiétante, changeant de direction dès qu'un obstacle se présentait. Émilie goûta à l'humour de Buns lorsqu'au restaurant une de ces horribles bestioles contourna son assiette.

Les achats de Nathan se limitèrent à sa boîte ninja, au livre de *Soke* et à ses tabis. Le fait de ne jamais avoir eu d'argent auparavant l'avait habitué à la sobriété. La monnaie économisée des repas, associée au reste de son argent de poche, se transforma en un iPod à une boutique de l'aéroport. Bien qu'il adorait la musique, l'achat de l'appareil n'avait pas comme objectif premier de permettre d'en écouter. Sayaka *san* utilisa à plusieurs reprises les dictionnaires de son iPod afin de traduire quelques mots difficiles. Nathan avait été grandement impressionné par *Kotoba*, un dictionnaire performant. Son iPod devait devenir un outil dans son apprentissage des langues.

Le temps démontrait une fois de plus son comportement parfois étrange. Ayant quitté le Japon lundi le 19 décembre vers 17 heures, l'arrivée à St-Jude était prévue le même lundi 19 décembre vers 21 heures, si aucun problème ne survenait. Nathan eut le plaisir de reprendre le visionnement du film de Sherlock Holmes là où il l'avait laissé, avant de mettre les pieds sur le sol japonais.

Effectivement, tout alla bien pour le voyage de retour. Aucun bagage d'égaré, aucun avion en retard, personne de malade, St-Jude en personne devait protéger le petit groupe. Vers 22 h, tous les voyageurs étaient rendus à leur chambre. En arrivant dans sa chambre, Nathan ouvrit sa valise et chercha un endroit où accrocher son Daruma. Malheureusement, il ne semblait pas y avoir quoi que ce soit pour l'accrocher. Il faudrait qu'il attende au lendemain pour pouvoir installer un crochet. La douche fut rapide. Nathan réalisa que son lit à St-Jude offrait plus de confort que le matelas un peu dur de l'hôtel. Il n'eut pas le temps de se tourner que déjà, Morphée l'avait arraché à l'univers de la conscience.

Vers trois heures du matin, Nathan s'éveilla. Le temps utilise toute sorte de stratagèmes pour s'amuser avec les humains. Le dernier qu'il ait inventé se nomme le décalage horaire. Il vous habitue à un certain rythme de vie, vous donne des points de référence temporelle, comme l'heure régulière des repas et du coucher, puis, d'un seul coup, vous coupe de toutes ces balises dont a besoin votre horloge interne pour bien fonctionner. C'est votre problème de vous créer de nouvelles références, le temps, lui, s'en lave les mains.

L'estomac de Nathan lui rappela que l'heure du dîner, au Japon, approchait à grands pas. Nathan mit son pantalon, enfila un t-shirt, glissa ses pieds nus dans ses espadrilles et se dirigea vers le réfectoire en espérant y trouver quelques restes. Des rires émanaient du réfectoire. En passant le seuil de la porte, il vit que la moitié du groupe violet s'y trouvait en compagnie de Mme Barclay et de sensei Nakamura.

– Alors, on a une petite fringale ?

Mme Barclay indiqua une place vacante près de Buns et de Joanna. Ils dévoraient des sandwichs qui paraissaient particulièrement appétissants. Nathan regarda Mme Barclay dans les yeux.

– Est-ce que c'est normal que l'on soit affamés comme ça ? Il me semble que je n'ai pas arrêté de manger dans l'avion.

– Je ne sais pas si c'est normal, mais moi, en tout cas, lorsque je reviens d'Asie, j'ai toujours faim les premières nuits, dit sensei Nakamura.

Il leva son sandwich et en prit une énorme bouchée. La tendreté du pain brun, les bouts de salade qui dépassaient du sandwich jambon et fromage suisse mirent l'eau à la bouche de Nathan. Mme Barclay eut pitié de lui.

– Va à la cuisine, il en reste plusieurs dans le réfrigérateur, les cuisiniers avaient prévu que nous aurions faim.

Mme Barclay n'eut pas besoin de le dire deux fois. Nathan se rendit à la cuisine et revint avec jus et sandwich.

– Et toi, Nathan, qu'est-ce que tu as aimé le plus de ton voyage ? demanda sensei Nakamura.

– Ce que j'ai aimé le plus... Les cours avec *Soke*. Particulièrement le dernier cours où il nous a enseigné les principes de *kyojutsu*.

– Outre les cours, qu'as-tu trouvé d'intéressant ?

Joanna ne pouvait retenir sa curiosité, entre deux bouchées de son sandwich, elle en profita pour soutirer de l'information.

– J'ai tout aimé. Les paysages, les quartiers achalandés de Shibuya et les autres quartiers qu'on a visités. La visite du temple d'Atago m'a également marqué. On devrait obliger les étudiants de St-Jude à y aller en pèlerinage toutes les années. Il y a aussi les gens que j'ai trouvés très chaleureux. De plus, jamais je ne me suis senti obligé de surveiller mes arrières, je ne me souviens pas d'avoir côtoyé des gens agressifs. Ça fait du bien. Et toi?

– Je suis d'accord avec toi en ce qui concerne le temple d'Atago. Mais j'ai également adoré celui d'Asakusa et ses boutiques tout autour. J'ai bien hâte de retourner chez mes parents pour Noël et de leur montrer les photos et les vidéos que j'ai prises. Ils vont être fiers de moi.

Joanna reprit une bouchée de son sandwich. À la vitesse où elle mangeait, Nathan savait que ça prendrait quelques minutes avant qu'elle ne reparle. C'est Buns qui prit la relève.

– Akihabara. C'est là que l'on devrait faire un pèlerinage chaque année. Vous devriez voir les photos que j'ai prises avec mon nouvel appareil. J'ai toujours adoré la photo. Avant de venir à St-Jude, j'avais suivi des cours de photographie.

Nathan souriait en se remémorant Buns prenant des photos un peu partout. Buns continua à parler de ses souvenirs.

– Avec Joanna qui saluait tout le monde sur la rue, je me demande combien de fois on a été obligés de s'incliner devant tous ces gens, dit Buns en se tenant le dos. Je vais me ramasser avec une canne un an plus tôt à cause de Joanna.

Les fantômes de St-Jude devaient sûrement être découragés de toute cette activité à cette heure tardive. Dans la vie traditionnelle du monastère à l'époque des moines, à cette heure, les fours des cuisines allaient bientôt être sur le point d'être allumés. Les poêles à bois prenant un certain temps avant de bien chauffer, les moines attitrés à ces tâches devaient être les seuls à arpenter les corridors à cette heure.

La petite aiguille de l'horloge du réfectoire pointait vers le chiffre quatre depuis un certain temps déjà. La grande aiguille s'apprêtait à cacher le chiffre un lorsque Joanna donna le signal de départ par un long et profond bâillement. Elle fut suivie de très près par Buns qui déclencha la vague contagieuse. À partir de ce moment, les yeux de la plupart des jeunes commencèrent à donner des signes de résignation. Le temps les rappelait à l'ordre. Le confort des couvertures titillait l'esprit des jeunes.

Nathan se glissa dans son lit. Comme bien des gens, Nathan rechignait généralement lorsque venait le temps d'aller au lit, mais une fois dans son lit, il y était si bien. Il ressassa ses souvenirs du Japon. Il désirait dormir, mais l'image de Keigo *san* revint plusieurs fois à son esprit. Par acquit de conscience, il se leva, histoire de vérifier ses courriels une dernière fois.

Un message de Sakaya *san* le saluant et lui disant qu'elle avait beaucoup apprécié le temps passé avec lui. Il prit le temps de regarder quelques photos d'elle et de sa famille, jointes au message. Nathan s'apprêtait à fermer le couvercle de son ordinateur lorsque le son d'un courriel entrant tinta. Un message de Keigo *san*.

Nathan, j'ai des nouvelles de ta mère. Un ami de mon père dit qu'elle est vivante et toujours détenue dans une prison.

Chapitre 51
Un relevé de la situation

Né du chaos, le temps en gardait sûrement des séquelles, sinon comment expliquer l'enfer que dut subir Nathan jusqu'à ce qu'il puisse contacter M. Smith ? À cette heure-là, il ne pouvait le joindre ou, plutôt, il n'osait pas tenter de le rejoindre. Il devait patienter jusqu'au matin. La fatigue du décalage horaire aidant, il réussit à dormir par courtes périodes, entrecoupées de pensées plus anarchiques les unes que les autres. Il imagina diverses façons pour récupérer sa mère. Il se voyait en Rambo, mais abandonna rapidement l'idée, en raison de son âge. Il se visualisa ensuite en un James Bond, capable de franchir les pires obstacles, mais là non plus, ça ne pouvait aller. De la télétransportation en passant par l'équipe de « Mission impossible », tous les scénarios pour récupérer sa mère échouèrent lamentablement.

Le temps dédaigna finalement laisser descendre suffisamment de grain de sable dans le sablier pour qu'il puisse contacter M. Smith. Il envoya un courriel et reçut une réponse immédiate. « Je te rejoins à ta chambre dans dix minutes. » Dix minutes qui s'étirèrent sans que le temps en éprouve la moindre pudeur. Nathan laissa la porte de sa chambre ouverte. M. Smith arriva enfin. Il entra et prit soin de refermer la porte derrière lui.

– Raconte-moi de quelle façon tu en es venu à cette conclusion.

Nathan raconta comment par le biais de son ami Keigo, il avait obtenu cette information. Il lui montra ensuite le courriel reçu.

Bonjour, Nathan, j'ai des nouvelles de ta mère. L'ami de mon père dit qu'elle est toujours vivante et détenue dans une prison.

Mon père vient tout juste d'arriver de Corée. Il a obtenu de l'information de ses contacts, mais ça lui a coûté très cher. Il dit que Millepertuis devrait le rembourser. Sinon, il m'a demandé que tu refiles la facture à un certain M. Smith. Un de ses contacts l'a informé qu'il y a bien une Allison Blackson d'inscrite sur les registres des prisonniers étrangers. Elle est condamnée pour espionnage. Le registre indiquait qu'elle était toujours vivante au dernier recensement des prisonniers.

Il a dit qu'elle était détenue dans des quartiers de haute sécurité et que toute extraction serait impossible. Il doit retourner en Corée du Sud dans quelques semaines, et il va essayer d'en savoir plus. Dès que j'ai des nouvelles, je te les communique.

Ki O tsukete,
Keigo.

– Quel est le nom de famille de ce Keigo ?

– Son nom est Keigo Yamazaki, dit Nathan.

En entendant ce nom, M. Smith hocha la tête plusieurs fois.

– C'est bon, je connais son père, je sais que l'information est fiable.

M. Smith expédia une copie du courriel à son adresse personnelle.

– Je dois voir M. Whitterdale et je te reviens avec ça dans le courant de l'avant-midi.

L'estomac vide de Nathan le rappela à l'ordre, il se dirigea vers le réfectoire. Au moment de croiser la porte de Buns, celle-ci s'entrouvrit. Joanna tenait compagnie à Buns. Au moment d'aller manger, elle avait vu M. Smith entrer dans la chambre de Nathan. Elle alla réveiller Buns afin de savoir ce qui se passait. C'était anormal qu'un responsable entre dans la chambre d'un des résidents de St-Jude. Les jeunes prirent ensemble le chemin du réfectoire. Nathan en profita pour raconter les nouveaux développements concernant sa mère.

– Fantastique ! Ça veut dire qu'il y a de l'espoir de la revoir, dit Joanna.

– Je n'en suis pas sûr. Keigo *san* a parlé d'extraction impossible à faire. Je ne sais pas comment on va sortir ma mère de là. De plus, officiellement, ces prisonniers ne sont pas censés exister.

Les jeunes avaient terminé le repas depuis déjà un bon moment. Le silence régnait en maître au sein du petit groupe. Nathan prit sa tête entre ses mains, laissant porter son regard sur la table. Joanna remarqua sa détresse. Si St-Jude était vraiment le saint des causes désespérées, c'est maintenant qu'il devait agir. Mais rien ne semblait pouvoir sortir Nathan de son état lymphatique. Buns et Joanna ne savaient trop que dire.

– Qu'a dit M. Smith ? demanda Buns.

– Il doit voir M. Whitterdale. Il m'a dit qu'il me donnerait des nouvelles dans le courant de l'avant-midi.

– Qu'est-ce nous allons faire si Millepertuis ne peut rien pour nous ?

– Nous ? Je ne veux pas vous créer d'ennuis avec mes problèmes. Vous en avez déjà assez fait pour moi jusqu'à maintenant.

– N'oublie pas que nous sommes unis par un pacte.

– Buns dit vrai. Nous allons tout faire pour t'aider.

– Pour être honnête, je ne vois pas du tout ce qu'on pourrait faire pour aider ma mère. Nous n'avons pas d'armée, nous ne sommes pas un gouvernement, nous n'avons accès à rien.

Nathan n'avait pas tort. Que peuvent faire quelques jeunes d'âge mineur qui n'ont même pas leurs permis de conduire ? De quelle façon pouvaient-ils intervenir pour changer le cours de choses ? Ils avaient beau ressasser tous les événements, rien ne leur venait à l'esprit pour aider la mère de Nathan. Joanna ne semblait cependant pas prête à rendre les armes.

– Au moins, nous avons un début de structure organisationnelle. À nous trois, nous sommes une organisation capable de prendre des décisions. Nous ne savons pas encore lesquelles, mais au moins nous formons...

– Une cellule de crise, dit Buns avec enthousiasme. Nous avons réussi à regrouper tous les groupes murasaki. Et la preuve que ça fonctionne, nous avons réussi par ce moyen à obtenir de l'information.

Nathan commença à se laisser gagner par la flamme de ses amis.

– Nous devons prendre de la distance et voir tous les angles d'approche du problème, dit-il.

Joanna continua dans la lancée :

– Il faut cependant attendre le bon moment pour agir, sinon tous nos efforts seront perdus.

– Comment saura-t-on que c'est le bon moment d'agir ? Demanda Buns.

Les échanges verbaux des jeunes se transformèrent davantage en monologues plutôt qu'en conversation cohérente.

– N'oubliez pas les triangles, il faut remplacer la vitesse par le *timing*. On ne doit pas essayer de faire trop vite, mais on doit attendre le bon moment.

Nathan aimait l'enseignement qu'avait dispensé sensei Nakamura sur les triangles. Il continua à penser à voix haute.

– Dans cette situation, nous ne pourrons pas utiliser de technique préétablie. Un, nous n'en avons pas, et deux, nous n'avons aucun moyen technique à notre disposition. Sensei Nakamura a expliqué qu'à un niveau plus élevé des arts martiaux, nous devons remplacer la technique par le *feeling*. J'espère que nous trouverons une solution le moment venu.

Les trois jeunes parlaient sans se regarder. Quelqu'un qui les aurait regardés de l'extérieur aurait eu l'impression d'assister à une séance de spiritisme, où tous les acteurs donnaient l'impression d'une transe mystique quelconque.

– Nous ne pourrons utiliser la force, constata Joanna. Nous devrons donc faire preuve d'une précision absolue lorsque viendra le temps d'agir.

Il aurait été difficile de dire si les trois amis montraient des signes d'une possession démoniaque quelconque ou si on devait plutôt penser que le décalage horaire commençait à se faire sentir. Après plusieurs minutes de silence, Nathan dit :

– Je pense que je suis dû pour une sieste !

Pour toute réponse, il n'y eut qu'un léger ronflement de la part de Buns, qui s'était endormi assis sur la chaise du réfectoire.

Chapitre 52
Visite chez M. Whitterdale

Le soleil devait approcher du zénith lorsqu'on cogna à la porte de la chambre de Nathan. À moitié groggy, Nathan se leva et alla ouvrir. À cause de la fatigue, il avait presque failli oublier que M. Smith devait le revoir. Nathan était vêtu d'un simple short boxeur et d'un t-shirt aux traditionnelles couleurs de son groupe.

– Habille-toi, on va voir M. Whitterdale.

Nathan semblait un peu perdu au moment où M. Smith lui ordonna de s'habiller, mais les brumes qui occultaient son esprit se dissipèrent rapidement. Il s'excusa, alla aux toilettes et se dépêcha à s'habiller. Rencontrer M. Whitterdale le rendait nerveux. Ce type même de nervosité qui donne l'impression que l'on est légèrement décalé de la réalité du moment présent. Cette anxiété qui fait que les choses simples paraissent confuses, insaisissables, même si elles semblent à la portée du bout des doigts. Après plusieurs bonnes respirations, Nathan se remit au diapason. En marchant dans les couloirs de St-Jude avec M. Smith, il synchronisa enfin son esprit avec le moment présent.

À partir du corridor, Nathan fit un premier examen du bureau de M. Whitterdale. Il ressemblait à ceux des hommes peints sur les tableaux de la bibliothèque, sobre et fonctionnel. La surface de travail sur laquelle devait travailler M. Whitterdale n'avait rien d'excentrique. Purement utilitaire, son bureau datait d'une autre époque. Une lourde structure en bois, à l'exception de quatre pattes métallique chromée dépassant des coins du meuble, offrait un cachet tout droit sorti des années 70. La seule trace de modernité dans la pièce consistait en un iMac, qui occupait une grande surface du bureau. Des piles de papiers et de dossiers s'entassaient ici et là. Un gros classeur métallique de couleur kaki envahissait un coin de la pièce. Sur le classeur se dressait une statuette de singe tenant un crâne dans sa main. Le singe semblait observer attentivement la structure osseuse qu'il tenait entre ses doigts.

Nathan vit M. Whitterdale assis derrière son bureau, occupé à lire des papiers. Par politesse, M. Smith cogna avant d'entrer dans la pièce. Dans l'angle où se trouvait Nathan, la lumière traversant la fenêtre derrière M. Whitterdale réfléchissait sur son crâne lisse. Malgré une légère cicatrice, souvenir de l'attentat dont il avait été victime, Nathan ne put s'empêcher de faire le lien avec la statuette du singe et la tête de M. Whitterdale. Ce dernier se leva avec aisance et fluidité, un mouvement qui surprit Nathan de la part d'un homme de cette carrure et surtout de cet âge. Nathan jeta un coup d'œil rapide au bureau dans l'espoir de voir sa canne de plus près. Mais elle ne semblait pas y être.

– Bonjour, Nathan, assieds-toi, dit M. Whitterdale en désignant l'une des deux chaises devant son bureau.

Deux chaises dépareillées occupaient l'espace entre le bureau et la porte d'entrée. M. Smith referma la porte. Ces deux chaises ne cadraient certes pas avec le statut que devait avoir M. Whitterdale au sein de Millepertuis. Elles avaient cependant l'avantage de susciter des réactions et c'est probablement ce que désirait M. Whitterdale. Beaucoup de gens ont tendance à juger sur les apparences. Nathan se souvint d'une histoire que Mme Harris avait racontée au sujet d'hommes d'affaires japonais qui invitaient les nouveaux candidats dans des restaurants cinq étoiles afin de discuter autour d'un bon repas. Si le postulant utilisait la salière sans avoir pris la peine de goûter au met, sa candidature se trouvait rejetée automatiquement. Comment pouvait-il connaître la saveur du plat, s'il n'avait pas pris la peine d'y goûter ? Ce fut la seule explication que Nathan trouva pour ces chaises dignes de la maison en bois rond où M. Smith avait fait son jeu avec les jeunes.

M. Smith s'assit sur l'autre chaise. M. Whitterdale observait Nathan, attendant une réaction quelconque. Nathan demeura froid, regardant M. Whitterdale sans démontrer de nervosité. Après tout, il n'avait rien à se reprocher et la quête qu'il vouait à la recherche de sa mère lui donnait le courage d'affronter n'importe quelle épreuve. Après un moment, M. Whitterdale sourit, détourna son regard de Nathan et fit un signe de tête affirmatif en direction de M. Smith qui parla le premier.

– Voilà ce que nous savons, Nathan. Nous avons fait des recherches et nous en sommes arrivés à la conclusion qu'il existe des possibilités que ta mère soit encore vivante.

Nathan ne fut pas surpris de cette réponse. La question qui le préoccupait davantage était de savoir si Millepertuis l'aiderait à retrouver sa mère. Mais d'autres questions le tracassaient.

– Vous saviez que ma mère n'était pas morte dans l'accident de voiture ?

M. Whitterdale répondit à sa question.

– À une certaine époque, ta mère a participé à une mission d'extraction de prisonniers dans un pays en guerre. Elle et son groupe ont sauvé un peu plus d'une vingtaine de personnes qui seraient mortes sans leur intervention.

Nathan n'avait pas réalisé à ce point l'utilité de la mission de sa mère. Pour la première fois, il associait réellement sa mère à un guerrier. M. Whitterdale enchaîna.

– Malheureusement, ils sont arrivés trop tard et quelques otages avaient déjà été exécutés. Le gouvernement refusait de payer la rançon demandée. Cet argent aurait servi à acheter d'autres armes et ça n'aurait fait qu'aggraver la situation. Le père d'un des otages, un officier haut gradé dans l'armée, nous demanda d'attendre. Il désirait payer le montant demandé pour sauver sa fille. Lorsque sa demande nous est parvenue, le commando se trouvait déjà sur les lieux de l'opération. Mais sa fille avait été exécutée avant que nous arrivions sur les lieux. Il a tenu Millepertuis responsable de sa mort.

M. Whitterdale prit une pause. Nathan l'entendit soupirer. Dans sa main droite, il jouait avec son stylo Cross, un magnifique objet filiforme, plaqué or.

– Dans les mois qui suivirent l'extraction des prisonniers, plusieurs membres du commando furent assassinés. Tout s'est passé tellement rapidement. Dans l'espace d'une semaine, huit d'entre eux avaient été tués. Le responsable de cette tuerie s'en est également pris à plusieurs membres des familles de nos intervenants.

– Pour protéger ceux qui restaient, dont ta mère, nous avons été obligés de les faire disparaître. Nous avons organisé un faux accident de voiture pour elle. Comme elle était morte, te tuer n'aurait pas été une vengeance satisfaisante. Elle a disparu pour te protéger.

M. Whitterdale regarda M. Smith.

– Par peur d'une taupe infiltrée au sein de Millepertuis, même M. Smith ne connaissait pas la vérité sur ta mère. Jusqu'à aujourd'hui, il ignorait qu'on avait fait disparaître les survivants du commando afin de les protéger.

Nathan parut rassuré. Briser le lien de confiance qui l'unissait à M. Smith aurait été difficile à accepter.

– Ta mère détestait l'inactivité. Elle refit plusieurs opérations par la suite. Il faut dire qu'elle fut l'un de nos meilleurs agents.

Pour la première fois de sa vie, ce sentiment d'abandon qu'il traînait comme un boulet sembla le délaisser. Pour la première fois de sa vie, il pardonnait à sa mère. Elle ne l'avait pas délaissé, elle l'avait simplement protégé.

– On ne sait trop comment, mais l'homme en question...

Nathan interrompit M. Whitterdale.

– Appelez-le par son nom, Monsieur, appelez le Logans.

Nathan ne remarqua pas M. Smith qui sourit à l'idée de tout ce qu'il avait pu découvrir. Il retrouvait dans Nathan plusieurs des particularités qui avaient fait de sa mère l'un des meilleurs agents que Millepertuis n'ait jamais eus. M. Whitterdale plissa le front presque imperceptiblement.

– On ne sait trop comment, mais Logans sut que ta mère et son groupe effectuaient une opération en Corée du Nord. Il contacta le gouvernement nord-coréen pour dénoncer nos agents sur son territoire. Nous n'avons rien pu faire pour délivrer ta mère et ses compagnons. Le gouvernement a offert des échanges de prisonniers, des échanges de technologie, mais rien n'a été accepté. Le gouvernement les considérait comme un trophée de chasse. Par la suite, le gouvernement nous envoya un avis annonçant que tout ce groupe avait été exécuté pour espionnage.

– Mais ce Logans, il devrait être en prison.

– Pour arrêter une personne, ça prend des preuves, dit M. Whitterdale. Nous supposons que c'est lui, mais nous sommes totalement incapables de prouver quoi que ce soit. De plus, d'un point de vue politique, cet homme est devenu intouchable aujourd'hui. Il tire plus de ficelles au gouvernement que Millepertuis ne peut tirer.

– D'accord. Mais maintenant, qu'est-ce qu'on fait pour sortir ma mère de là ?

M. Whitterdale et M. Smith se regardèrent. Le stylo de M. Whitterdale tournoya nerveusement plusieurs fois entre ses doigts. M. Smith détourna la tête et croisa le regard de Nathan. Mais c'est M. Whitterdale qui répondit.

– Chaque année, nous tentons de renégocier avec le gouvernement nord-coréen pour un autre groupe que nous savons détenu dans les prisons là-bas. Nous ne pouvons faire d'extraction, le lieu où ils sont gardés est trop bien protégé. On peut présumer que c'est la même chose en ce qui concerne ta mère. Le gouvernement ne peut déclencher une guerre pour sauver quelques personnes. S'il y a une solution, elle devra passer par les voies diplomatiques.

Nathan se leva brusquement, tourna le dos aux deux hommes.

– Je ne sais pas encore comment, mais moi je vais trouver le moyen de la sortir de là.

Chapitre 53
Un congé bien mérité

Quelques flocons de neige tombaient paresseusement du ciel de St-Jude. Offrant un curieux ballet, les cristaux dansaient autour des quelques rayons de soleil qui tentaient désespérément d'accaparer l'espace au-dessus du monastère. Un aigle survola le vieux clocher à la recherche de quelques petits mammifères imprudents qui aurait pu constituer un bon repas.

Les examens de fin de session se déroulaient le mercredi et le jeudi. Malgré la fatigue du décalage et en dépit du stress engendré par les découvertes au sujet de sa mère, Nathan avait l'impression qu'il s'en tirait plutôt bien. L'ardeur investie dans ses études depuis ses débuts à Millepertuis ne pouvait que donner des résultats positifs. Ne récolte-t-on pas ce que l'on a semé?

Le vendredi marquait le début du congé de fin de session. Durant la journée, St-Jude allait se vider d'une bonne partie de sa population. Ceux qui avaient la chance d'avoir encore une famille pourraient la rejoindre. Les autres qui, comme Nathan, se retrouvaient seuls, St-Jude les garderait en son sein. Les activités régulières ne devaient recommencer que le 5 janvier. C'est avec fébrilité que les jeunes se retrouvèrent au réfectoire pour un dernier petit déjeuner. Nathan avait passé une bonne partie de sa vie seule. Mais pour la première fois, il avait le cœur gros à la pensée du départ de ses amis.

– J'ai hâte de revoir mes parents et mes amis, mais vous allez me manquer. C'est comme si j'abandonnais une partie de moi. J'ai bien hâte de leur montrer mes photos de voyage au Japon.

– Au moins, toi, tu vas être heureuse chez toi. Moi je vais être obligé de me taper des banquets franchement ennuyants. Si je montre mes photos de voyage à ma mère, elle va probablement dire, « c'est bien » après la dixième photo et prendre une pause pour vérifier ses textos sur son téléphone. J'ai tenté de convaincre ma mère de me laisser passer les fêtes ici, mais elle a refusé. Probablement histoire de se déculpabiliser. Le pire c'est que je ne la verrai probablement pas plus de deux ou trois jours. Le reste du temps, elle va sûrement travailler. Pour ce qui est de mon père, il va évidemment se trouver quelques tournois de golf au soleil. Je vais tout faire pour revenir ici avant le temps.

– Peut-être, mais au moins tu vas voir tes parents. Tu n'as pas idée comment je donnerais cher pour voir ma mère, même une seule journée. Alors, ne sois pas trop dure avec elle. Dans sa tête, elle fait probablement tout ça pour toi.

Naturellement, Nathan avait partagé avec ses deux amis, tout ce qu'il savait concernant sa mère. Depuis sa rencontre avec M. Whitterdale, rien n'avait bougé. Il savait que rien ne pourrait bouger.

– Je n'ai peut-être pas ma mère à mes côtés, mais au moins je vous ai comme amis. Pour la première fois de ma vie, des gens vont me manquer. J'espère que vous ne m'oublierez pas durant vos vacances, dit Nathan en riant.

– On va t'inonder de courriel; comme ça, tu sauras qu'on ne t'oublie pas.

Les yeux de Nathan s'agrandirent. Il appuya ses mains sur la table, les doigts complètement tendus.

– Joanna, tu es géniale.

Joanna jeta un coup d'œil vers Buns.

– Tu vois, Buns, il n'y a pas que toi qui es génial, je le suis aussi. Mais pourquoi suis-je si géniale?

– Tu viens de nous donner un moyen de faire pression sur les geôliers de ma mère. Nous allons inonder la planète et le gouvernement nord-coréen de courriel. Nous allons utiliser le réseau du forum pour que tout le monde contacte les journaux, les stations de radio et de télévision, afin d'envoyer un message clair pour qu'ils relâchent ma mère.

Buns se montra un peu plus terre-à-terre.

– Tu sais fort bien que ça ne fonctionnera probablement pas.

– Peut-être, mais au moins, nous aurons le mérite de ne pas rester inactifs. Je trouve ça insupportable de ne rien tenter pour la sauver.

Buns reprit la parole.

– Côté *timing* c'est le meilleur moment. C'est la période des fêtes, peut-être qu'ils pourront associer sa libération à un cadeau offert au monde occidental. Ils pourront peut-être la relâcher pour Noël ou pour le Jour de l'an.

– Nous devrons faire en sorte qu'ils soient valorisés par le geste et non qu'ils soient montrés comme d'horribles tyrans. Nous devrons travailler en précision plutôt qu'en force, suggéra Joanna.

– J'ai l'impression que c'est non seulement la seule chose à faire, mais que c'est également la meilleure chose à faire.

Nathan voyait cette solution comme un acte désespéré, une tentative ultime. Les jeunes passèrent l'avant-midi à rédiger le message. Une note fut également ajoutée afin de demander aux autres groupes de traduire le plus exactement possible le texte qu'ils désiraient envoyer. Après deux heures d'un travail acharné, la missive se trouva finalement prête à être envoyée.

Le message expliquait qu'une dame répondant au nom d'Allison Blackson et ses amis étaient détenus depuis plusieurs années par le gouvernement de la Corée du Nord. Que ces personnes s'étaient probablement égarées et avaient par inadvertance traversé la frontière de la Corée du Nord. Que le gouvernement avait présumé qu'il s'agissait d'espions. Le message expliquait également que les prisonniers avaient purgé une peine suffisamment longue pour leur erreur et que le gouvernement devrait faire un bon geste en les libérant. Il fut demandé aux autres groupes murasaki de solliciter l'aide de tous les autres groupes de Millepertuis. Il fallait dans un premier temps, transmettre ce message à tous les médias possibles partout sur la planète. Dans un second temps, il fallait trouver le moyen d'inonder le gouvernement nord-coréen de message internet demandant la libération des prisonniers.

Le message stipulait également de demeurer très poli, très courtois, de même encenser sans dépasser les limites, le gouvernement pour son ouverture d'esprit sur notre monde moderne. Une note avait été rajoutée à l'intention des jeunes de Millepertuis à travers le monde : S.V.P., envoyez le plus de courriel possible au gouvernement, mais changez de formule à chaque fois. Il faut qu'ils pensent que cela vient de personnes et de milieux différents.

– Est-ce qu'on ne devrait pas avertir M. Whitterdale de notre tentative ? demanda Buns.

– Je ne pense pas. Ils nous ont toujours encouragés à avoir de l'initiative, alors je pense que nous ne faisons que suivre la philosophie qu'ils tentent de nous inculquer, dit Joanna.

– J'aime mieux ne pas risquer ma chance, si jamais il nous interdisait de faire ce que l'on fait, les chances de revoir ma mère seraient inexistantes.

Assis sur le lit de Nathan, regroupé autour de son ordinateur, le trio trahissait une anxiété grandissante. Il ne restait qu'à appuyer sur la touche *return*, mais chacun semblait hésitant à le faire. Joanna prit la situation en main.

– Nathan, c'est à toi de le faire. Si ça permet de retrouver ta mère, tu seras fier d'avoir appuyé sur cette touche.

Comme à son habitude, le temps s'amusait à tromper ceux qu'il devait servir. Durant la période où se déroula cette action, Nathan se trouvait à l'autre bout du spectre par rapport à ses amis. Il avait l'impression que le temps s'écoulait à toute vitesse, alors que ses amis trouvaient interminable le temps que prenait le doigt à descendre sur la touche. Nathan retint son souffle, aligna son majeur au-dessus de la touche et se décida enfin à appuyer.

Chapitre 54
Boule de neige

Sans Buns et Joanna, la vie à St-Jude paraissait un peu fade pour Nathan. La tranquillité des corridors reflétait sans doute ce que devait être la vie des moines à l'époque de gloire du cloître. Nathan reçut de nombreux courriels de diverses unités de Millepertuis. Tous l'appuyaient sans restriction. La fête de Noël passa sans apporter aucune nouvelle. Inconsciemment, Nathan espérait des développements au sujet de sa mère. Mais il savait pertinemment bien qu'il fallait laisser écouler plus de temps.

On organisa une fête pour les jeunes qui demeuraient à St-Jude. Tous les jeunes reçurent des cadeaux de la part de l'organisation de Millepertuis. Nathan reçut un *katana* d'entraînement. Une magnifique lame, non aiguisée, avec laquelle il pourrait s'entraîner. Le sabre parfaitement balancé offrait une prise en main étonnante. Celui qui l'avait choisi s'y connaissait en arme. Il reçut également le dernier disque de *Nightwish* au titre accrocheur : *Imaginaerum*. Un titre qui cadrait bien avec ses espérances.

La fête de Noël se laissa lentement emportée par le temps. Il ne reçut pas le cadeau qu'il espérait tant. Le lundi matin il reçut une copie traduite d'un article qui venait de paraître en Russie et qui traitait des détenus retenus prisonniers en Corée du Nord. L'article terminait en demandant un bon geste de la part du gouvernement. Nathan prit quelques informations concernant l'auteur de l'article. Le père d'un étudiant de Millepertuis Moscou était le premier à attirer l'attention du monde sur les geôliers de sa mère.

Noël apporte la joie et surtout la paix. Comme il ne se passe généralement peu ou pas d'activités au lendemain de Noël, le message de Nathan trouvait plus facilement preneur. Dans les premières heures, les articles commencèrent à arriver, lentement au début, mais avec une régularité constante. En début d'après-midi, le flot de nouvelles augmenta de manière significative. Tout d'abord, des nouvelles écrites, puis les jeunes de Millepertuis lui envoyèrent des liens d'émission de télévision où on parlait du problème.

Nathan prenait ses messages au fur et à mesure qu'ils entraient. Avec l'un des messages, il reçut une photo. Nathan ouvrit la bouche comme pour se parler à lui-même, mais rien n'en sortit. C'était une photo de sa mère tenant un bébé dans les bras, envoyée par le journaliste Alex Tardif, celui qui avait souligné que l'accident de sa

mère paraissait suspect. Comment avait-il fait pour retrouver Nathan ?
Un court texte accompagnait la photo.

« Bonjour jeune homme,

Je ne sais pas si c'est toi qui as déclenché la presse mondiale au sujet d'Allison Blackson, mais ça m'a fait penser que j'avais en main une copie de cette photo. Comme je conserve tous mes dossiers, je possédais toujours celui qui concernait Allison Blackson. Il y a bien des années, j'ai écrit un article concernant l'accident de ta mère. J'avais besoin d'une photo d'elle pour mon reportage. C'est une voisine de ta mère qui m'avait donné cette photo à l'époque. Je ne sais pas si elle te sera utile, mais j'ai pensé te la faire parvenir tout de même.

Bonne chance.

Alex Tardif ».

Nathan observa la photo de sa mère. Ses cheveux longs tombaient sur ses épaules. La photo semblait prise dans un parc. Un chien labrador blond se tenait assis au pied de sa mère. Elle portait une robe d'été dans des teintes de rouge brique, à motifs fleuris. Un long collier supportant différentes grosseurs de perles jaunes pendait à son cou. À son poignet droit, un bracelet couleur argenté couvrait une bonne partie de son articulation. Nathan n'avait jamais réalisé auparavant que sa mère pouvait être aussi féminine.

Il ouvrit la page donnant accès au forum. Il envoya un message accompagné de la photo. Il se dit qu'une photo d'une mère avec son enfant toucherait davantage le cœur des gens. Il vit apparaître dans les heures qui suivirent, des articles qui affichaient la photo de lui et de sa mère. Il savait que les médias mettraient un certain temps avant de réagir avec la photo. Les premiers qui utilisèrent la photo de Nathan furent les médias Internet. Rien de plus facile pour eux que de joindre l'Information et l'adapter aussitôt qu'il la recevait.

La journée se déroula dans l'attente de nouveaux messages. À la fin de la journée, rien n'indiquait que le gouvernement de la Corée du Nord réagissait. Ce fut le silence complet de ce côté. Il devait être environ vingt heures lorsqu'on cogna à la porte de sa chambre.

– Entrez, dit Nathan qui ne quittait pas son ordinateur des yeux.

La porte s'ouvrit. Sensei Nakamura, accompagné de M. Smith, entra dans la pièce. Sensei Nakamura apportait un *bento* qu'il avait préparé à l'intention de Nathan. Il ne remarqua pas immédiatement le repas que tenait sensei Nakamura entre ses mains. Nathan promenait son regard d'un homme à l'autre. Il se comportait comme s'il venait de faire quelque chose de répréhensible. Sensei Nakamura prit la parole.

– Ne sois pas inquiet, nous ne sommes pas ici pour te disputer. Au contraire, tout Millepertuis a apprécié la façon dont tu as conduit cette opération.

– Sensei Nakamura a pensé que tu oublierais probablement de manger. C'est pourquoi nous sommes ici, enchaîna M. Smith.

Nathan ne savait pas quoi dire. À plusieurs reprises, l'idée qu'ils puissent se faire expulser de Millepertuis lui traversa l'esprit. Mais en pesant le pour et le contre, revoir sa mère devenait sa priorité. Il regarda les deux hommes et posa une question sachant qu'il ne pourrait y avoir de réponse exacte.

– Pensez-vous que ça peut fonctionner ?

M. Smith répondit.

– Je pense qu'absolument personne sur la planète ne pourrait dire comment va réagir le gouvernement nord-coréen. Mais chose certaine, ça vaut vraiment la peine d'essayer. En attendant, on ne peut pas faire grand-chose. Or, un guerrier dans l'attente doit économiser ses forces pour les combats.

– J'ai compris, je mange.

Nathan ne se fit pas prier pour déguster le *bento* de sensei Nakamura. Pendant qu'il engouffrait son repas, M. Smith prit le sabre que Nathan avait reçu en cadeau. Il se tourna vers Nathan.

– Je peux ?

Nathan, la bouche pleine, se contenta d'un hochement de tête. M. Smith agrippa le fourreau de sa main gauche et dégaina le sabre de sa droite.

– Wow ! Je n'avais pas eu le temps de le prendre à la fête. J'adore ce sabre. Sam, il faudra que tu m'en déniches un pareil. Il ne tire sur aucun côté, il n'a pas tendance à tomber vers l'avant, la poignée n'a pas de recul. Bon sang, où as-tu trouvé ce sabre ?

– Un ami l'a fabriqué pour moi.

– Nathan, tu es gâté. Dans le monde des arts martiaux, ce sabre va faire des jaloux.

Nathan comprit que son *katana* était une pièce unique. Fait selon les spécifications demandées par sensei Nakamura, cette arme d'entraînement devenait une pièce de collection. M. Smith rengaina la lame dans son fourreau.

– Sensei Nakamura et moi ferons un peu d'entraînement en salle demain matin. Tu viens avec nous ?

Il semblait difficile pour Nathan de refuser l'invitation de M. Smith, surtout avec le nouveau sabre qu'il avait reçu en cadeau. Cependant, il sembla hésiter un peu. M. Smith comprit sa réticence.

– Ne t'inquiète pas. Lucy va vérifier l'internet au complet pour nous. S'il y a quoi que ce soit d'inhabituel, elle pourra nous contacter au dojo.

– Comment pourra-t-elle nous contacter au dojo ? Il n'y a pas d'ordinateur.

– Il y en a un, c'est juste qu'il est un peu en retrait. Alors, sois là pour 10 h sans faute, et n'oublie pas d'apporter ton sabre, dit sensei Nakamura.

Les deux hommes quittèrent la chambre et s'éloignèrent en riant. «Des frères de sang» pensa Nathan en les regardant s'éloigner. Nathan continua à vérifier ses courriels. Outre la photo qui fut rajoutée à plusieurs communiqués, rien de nouveau n'apparaissait dans le décor.

Chapitre 55
Le maître de thé

Il arrive parfois que le courant tumultueux du temps nous entraîne dans ses tourbillons où tous nos points de références deviennent confus, presque inaccessibles. Nathan se leva plusieurs fois durant la nuit pour prendre ses messages. Son état émotionnel fut totalement incontrôlable jusqu'au matin. Il se réveilla parfois optimiste, espérant une réponse qui n'arrivait pas. Son optimisme laissa rapidement la place à un pessimisme presque malsain. En d'autres occasions, lorsqu'il ouvrait les yeux, l'accumulation d'anxiété l'amenait dans un état de tension extrême. Dans ces périodes de stress intense, Nathan se mettait à trembler, des sueurs coulaient abondamment de son front. Un camé en manque n'aurait pas eu plus mauvaise mine. Heureusement pour lui, cet état exigeait tellement d'énergie qu'il finissait par se rendormir ou plutôt par perdre conscience.

Bien que sa première idée était de demeurer au lit, Nathan réussit à canaliser l'énergie nécessaire à ce pénible levé. La douche fut un élément salvateur. Le corps de Nathan savait ce dont il aurait besoin pour fonctionner. Son repas du matin se composa presque exclusivement de fruits. Son organisme en réclamait. Chaque bouchée semblait avoir un effet calmant sur son mental soumis à si rude épreuve. Un yogourt au bleuet compléta ses besoins en énergie.

À dix heures, Nathan attendait dans le dojo, en compagnie de quelques autres étudiants de St-Jude. Il avait apporté son sabre, comme le lui avait demandé sensei Nakamura. Chacun des étudiants désirait le manipuler. Mais comme c'est souvent le cas chez les gens qui débutent dans les arts martiaux, la plupart ne purent apprécier le petit trésor qui passait entre leurs mains.

Sensei Nakamura arriva enfin, accompagné de M. Smith et de Mme Barclay. Après les salutations de politesse, sensei Nakamura demanda aux étudiants d'aller prendre un sabre d'entraînement. Dès qu'il mit la main sur la poignée de son *katana*, Nathan cessa immédiatement de penser à sa quête. Il eut une curieuse sensation en dégainant son sabre. De vagues souvenirs lointains semblaient ressurgir dans son esprit. Il savait que c'était impossible, il manipulait un tel sabre d'entraînement en métal pour la première fois de sa vie. Des réminiscences d'un combat au sabre, se déroulant dans une plaine aux hautes herbes, vinrent à son esprit. Les images disparurent lorsque sensei Nakamura demanda aux élèves de se placer en rond.

Les étudiants prirent une position en cercle autour du dojo.

– D'après vous, quelle est la première disposition que l'on doit avoir pour gagner un combat au sabre ? demanda sensei Nakamura.

Les étudiants balancèrent plusieurs réponses. La vitesse, la précision, les déplacements, la force physique, le bon angle, ainsi que plusieurs autres réponses qui ne semblaient cependant pas satisfaire sensei Nakamura.

– Qui parmi vous connaît l'histoire du maître de thé ?

Personne ne semblait connaître l'histoire. Sensei Nakamura fit asseoir tout le monde au sol.

– Je vais essayer de vous la raconter du mieux que je peux. J'adorerais être un bon conteur, mais malheureusement, comme vous commencez à le savoir, je possède peu de talent dans ce domaine.

Sensei Nakamura prit une bonne respiration et commença son histoire.

– Un jour un samouraï, qui se déplaçait avec son maître de thé, lui demanda de livrer un message de sa part à un de ses amis. Pour qu'il ne soit pas harcelé, il lui dit de prendre son sabre. De cette façon, il ne devrait pas être dérangé dans sa tâche. Un samouraï errant qui le vit se pensa qu'il ne pouvait pas être un vrai samouraï. Il lui lança un défi. Refuser le défi aurait déshonoré le samouraï qu'il servait. Il accepta le défi, mais dit au *ronin*, un samouraï sans maître, qu'il avait une tâche à accomplir auparavant. Il donna rendez-vous à son opposant au crépuscule.

Fidèle à ses habitudes, sensei Nakamura s'assura qu'il possédait l'attention de tous.

– En allant porter son message, le maître de thé vit une école de sabre. Décidé à ne pas faire ombrage à son maître, il arrêta voir le maître d'armes à son retour. Le maître de thé expliqua la situation à l'enseignant. Ce dernier lui dit : « Si je comprends bien, vous désirez que je vous enseigne comment mourir honorablement. » Cela résumait bien le problème. Le maître d'armes demanda au maître de thé de faire une cérémonie du thé pour lui avant qu'il lui enseigne quelques techniques de sabre. Trop heureux de pouvoir accomplir cette cérémonie une dernière fois avant son ultime souffle, le maître de thé prépara la précieuse mixture. Ses gestes d'une précision incroyable, son corps détendu, son attitude sereine ne reflétant aucune peur ou crainte que ce soit impressionnèrent le maître d'armes.

Sensei Nakamura fit une nouvelle pause. Il avala sa salive et continua son histoire.

– Le maître de thé termina la cérémonie. Le professeur le regarda et lui dit qu'il ne pouvait rien lui enseigner concernant la mort, car il possédait déjà tout ce qu'il fallait pour l'affronter. Il lui dit de faire face à son adversaire avec le même état d'esprit qu'il avait pour la cérémonie. Il lui conseilla de lever le sabre et d'attendre son adversaire les yeux fermés. Son adversaire lâcherait probablement alors un grand cri pour essayer de briser sa concentration. À ce moment, en descendant le sabre rapidement vers l'avant, il aurait des chances de blesser ou de tuer son adversaire. L'issue sera probablement la mort pour les deux antagonistes.

Sensei Nakamura, qui avait dégainé son propre sabre, garda quelques instants de silence en examinant la lame de son arme. Puis il continua.

– Le maître de thé se présenta au rendez-vous comme prévu. Le samouraï déchu voulant se faire une réputation avait convoqué plusieurs personnes comme témoins du duel. Le maître de thé, d'une voix calme, s'excusa de l'avoir fait attendre avant de livrer le duel. Il le remercia de sa patience. Il recula son pied droit, leva son sabre à quarante-cinq degrés au-dessus de sa tête et ferma les yeux. Il s'imagina en train de refaire une cérémonie du thé. Tous les muscles de son visage se relâchèrent sous l'effet de cette méditation interne. Après un certain temps, il ne comprenait pas pourquoi l'homme n'avait pas encore attaqué. Il ouvrit discrètement un œil, ensuite le deuxième, pour constater que son adversaire s'était évaporé. Voyant que la concentration de son adversaire se révélait sans faille, le voyou eut peur. Il s'était enfui.

Sensei Nakamura prenait toujours grand plaisir à voir la réaction des jeunes lorsqu'il racontait ces vieux contes d'arts martiaux de son pays.

– Alors, je reprends ma question, d'après vous, quelle est la première condition que l'on doit avoir pour gagner un combat au sabre ? Et ne venez surtout pas me dire que c'est de savoir faire le thé.

Tous les étudiants rirent de bon cœur à la blague de leurs sensei.

– Un combat au sabre, je parle d'un combat en situation réelle, va probablement avoir comme résultat la mort de l'un des deux combattants et peut-être des deux.

Les jeunes demeurèrent interloqués. L'image du héros qui gagnait tous ses combats sans égratignure sortait un peu meurtri vu sous cet angle.

– Pour gagner un tel combat, il faut avoir l'esprit de *fudo*, un esprit immuable. Il ne faut pas se laisser dominer par la peur, l'impatience, la colère ou par quelques émotions que ce soit. Il faut apprendre à rester neutre et à attendre. On dit que l'art du samouraï était l'art d'apprendre à accepter la mort. Si lors d'un tel combat vous avez peur de mourir, alors, il y a fort à parier que c'est ce qui va arriver. La peur va créer le doute qui vous empêchera de foncer au bon moment. Elle va probablement vous amener à perdre une bonne partie de votre fluidité. Si votre adversaire possède cet esprit de *fudo* et vous non, vos chances de gagner sont minimes.

– Sensei, comment fait-on pour atteindre cet état de *fudo* ? demanda Nathan.

– Il faut apprendre à gérer ses émotions, à se détacher de la peur de la défaite et même de la mort.

Sensei Nakamura enseigna diverses techniques de combat, mais également différentes façons de sortir rapidement le sabre de son fourreau. Nathan s'entraîna avec plusieurs partenaires, dont Mme Barclay et M. Smith qui participèrent activement à la classe de sensei Nakamura. L'entraînement se poursuivit sur plusieurs heures sans qu'ils n'arrêtent pour l'heure du repas. Finalement, en milieu d'après-midi, sensei Nakamura mit fin à la classe.

« Déjà ? » pensa Nathan. Le temps avait une fois de plus exprimé son humeur.

Chapitre 56
L'art d'attendre

Le temps peut s'étirer comme bon lui semble. On peut toujours s'imaginer le contrer en s'occupant l'esprit ailleurs. Mais si cet ailleurs n'existe pas, le temps prendra un malin plaisir à nous faire sentir que c'est lui qui a le contrôle, qu'il est intouchable.

Dans la semaine précédant le jour du Nouvel An, le temps ne se gêna pas pour affronter Nathan sur son propre terrain. Chaque site qu'il consultait sur son ordinateur lui donnait l'impression qu'il se refusait à lui. Les pages n'apparaissaient pas assez vite à son goût. Les journées s'étiraient à n'en plus finir. Quelques activités furent offertes aux résidents de St-Jude, mais Nathan préféra demeurer devant son ordinateur. De cette façon, il avait l'impression qu'il récupérait un peu de contrôle sur sa vie. Mais le temps s'amusait à lui prouver le contraire. Chaque fois qu'il consultait l'heure, les aiguilles prenaient plaisir à n'avancer que très lentement, le narguant avant d'atteindre le chiffre suivant.

Durant plusieurs jours, faute de nouvelles intéressantes, les médias de toute la planète parlèrent du cas d'Allison Blackson détenue en Corée du Nord. Des analystes au langage savant décortiquèrent la situation sans y apporter rien de nouveau. Nathan gardait espoir que l'année se terminerait bien pour lui et sa mère.

Le dernier jeudi du mois de décembre, après avoir réalisé qu'il tournait en rond depuis plus de trente minutes, Nathan décida d'aller marcher dans les corridors souterrains de Millepertuis. À cette période de l'année, les vieux souterrains suintaient d'humidité en plusieurs endroits. Le froid qui se terrait de plus en plus profondément dans le sol avait fini par rejoindre les corridors déserts de St-Jude. Nathan voulait voir Lucy. Un peu de conversation ne lui ferait pas de mal, se disait-il. Mais peut-on vraiment qualifier de conversation, un échange verbal avec Lucy ?

Il arriva à l'antre de Lucy. Devant la porte d'entrée, il regarda pour trouver trace d'une caméra, mais il n'y avait rien de visible. Il voulut ouvrir la porte, mais, au moment où il s'apprêtait à mettre la main sur la poignée, Lucy s'adressa à lui.

– Bonjour, Nathan, est-ce que tu es venu pour me voir ?

– Bonjour, Lucy, oui. Je n'avais personne à qui parler et je me suis dit qu'on pourrait peut-être avoir une conversation.

La porte s'ouvrit, donnant ainsi accès à l'intimité de Lucy.

– Ça ne t'ennuie pas trop que je vienne discuter avec toi ? Je ne voudrais pas te déranger.

– Au contraire, ça me fait plaisir. Si je veux m'améliorer, je dois discuter le plus possible, avoir des conversations normales, pas seulement des échanges de données.

Nathan regarda, derrière la vitre, les lumières clignoter sur le gros meuble abritant les circuits de Lucy.

– Est-ce que tu penses et réfléchis comme je le fais ?

– Difficile à dire, mais je ne crois pas que je pense. Je peux répondre à des questions, résoudre des équations, établir des structures grammaticales, mais la notion de réfléchir, comme toi tu l'entends, m'est, pour le moment, inaccessible.

– Lucy, tu es au courant en ce qui concerne ma mère ?

– On m'a demandé de surveiller tout ce qui pourrait ressortir d'intéressant de la masse d'informations. Particulièrement ce qui vient de la Coré du Nord.

– Comment peux-tu savoir ce qui est intéressant si tu ne peux penser comme un humain ?

– Je surveille tous les mots clefs comme libération, négociation ainsi que tout le vocabulaire similaire.

– Lucy, peux-tu me donner accès au dossier des opérations qu'a faites ma mère ?

– Je suis désolé, Nathan, mais je ne suis pas autorisée à faire cela.

– Tu viens de dire que tu es désolée, ça sous-entend que tu regrettes de ne pas pouvoir me donner ces accès ?

– Je ne peux rien regretter, mais dans ma programmation, le mot désolé est classé dans mes protocoles de politesse.

Nathan passa ainsi plus d'une heure à discuter avec Lucy. Après l'avoir saluée, il retourna vagabonder dans les corridors de St-Jude. Mais le temps reprit le contrôle de son univers, les secondes semblèrent retrouver la lenteur qui les caractérisait cette dernière semaine de l'année. Il retourna à sa chambre et, en constatant que cette journée du 29 décembre était presque à mi-chemin, il décida d'expédier des souhaits de joyeux anniversaire à l'un de ses amis.

Il s'habilla et alla se promener dans le petit boisé de St-Jude. Il passa d'abord par les cuisines et prit quelques sandwichs au jambon mis à la disposition des résidants. Une faible neige tombait lentement, effaçant toute trace de vie passée. Seuls ses pas attestaient d'une présence humaine dans cette partie du sanctuaire. Il en profita pour prendre de profonde respiration selon une technique qu'avait enseignée sensei Nakamura. Il croisa les traces toutes fraîches d'un petit animal, probablement un lièvre. Nathan fit quelques boules de neige qu'il tira sur un arbre qui n'avait rien fait pour le provoquer. Il jeta un coup d'œil à gauche et à droite, puis après s'être assuré que personne ne le regardait, il s'amusa à faire une roulade dans la neige. Il se releva, lança un grand cri de satisfaction et se laissa aller à faire plusieurs roulades. Il améliora sa technique en plongeant de plus en plus loin. Nathan s'arrêta pour reprendre son souffle. Nathan se sentait observé. En se retournant, il vit un visiteur assis au pied d'un arbre, qui l'observait avec curiosité. Presque appuyé à l'arbre, les oreilles dressées bien droites, le loup qu'il avait déjà entrevu, le contemplait avec intérêt.

Nathan ne bougea pas, il s'agenouilla. La bête qui se tenait à une dizaine de mètres de lui ne semblait pas du tout effrayée. Il sortit un des sandwichs qu'il avait apportés. Il en déchira un gros morceau et le tira en direction du loup. Ce dernier ne bougea pas.

– Allez, tu peux aller le prendre, je t'assure que je ne te mangerai pas.

Instinctivement, Nathan sut ce qu'il devait faire. Il prit une bonne respiration, il imagina son animal guide, une louve majestueuse, marcher en direction du sandwich. Il la fit s'asseoir et renifler l'offrande qu'il venait d'offrir au loup. L'impensable se produisit alors. Le loup se leva et alla directement vers la nourriture. Il jeta un coup d'œil dans la direction de la louve imaginaire et renifla ensuite la pitance avant de la manger. Nathan jeta un nouveau morceau, plus près de lui afin que le loup s'approche davantage. Il utilisa de nouveau son animal guide, et le stratagème fonctionna. Le loup se trouvait à moins de cinq mètres de lui. Il réessaya à deux mètres de lui, mais cette fois-ci, le loup, partiellement rassasié, le regarda, fit un jappement étrange tout en inclinant gracieusement la tête vers le bas, et retourna lentement dans le boisé.

Le lendemain n'apporta rien de nouveau qui aurait modifié le cours des événements. Nathan tenta à quelques reprises de s'asseoir sur son lit et de méditer afin d'atteindre l'esprit du *fudo*, si nécessaire à l'accomplissement du samouraï. Mais, à ce moment précis, le temps qui coulait au ralenti depuis une semaine se mettait à s'accélérer. Les pensées de Nathan se bousculaient dans sa tête, changeant à grande vitesse, transformant ses efforts d'immuabilité en une mouvante instabilité.

Nathan comprit que le moment n'était peut-être pas idéal pour la méditation. Il se risqua à aller soulever quelques poids au gymnase. Quelques jours auparavant, il avait fait une tentative de mise en forme avec ces appareils, mais il avait réalisé très vite qu'il ne possédait pas la discipline nécessaire à cette activité. Il espérait qu'il y prendrait goût cette fois-ci, mais après trente minutes, il abandonna son projet de bouger de la fonte.

La journée suivante n'apporta rien de nouveau, à l'exception d'un changement dans l'attitude de Nathan. Il lâcha prise et accepta que le temps puisse agir selon ses propres règles. Pour la première fois, il ne subissait plus ces heures interminables d'inaction. Au contraire, en s'assoyant dans son lit au réveil, il eût l'impression que chaque instant le réconfortait, que pour la première fois de sa vie, il comprenait ce que pouvait vouloir dire être ici et maintenant. Il venait de cesser de vivre dans le futur pour se concentrer sur le moment présent, là où la possibilité de changer les choses nous est offerte. Le temps n'était plus ce tyran féroce que Nathan avait toujours connu. Il commençait à comprendre l'esprit du *fudo*.

Chapitre 57
La nouvelle année

Lorsque Nathan quitta le réfectoire, il restait un peu moins de quinze heures avant que l'année ne passe aux livres d'histoire. Rien de nouveau ne s'affichait à l'ordinateur concernant sa mère. Le gouvernement nord-coréen demeurait sourd aux nombreux messages qu'il devait recevoir.

La journée promettait d'être tranquille. Une fête pour célébrer la nouvelle année figurait à l'agenda de St-Jude. Mais pour le moment, Nathan désirait simplement aller s'entraîner avec son sabre à l'extérieur, une façon originale de terminer l'année. Son cœur, son intellect et même son corps l'incitaient à aller s'entraîner à l'extérieur. Avant de quitter le réfectoire, il prit quelques denrées alimentaires pour apporter, histoire de ne pas être dérangé par une fringale. Il remonta à sa chambre pour se brosser les dents et s'habilla chaudement.

Dès qu'il mit le pied à l'extérieur, Nathan songea qu'il devait être stupide pour aller s'entraîner ainsi dans un tel froid. Mais il ne renonça pas. Au contraire, le défi le stimulait. Il se dirigea vers le boisé. À chacune de ses expirations, une volute de fumée se disséminait dans la brise légère du matin. Une petite clairière bien dégagée lui parut l'endroit propice. Il dégaina son sabre et le rengaina. Il refit la manœuvre des centaines de fois. Il cessa au moment où ses vêtements encombrants ne furent plus un obstacle. Il prit une pause, respira profondément et enleva ses gants. À mains nues, il recommença ses exercices de sortie du sabre avec encore plus d'aisance, de légèreté et de vitesse. La difficulté des vêtements l'obligeait à une plus grande précision dans la manœuvre. Nathan refit les mêmes séries d'exercices en dégainant son sabre de différentes façons. Il se trouvait à l'extérieur depuis plusieurs heures déjà lorsqu'une idée lui vint à l'esprit.

Il s'agenouilla dans la neige et mit ses mains dans cette couverture blanchâtre qui recouvrait le sol de St-Jude. Après quelques minutes, il ressortit ses mains glacées de la neige. L'épiderme de ses mains se fit caméléon, sa peau reflétait la couleur de la neige. Il ferma les yeux et se concentra sur son point *ki*, comme Benkei le lui avait enseigné, et il expira l'énergie du point *ki* jusqu'au bout de ses doigts. Après plusieurs minutes, à sa grande surprise, ses doigts s'asséchèrent, puis ils cessèrent de trembler. Il ouvrit les yeux pour constater que ses doigts reprenaient une couleur rosée, signe que le sang y circulait bien. Le reste de la neige fondue s'évaporait à la chaleur de ses mains.

Il remit ses gants, jeta un coup d'œil autour de lui pour constater qu'outre quelques oiseaux peu frileux, il se trouvait seul dans le boisé. Il décida de se livrer à une autre expérience. Il désirait tenter un nouvel essai avec son animal guide. Il imagina sa louve qui se promenait à la recherche du loup qu'il avait vu quelques jours auparavant. Il la visualisait en train de courir à grands pas dans le boisé. Il la fit hurler pour attirer ce compagnon du monde réel qu'elle avait amadoué auparavant. Nathan, toujours agenouillé, les yeux fermés, espérait que le loup répondrait à son appel. Il sursauta violemment lorsqu'une forte poussée sur son épaule le jeta au sol. Il tomba sur le côté, ne voyant que le manteau d'hiver de St-Jude en ouvrant les yeux. Une voix lui parvint.

– Je suis de retour. J'ai réussi à convaincre mes parents de me laisser retourner à St-Jude.

L'ouragan Buns venait de frapper Nathan de plein fouet.

– Tu n'es pas censé être avec tes parents ?

– En théorie oui, mais j'ai trouvé le moyen de les faire paniquer.

Nathan leva ses mains, paumes tournées vers le ciel, le message étant clair : il ne comprenait absolument rien de ce que voulait dire Buns.

– C'est simple, j'ai planifié chaque moment que nous passerions ensemble. Je m'étais assuré que les jours qui allaient venir ne leur laisseraient aucun temps mort. J'ai insisté sur le fait que, même si mes amis me manquaient, passer la soirée du Nouvel An en toute intimité avec eux compensait largement. Bien entendu, ça sous-entendait pas d'adultes étrangers dans la maison pour cet événement. Ma mère se sert de ces soirées pour faire des affaires. Je savais qu'elle ne voudrait manquer ça pour rien au monde. Bref, j'ai été subtil.

– Et ils t'ont laissé partir...

– Bien, pour être honnête, je pense qu'ils ont paniqué à l'idée de perdre le contrôle de leur agenda. Ce sont eux qui m'ont demandé si je souhaiterais être avec mes amis ce soir.

– Buns, tu es épouvantable.

Buns affichait un air triomphant. Les deux amis retournèrent en direction de St-Jude. Ils ne le remarquèrent pas, mais un loup couché à la lisière du bois les observait déjà depuis un bon moment.

Après avoir discuté longuement à la chambre de Buns, ils décidèrent d'aller au réfectoire. Le réfectoire perdait peu à peu de cette tranquillité qui le caractérisait depuis presque une semaine. De nombreux jeunes avaient décidé de retourner à St-Jude pour fêter la journée du Nouvel An. Nathan et Buns s'assirent après être allés chercher le mets offert au menu du jour. Buns déposa son assiette gargantuesque accompagnée de plusieurs tranches d'un gros pain de blé qui semblait particulièrement appétissant. L'odeur enveloppante et suave du ragoût devait sûrement stimuler la mémoire des fantômes de St-Jude.

– Chic ! Du ragoût. Je reviens dans le bon temps.

– Joanna ! Qu'est-ce que tu fais ici ? demanda Nathan

Sans répondre, Joanna les quitta pour aller chercher sa part du butin. Elle devait être affamée pour prioriser ainsi la nourriture. Joanna ne devait revenir que la semaine suivante. Après quelques minutes, elle revint avec une assiette bondée. Buns ne put résister à l'envie de la taquiner un peu.

– C'est quoi ? Tes parents ne t'ont pas nourrie pour que tu nous laisses comme ça pour un vulgaire plat de ragoût ?

Joanna démontra qu'elle avait conservé sa fougue habituelle.

– Non quand j'ai vu l'immense assiette que tu as prise, je me suis dit que ça devait être particulièrement bon pour que quelqu'un s'empiffre comme ça.

– Très drôle !

– De plus, sache que le ragoût fait partie de nos traditions. Sans lui, nous ne serions pas ce que nous sommes.

Buns la tête en levant les yeux vers le plafond.

– Tu ne devais pas passer toute la période des fêtes chez tes parents ? Demanda Nathan pour couper court à cette argumentation.

– Oui, mais j'ai expliqué ta situation à mes parents. Hier, ils m'ont fait comprendre que lorsqu'on a de vrais amis, il faut tout faire pour les aider, surtout dans des moments difficiles. Ils trouvaient cruel que tu puisses terminer l'année tout seul. Ils m'ont dit que si je voulais venir te rejoindre, ils comprendraient très bien.

Nathan serra ses lèvres tremblotantes, une goutte surgit du coin de son œil. Les vrais amis possèdent généralement des liens empathiques qui sont parfois très puissants. C'est en silence, une petite larme à l'œil, que chacun des membres du trio dégusta le délicieux ragoût.

La soirée fut particulièrement agréable. Ils eurent la surprise d'entendre M. Smith qui s'accompagnant à la guitare, chanta une vieille chanson de Neil Diamond : « Solitary Man ». Les jeunes l'accompagnèrent en claquant des mains. Comme tous les jeunes présents, Nathan apprécia la prestation de M. Smith. Plusieurs professeurs firent également un numéro de chant, mais tous n'eurent pas autant de succès que M. Smith.

Nathan en oublia presque son ordinateur. Il ne quitta la fête qu'une seule fois pour le consulter, mais rien de nouveau ne s'offrit à lui. Il apporta son ordinateur avec lui et le laissa sur une table du réfectoire. Différents jeux déjouèrent l'emprise du temps sur le groupe. Un concours de la meilleure histoire fut improvisé. Buns raconta une de ses blagues caractéristiques.

– Savez-vous combien de guerriers de Millepertuis ça prend pour arrêter un char d'assaut à mains nues ? Un seul, mais il faut qu'il puisse courir suffisamment longtemps pour que le char manque de carburant.

Nathan regarda Joanna qui affichait un air découragé.

– L'année peut changer, mais je ne suis pas sûr que Buns le puisse, lui.

L'humour de Buns reçut un accueil mitigé.

La réunion du trio faisait chaud au cœur de Nathan. Pour la première fois de sa vie, il avait l'impression d'être dans une vraie famille.

Il ne restait que quelques minutes à l'arrivée de la nouvelle année. Nathan consulta son ordinateur. Mais ses espoirs ne reçurent pas d'échos. Il semblait bien que la nouvelle année laissait les geôliers de sa mère indifférents. Le décompte s'amorça, tout le monde compta en chœur, sans que le temps ne puisse interférer de quelques façons.

– Dix, neuf, huit, sept, six, cinq, quatre, trois, deux, un. Bonne année !

Chapitre 58
Un triste début

Le premier jour de l'an est généralement signe d'un nouveau départ. Les gens prennent des résolutions concernant différentes orientations à apporter dans leur vie. Ils ne les tiendront pas, bien sûr, mais au moins, ces bonnes intentions ont le mérite de susciter une prise de conscience, même momentanée, sur des changements nécessaires afin d'améliorer leurs conditions de vie. Chaque résolution a un objectif bien ciblé. Par exemple ceux qui désirent améliorer leur santé, opteront pour une meilleure alimentation avec moins de *fast food* et de cholestérol. Un grand nombre vont tenter de diminuer cigarettes et alcool. Pour d'autres, cela peut signifier une meilleure gestion du travail et du repos. Avec un peu de chance, plusieurs prendront conscience de certaines facettes de leur personnalité qui génèrent des problèmes. On peut penser à l'arrogance, la vantardise, l'agressivité et bien d'autres traits de comportement qui apportent leurs lots de contrariétés dans la vie.

Pour Nathan, sa résolution était simple. Ne jamais abandonner la quête de sa mère. En cette nouvelle année, ses premières pensées étaient consacrées à sa mère. Après le décompte fatidique, il jeta un coup d'œil à son ordinateur. Mais aucun élément nouveau ne vint raviver ses espoirs. Si le gouvernement coréen avait eu à publier un communiqué sur sa mère, ça aurait déjà été fait, son fuseau horaire étant en avance sur celui de St-Jude.

Après une bonne bouffe, Nathan alla se coucher vers deux heures du matin. Curieusement, il réussit à s'endormir assez rapidement. L'esprit du *fudo* semblait bel et bien l'habiter.

Nathan passa ses dernières journées libres avec ses amis. Lors d'une balade dans les souterrains, ils tentèrent de faire rire Lucy, mais cette tentative se solda par un échec, quelqu'un avait oublié de lui programmer un sens de l'humour. Ils allèrent également s'entraîner au sabre dans le boisé. À la grande surprise des jeunes, le loup les observait tout en gardant une distance prudente.

Les journées s'écoulèrent, paisibles et agréables. Le retour aux activités régulières de St-Jude se fit sans trop d'anicroches, à l'exception de l'habitude prise de se lever un peu plus tard. St-Jude reprit son rythme de vie d'avant les vacances des fêtes. Le déroulement du temps retrouva ce tempo qu'il avait su si bien maintenir jusqu'à cette période de festivités. Les nouvelles concernant la mère de Nathan occupaient de moins en moins les médias mondiaux. Cependant, les jeunes de Millepertuis à travers le monde ne cessèrent pas leurs envois de lettres au gouvernement nord-coréen.

La routine semblait avoir repris là où elle avait été laissée. Le 13 janvier au matin, Nathan fut convoqué au bureau de M. Whitterdale. Comme pour la première fois, la porte du bureau toute grande ouverte offrait M. Whitterdale en pâture aux regards des gens déambulant dans le corridor. Nathan frappa en se présentant dans le cadre de porte, sans cependant oser mettre un pied à l'intérieur.

– Entre, Nathan, assieds-toi, ça ne sera pas long, M. Smith va nous rejoindre.

M. Whitterdale continua à taper sur le clavier de son ordinateur comme s'il était seul. La vitesse à laquelle il entrait les données surprit grandement Nathan. Il devait battre des records de vitesse songea Nathan. Plusieurs minutes s'étaient écoulées lorsque Nathan remarqua la canne de M. Whitterdale dans un coin du bureau. Il put enfin voir les détails du dragon qui tenait une perle dans une de ses pattes. Cette boule symbolisait la connaissance. À la base du dragon, un tigre, la gueule ouverte, semblait affronter un ennemi invisible. M. Smith entra dans la pièce, dérangeant Nathan dans l'inspection du mystérieux pommeau.

– M. Whitterdale, Nathan.

M. Smith inclina la tête de côté en voyant Nathan. Il sembla surpris de le voir assis au bureau de M. Whitterdale. Cette surprise n'échappa pas à Nathan. M. Whitterdale sauvegarda son travail et détourna ensuite le regard de son ordinateur.

– Nathan, j'ai de bonnes nouvelles pour toi. Le gouvernement nord-coréen va relâcher ta mère.

Nathan ouvrit la bouche, mais ne put parler. Ses mains se mirent à trembler, ses épaules s'abaissèrent, laissant retomber paresseusement ses bras de chaque côté. Il se contenta de regarder M. Smith qui garda le silence.

– Nous venons de recevoir un message du gouvernement. Les Nord-Coréens les ont contactés à ce sujet. Allison Blackson, ainsi que plusieurs autres prisonniers seront relâchés la journée du Nouvel An coréen, soit le 23 janvier.

Nathan et ses amis avaient eu raison de déployer autant d'efforts. L'idée qu'ils avaient eue de miser sur le Nouvel An, espérant ainsi sensibiliser le gouvernement, fut finalement une bonne stratégie. Mais ils n'avaient simplement pas prévu que le Nouvel An ne se fêtait pas à la même date en Asie. M. Whitterdale s'adressa à M. Smith.

– Les prisonniers devraient arriver à l'aéroport le 23 en fin d'après-midi. Veuillez prendre les dispositions nécessaires pour les accueillir.

M. Whitterdale expliqua à Nathan tout ce qu'il savait au sujet du rapatriement de sa mère. Il l'informa des motivations du gouvernement nord-coréen. Lorsqu'il eut terminé ses explications et qu'il eut répondu à toutes les questions de Nathan, il le regarda et, pour la première fois, Nathan vit M. Whitterdale sourire.

– Bravo, Nathan, tu as réussi là où le gouvernement et Millepertuis ont échoué, dit-il.

– Monsieur, si Millepertuis ne m'avait pas enseigné ce que je sais, je n'aurais jamais pu réussir cela. C'est grâce à vous que je vais pouvoir retrouver ma mère.

Après avoir reçu d'autres explications, Nathan retourna en classe. Sa bonne humeur ne passa pas inaperçue. Aussitôt que le cours fut terminé, Joanna agrippa Nathan par un poignet. Buns se colla à eux. Nathan regarda ses amis.

– On a réussi, ils vont libérer ma mère.

– Écoutez tout le monde, cria Buns, ça a fonctionné, ils vont libérer la mère de Nathan !

De grands cris fusèrent de partout. Aussi rapide qu'un écho de montagne, la nouvelle se répercuta dans tous les recoins de St-Jude.

– Qu'est-ce que le gouvernement a donné comme explications sur la libération de ta mère ? demanda Buns.

– Ils ont dit qu'aucun gouvernement ne devrait rester insensible lorsqu'une famille est séparée. Ils ont ajouté que leur pays était comme une grande famille et que chaque séparation pouvait ressembler à un deuil.

– C'est n'importe quoi, dit Buns.

– Ils ont ajouté que le peuple nord-coréen pardonnait facilement même à des espions sans scrupules. Il faut bien qu'ils montrent qu'ils n'ont pas retenu prisonniers ma mère et ses amis pour rien. Ils ont également ajouté qu'ils voulaient démontrer par ce geste leur volonté de se lier à la communauté internationale.

Un grand nombre de jeunes entourèrent Nathan et ses amis. Chacun tenait à établir un contact physique avec Nathan. Certains tapaient gentiment sur une de ses épaules, d'autres lui frottèrent les cheveux ou lui donnèrent un petit coup de poing. Ses joues restèrent humides plusieurs minutes après la multitude de becs qu'il reçut de la part des filles de St-Jude. Mais peu importe le geste, Nathan sentit que tous partageaient sa joie. Le combat qu'ils avaient mené pour la libération de sa mère avait resserré les liens qui unissaient les jeunes non seulement de St-Jude, mais de toute l'organisation de Millepertuis.

Une fois que l'essaim se fut dissipé autour de Nathan, un grand gaillard vint à sa rencontre. Nathan reconnut le numéro 6 de l'équipe des verts.

– Je suis content que tu retrouves ta mère. J'ai perdu la mienne il y a longtemps et elle me manque toujours.

– Merci, au fait comment t'appelles-tu ?

– Youri, je suis d'origine russe.

– Mais sur ton chandail, ton nom de famille est Lewis.

– C'est le nom de mon père, mais ma mère était russe. Son frère possède plusieurs journaux en Russie. J'ai un cousin qui étudie au centre Millepertuis de Moscou. Je lui ai fait parvenir les infos concernant ta mère.

– Tu ne le sais peut-être pas, Youri, mais je pense que c'est cet article qui a amorcé l'intérêt des autres médias à travers le monde. Sans toi, je pense que je n'aurais jamais pu retrouver ma mère. Je ne sais trop comment te remercier.

Youri paraissait embarrassé et ses yeux devinrent humides.

– En donnant ton maximum lors de notre prochaine rencontre de budominton, dit-il d'une voix chevrotante, car j'ai bien l'intention de te battre à plate couture.

Youri fit un sourire complice et s'esquiva en quittant Nathan rapidement.

Chapitre 59
Les retrouvailles

Le gouvernement nord-coréen ne ménagea aucun effort afin de faire de la libération des prisonniers un événement mondial. Les gestes de charité humaine sont toujours les bienvenus dans la communauté internationale.

Le temps ne semblait plus avoir d'emprise sur Nathan, ce qui devait bien l'embêter, lui qui aime jouer avec les humains. Nathan comprit que peu importe ce qu'il souhaitait, il ne pouvait rien changer au déroulement du temps. Il comprit également que chaque fraction de ce temps si précieux est importante, et il tenta de maximiser chacun de ces fragments qui composaient sa vie. Lorsqu'il étudiait, son esprit se concentrait entièrement sur le sujet. Mais la chose fut aussi vraie lorsqu'il s'amusait avec ses amis. Il appréciait chacun des moments qu'il vivait.

Comme bien des jeunes, Nathan connut les bas-fonds de la vie. Mais il avait appris à St-Jude qu'on peut changer le cours des choses. Que l'on peut se prendre en main et tracer son propre destin. Certes, cette évolution demande du courage et énormément de travail. Mais lorsqu'on est un guerrier, ce ne sont pas ces épreuves difficiles qui vont nous détourner du but.

Le temps devait être heureux en ce lundi matin, car pour la première fois depuis des semaines, il réussit à tourmenter Nathan. À sa demande, Buns et Joanna l'accompagnèrent pour accueillir sa mère. L'idée d'avoir un après-midi de congé alors que les autres devaient travailler ne déplaisait guère à Buns. Les jeunes se retrouvèrent au réfectoire pour le repas.

– Ça va faire étrange de manquer un après-midi de classe, je me sens presque coupable.

– Tu peux ne pas m'accompagner si tu veux, dit Nathan.

– J'ai dit presque coupable. C'est ce qui fait que les choses sont parfois plus agréables, le fait qu'on se sente coupable.

– As-tu pensé à ce que tu vas dire à ta mère lorsque tu vas la rencontrer ? demanda Joanna.

– Euh... Je ne sais pas. Qu'est-ce qu'on peut dire dans ce genre de situation ?

– Que tu es heureux de la voir, qu'elle t'a manqué, que vous allez faire plein de choses ensemble, suggéra Buns.

– Tant qu'à faire des allocutions à la Buns, je te suggère de garder le silence et de la prendre dans tes bras sans parler. Je pense que ça serait plus simple.

– Ça, c'est une réponse de fille, dit Buns en riant.

– Je verrai rendu là, dit Nathan.

– Je vais apporter mon appareil photo. On va immortaliser ce moment. De plus, je ne sais pas si je vous en ai parlé, mais je ne détesterais pas faire une carrière dans la photographie.

Depuis l'achat de son appareil au Japon, Buns avait démontré de grands talents de photographe. Ses clichés se révélaient superbes. Plusieurs de ses photos auraient fait bonne figure dans des expositions. Il avait réussi à saisir le loup de Nathan au moment où il bondissait pour attraper un lièvre.

Les jeunes devaient rejoindre M. Smith au stationnement de St-Jude à 13 heures. De là, ils partiraient en voiture jusqu'à l'aéroport. Un vol direct organisé par le gouvernement nord-coréen permettait à la mère de Nathan d'éviter toutes escales si désagréables lors de tels vols.

Nathan et ses amis se rendirent au stationnement. Une limousine noire allongée s'y trouvait, encadrée de deux voitures de même couleur. Nathan eut l'impression de voir un convoi diplomatique. Un homme dans la trentaine se dirigea vers les jeunes. Nathan reconnut Robert, l'homme qui les avait conduits à M. Smith lorsqu'ils s'étaient égarés dans les souterrains de Millepertuis. Il ouvrit la porte de la limousine.

– Alors Nathan, c'est le grand jour ?

Au moment où Nathan voulut répondre, sa respiration se bloqua. Il dut prendre deux grandes respirations avant de répliquer. Robert sourit en voyant Nathan respirer avec peine. Il comprenait que Nathan était ému, mais il fut surtout impressionné de voir comment il réussissait à reprendre le contrôle.

– Oui, c'est le grand jour. Maintenant, plus rien ne peut m'empêcher de revoir ma mère. Mais où est M. Smith ?

– Il est déjà à l'aéroport. On va le rejoindre là-bas.

Les jeunes entrèrent dans la voiture. Robert s'installa sur la banquette avant avec le conducteur. Un bouquet d'orchidées se trouvait au milieu d'une des banquettes qui se faisaient face. Nathan et Buns se regardèrent en voyant le bouquet. Joanna se dépêcha de prendre la parole, ne laissant pas le temps à Buns d'émettre un de ses commentaires.

– C'est génial. Tu as un cadeau à offrir à ta mère. Aucune femme ne peut rester indifférente devant un tel bouquet.

Naturellement, les jeunes se doutèrent bien que le bouquet de fleurs était l'idée de M. Smith. L'aéroport se trouvait à une heure de St-Jude. La conversation se passa surtout entre Buns et Joanna, Nathan étant trop occupé à imaginer divers scénarios lorsqu'il verrait sa mère. La limousine passa devant la porte de débarquement des vols internationaux, contourna l'aérogare et se dirigea vers une clôture sur le côté du bâtiment. Deux agents de sécurité de l'aéroport ouvrirent la barrière, permettant ainsi aux trois voitures d'aller prendre position près du terminal. M. Smith avait coordonné toute l'opération. Un agent d'immigration et un douanier devaient accueillir Allison Blackson et les autres passagers avant qu'ils ne débarquent de l'avion, leur permettant ainsi d'accéder directement à la limousine. Il n'était pas question de les faire déambuler dans les interminables corridors de l'aéroport.

La limousine s'arrêta derrière l'aérogare. Des clôtures installées offraient une barricade à la myriade de journalistes, qui avaient été autorisés à se rendre directement sur la piste. Le périmètre des journalistes se trouvait encadré par plusieurs agents de sécurité de l'aéroport. M. Smith vint à la rencontre des jeunes. Il semblait particulièrement sérieux. Robert, qui escortait les jeunes, leur dit :

– Ne soyez pas surpris si M. Smith semble inquiet, il est comme ça dès que vient le temps de travailler. Si vous lui dites que sa mission est de faire l'épicerie, il va prendre cette allure. C'est son style lorsqu'il travaille.

M. Smith arriva à leur hauteur, il s'adressa à eux sans prendre la peine de les saluer.

– L'avion devrait être ici vers quinze heures. Encore dix minutes à patienter. Ensuite, il faudra attendre que l'immigration et les douanes terminent leur travail.

– Pas de problèmes, je peux attendre encore un peu. Je sais maintenant qu'il ne peut plus rien arriver.

Nathan n'avait pas terminé sa phrase que le cellulaire de M. Smith vibra dans sa poche. Il appuya sur son écouteur Bluetooth.

– Smith, j'écoute. Bien. De combien de temps ? Rien d'autre d'anormal ? J'attends votre confirmation.

M. Smith se tourna vers Nathan.

– L'avion sera en retard. Ils ont rencontré des orages violents, le pilote a préféré les contourner.

– Ils seront en retard de combien de temps ? demanda Nathan.

– Pas plus de vingt minutes.

Malgré la température un peu froide, les jeunes ne voulurent pas retourner attendre dans le confort de la limousine. Buns s'amusait à prendre des photos des avions, du convoi et de la limousine. Il prit soin, à la demande de M. Smith, de ne pas photographier les agents de Millepertuis. Au moment où il pixelisait la meute de journalistes, Buns lança un appel à Nathan et Joanna.

– Eh ! J'ai une idée géniale. Si on lançait un petit journal interne pour St-Jude ?

– Je pense que je serais bonne pour écrire des articles, dit Joanna.

– On pourrait faire des enquêtes sur certains sujets, surenchérit Nathan.

Les jeunes continuèrent à approfondir l'idée. Ils décidèrent que le premier article porterait sur le retour de la mère de Nathan. Le journal raconterait toute l'histoire entourant cette situation insolite. M. Smith mit un frein à l'entrain du trio.

– C'est l'avion de ta mère.

L'appareil atterrit en douceur sur la piste. Buns en profita pour prendre plusieurs photos. Cet appareil figurerait assurément dans les livres d'histoire de St-Jude. L'avion s'arrêta enfin. Un petit camion qui portait un escalier alla s'accouder à la porte avant de l'avion. Cela prit plusieurs minutes avant que la porte ne s'ouvre, permettant aux agents gouvernementaux de monter à son bord. Les dix minutes que durèrent ces formalités ébranlèrent l'esprit du *fudo* que Nathan espérait maîtriser. Plusieurs personnes descendirent de l'avion. Finalement, elle se présenta à la porte de l'avion. Elle fut la première des prisonniers à se libérer des formalités douanières. Un long manteau noir la protégeait du froid. Un collet de fourrure aux reflets argentés entourait son cou. Un chapeau de fourrure à la mode soviétique des années soixante protégeait sa tête du froid. Des chaussures basses sans talons n'offraient qu'un piètre rempart à la brise piquante de janvier.

Elle descendit l'escalier. Buns ne manqua pas une seule marche. Nathan sentit son cœur qui battait de plus en plus. Le regard de sa mère effectuait un balayage des gens qui se trouvaient sur place. Nathan connaissait cette façon d'observer, il l'avait déjà remarqué sur M. Smith. Les yeux de sa mère s'arrêtèrent sur lui. Elle arrêta sur la quatrième marche et reprit sa descente en accélérant le rythme.

Buns captura toutes les émotions de la mère de Nathan. Elle quitta l'escalier pour se diriger vers son fils. Buns prenait toujours ses photos. L'arrière-plan de l'avion venait de faire place à celui de la forêt au loin. Allisson n'était qu'à un mètre de Nathan. Un reflet dans la forêt attira l'attention de Buns. Il zooma et eut l'impression de voir un homme tenant quelque chose dans ses mains. L'homme regardait dans sa direction.

– GUN ! Nathan, GUN ! cria Buns.

Nathan laissa tomber le bouquet d'orchidée, se précipita sur sa mère et la jeta au sol. Une détonation éclata. Il se retourna vers Buns qui s'effondrait au sol, du sang sortant de son épaule droite.

FIN

Remerciements

Nous sommes la somme de nos expériences. C'est vrai, mais notre expérience est habituellement enrichie de celle des gens que nous côtoyons quotidiennement. Sans eux, nous ne serions pas ce que nous sommes. Nous profitons de leurs expériences acquises au fil des ans, assimilant les connaissances qu'ils veulent bien partager avec nous, souvent sans même le demander, les vampirisant en quelque sorte. Sans leur apport, il y aurait un énorme vide que nous ne saurions combler. Nous ne sommes pas toujours conscients de cet apport, mais lorsque nous en prenons conscience, nous ne pouvons que les remercier du cadeau qu'ils nous ont apporté.

Sans le support et surtout l'enseignement de ma compagne *Francine Tremblay*, enseignante en littérature, ce livre n'aurait jamais vu le jour. Je ne suis pas un écrivain et probablement que je ne le deviendrai jamais. Mais en suivant ses conseils, en appliquant des techniques d'écriture, en ayant discuté de longues heures lors de nos déplacements à l'extérieur, j'ai pu finalement faire prendre aux mots la forme d'une structure cohérente afin de pouvoir, à mon tour, partager avec vous un peu de cette expérience. Sans elle, ce livre n'aurait certainement pas pu voir le jour. Elle possède cette qualité de pouvoir transmettre son enthousiasme pour la beauté des mots. Donner vie à un personnage de roman est beaucoup plus facile lorsqu'on prend comme modèle des gens du monde réel. Le personnage de Mme Barclay est calqué sur celui de ma compagne. Le même caractère guerrier, la même détermination. Toutes deux adorent lancer du couteau et partagent un même esprit d'indépendance et d'initiative. J'ai toujours dit à mes amis que si un jour elle se faisait attaquer au couteau, je ne me lèverais pas pour aller l'aider, ça serait une insulte à ses capacités guerrière.

Un de mes amis et étudiants, *Éric Pronovost*, a grandement participé à la correction du texte. En plus de souligner quelques erreurs de langue, il a vérifié la facilité de compréhension des techniques martiales. Il m'a permis d'apporter la touche finale, la finition qui est parfois si difficile et si longue à peaufiner. Son coup d'œil professionnel s'est vite révélé indispensable.

Une amie, *Marie-Jeanne Gagné*, ainsi que son conjoint ont été les témoins de l'évolution de Nathan tout au long de l'histoire. J'avais besoin de savoir si une personne ne pratiquant pas les arts martiaux pouvait suivre sans peine la vie à St-Jude. De plus, elle a le merveilleux don de voir la petite bête noire qui ne va pas, l'incohérence qui pourrait tout gâcher. Merci beaucoup.

Un grand merci à mon ami *Fred Simard* qui a fait toute la mise en page électronique de ce livre et qui a donné naissance à cette couverture superbe.

Un remerciement spécial à *Capucine Chartrand*, herboriste-thérapeute qui a fourni la photo de page couverture.

Un professeur sans ses étudiants n'est rien. Ils lui permettent d'évoluer, le poussent à s'améliorer constamment. Par leurs questions, ils l'obligent à comprendre ce qu'il enseigne. Un grand merci à mes étudiants qui m'ont posé plein de questions ces trente dernières années. Finalement, ce livre n'aurait pu voir le jour sans la contribution de tous les professeurs d'arts martiaux qui m'ont enseigné au fil des quatre dernières décennies. Je dois remercier plus particulièrement *Soke Masaaki Hatsumi*, qui s'est montré si généreux envers moi comme envers tous ceux à qui il enseigne. Il a toujours pris le temps de répondre à mes questions. Il est l'un des derniers grands maîtres d'arts martiaux vivant à notre époque, sinon le dernier. Il est l'un des rares à garder un lien aussi puissant avec la véritable essence du *budo*.

Dépot légal – Bibliothèque et Archives nationales du Québec, 2012